本著作受到2022年度黔南民族师范学院引进高层次人才研究专项项目"贵州省数字经济发展的测度对经济高质量发展的效应研究"（项目编号：Qnsyrc202217）的资助。

本著作受到2022年度黔南民族师范学院校级思想政治教育研究项目"百年党史视阈下贵州乡村振兴实践发展路径实证研究"（项目编号：qnsysz2022013）的资助。

本著作受到贵州省教育厅高校科技成果转移转化服务乡村振兴示范基地项目"黔南民族师范学院科技成果转移转化服务红光村乡村振兴示范基地"（项目编号：黔教技[2022]066号）的资助。

新时代乡村振兴路径研究书系

乡村振兴战略背景下
中国农村发展与社会治理研究

马香品／著

西南财经大学出版社

中国·成都

图书在版编目(CIP)数据

乡村振兴战略背景下中国农村发展与社会治理研究/马香品著.—成都:西南财经大学出版社,2023.11

ISBN 978-7-5504-5978-6

Ⅰ.①乡… Ⅱ.①马… Ⅲ.①农村经济发展—研究—中国②农村—社会管理—研究—中国 Ⅳ.①F323②C912.82

中国国家版本馆 CIP 数据核字(2023)第 203447 号

乡村振兴战略背景下中国农村发展与社会治理研究

XIANGCUN ZHENXING ZHANLÜE BEIJINGXIA ZHONGGUO NONGCUN FAZHAN YU SHEHUI ZHILI YANJIU

马香品 著

责任编辑:冯　雪
责任校对:金欣蕾
封面设计:墨创文化
责任印制:朱曼丽

出版发行	西南财经大学出版社(四川省成都市光华村街 55 号)
网　　址	http://cbs.swufe.edu.cn
电子邮件	bookcj@ swufe.edu.cn
邮政编码	610074
电　　话	028-87353785
照　　排	四川胜翔数码印务设计有限公司
印　　刷	郫县犀浦印刷厂
成品尺寸	170mm×240mm
印　　张	13.75
字　　数	231 千字
版　　次	2023 年 11 月第 1 版
印　　次	2023 年 11 月第 1 次印刷
书　　号	ISBN 978-7-5504-5978-6
定　　价	88.00 元

前　言

　　自古以来中国就是一个农业大国，农村人口占全国总人口的大部分，可以说农村稳则全国稳，农民兴则国家兴，农业安则国家安。根据管理学中的木桶理论，我国要全面建成小康社会、基本实现社会主义现代化以及最终建成社会主义现代化强国，农村是最需要补齐的那块短板。1978年，党的十一届三中全会的召开拉开了中国农村经济社会体制改革的序幕，以家庭联产承包责任制为核心的农村经济体制改革在全国范围内深入开展，在这一改革过程中，我们始终贯穿的一条红线就是在经济上保障农民的物质利益，在政治上尊重农民的民主权利，解放和发展生产力。改革开放40余年来，中国农村发展取得了举世瞩目的成就，政治、经济、文化、社会等方面发生的变化，有力地支持和促进了全国各项事业的发展。

　　实施乡村振兴战略是党和国家的重大决策部署。推进乡村社会治理体系和治理能力现代化既是落实乡村振兴战略、实现乡村全面振兴的重要支撑和保障，也是社会治理创新的重点领域和关键环节。在新时代，面对我国乡村社会治理运行中存在的管理体制机制不健全、整体治理能力与基层群众综合性需求契合度不够、治理的现实基础和保障机制不够完善等新问题新挑战，要健全农村组织体系，为社会治理创新提供坚强政治保障；推动社会治理重心下移，为社会治理创新提供坚强支撑；增强社会治理主体合力，为社会治理创新提供坚强的体系保障。对于进入新时代的中国而言，实现乡村全面振兴是全面建成社会主义现代化强国的重要任务、重要部署和重大安排。基于此，我国必须深入推进乡村社会治理创新，加快实现基层乡村治理体系和治理能力现代化，进而保障农业农村现代化。

　　重农固本，是安民之基。进入21世纪以来，党和国家将农村发展问题提到历史的新高度，放在中国经济社会发展的首要位置。党的十九大报告提出实施乡村振兴战略，这是一项重大战略。党的十九届五中全会及六中全会进一步提出，要推动乡村振兴与脱贫攻坚有效衔接，将其作为"十四五"时期我国经济社会发展的大事和乡村发展的重要内容，是一项重要的政治任务。党的二十大擘画了以中国式现代化全面推进中华民族伟大复兴的宏伟蓝图。全面建设社会主义现代化国家，最艰巨的任务仍然在农村。这些都极大地激发了专家学者的研究热情，因此有关中国农村发展与治理的研究引起了社会各界的广泛关注。为了更全面地反映中国农村在改革开放40余年里发生的一系列社会变迁，庆祝中国农村40多年的改革发展历程，笔者以"中国农村发展与社会治理"为研究主题，对改革开放以来中国农村的社会变迁进行全景式的回顾，分析改革开放以来中国农村取得的成就、发展面临的问题以及未来发展的方向，探求农村发展及社会治理的路径。

本书为各级领导和广大建设者特别是从事"三农"工作的学者及工作人员提供了较为系统的乡村振兴规划与乡村治理实践支持，具有一定的实用性，以期能为乡村振兴战略提供一份智力支撑。本书的编写还存在诸多不足之处，希望能够得到读者和专家的批评指正。

马香品

2023 年 6 月

目　录

第一章　乡村振兴战略及乡村社会治理概论

第一节　乡村振兴战略的相关概念

乡村振兴战略是继我国推进农村税费改革、社会主义新农村建设、城乡一体化改革后的又一重大战略决策，具有重大的理论和实践意义。

一、乡村振兴战略的背景

（一）我国"三农"政策的变迁

21 世纪之前，我国实施农业支持工业的战略，主要是从农业中汲取资金支持工业。进入 21 世纪以后，我国逐步将农业支持工业战略转变为工业反哺农业战略。2002 年，党的十六大报告首次提出了"统筹城乡经济社会发展"。2003 年，胡锦涛同志提出要把解决好"三农"问题作为全党工作的重中之重。2004 年 9 月，胡锦涛同志在党的十六届四中全会上提出"两个趋向"的重要论断。第一个趋向，即在工业化初始阶段，农业支持工业、为工业提供积累是带有普遍性的趋向，绝大多数国家在工业化初期阶段发展工业的资金都来自农业。第二个趋向，即在工业化达到相当程度后，工业反哺农业、城市支持农村，实现工业与农业、城市与农村协调发展，也是带有普遍性的倾向，这在理论界被称为工业化中期阶段。也就是说，在工业化中期阶段以后，一个国家或者地区的基本工业体系已经形成，工业体系相对完善，工业有了自我发展、自我积累的能力，不再需要从农业中汲取资金。但是，因为农业长期为工业提供资金，其发展相对滞后，客观上需要工业为其"输血"。在"两个趋向"的基础上，胡锦涛同志又提出"我国现在总体上已到了以工促农、以城带乡的发展阶段"的重要判断[①]。党的十八大以来，习近平总书记站在党和国家事业发展全局的高度，就"三农"工作发表了一系列重要论述，系统回答了做好新时代"三农"工作的重大理论和实践问题。2013—2021 年，中央发布 9 个一号文件，聚焦"全面"，贯彻落实习近平总书记关于"三农"工作重要论述。

（二）"三农"工作取得的成效

1. 粮食总产量年年丰收

根据国家统计局的数据，2004—2015 年，我国粮食生产实现了 12 年连续增产。虽然 2016 年的全国粮食总产量（61 625 万吨）较 2015 年的全国粮食总产量（62 144 万吨）有所降低，但降得并不多。2017 年全国粮食总产量是 61 791 万吨，虽然在总量上没有超过 2015 年，但是较 2016 年还是有所提升。总体来讲，从 2004 年到 2017 年，我国粮食总产量虽然没有形成"十四连增"，但保持着"十四连丰"。可以说，进入 21 世纪以来，全国粮食每年都处于丰收的状态。

2. 农村居民人均纯收入快速增长

根据国家统计局的数据，2012 年农村居民人均纯收入为 7 917 元，实际增长 10.7%，高于国内生产总值增速（2012 年国内生产总值增速为 7.8%）。2016 年农村居民人均可支配收入为 12 363 元，实际增长 6.2%，低于国内生产总值增速（2016 年国内生产总值增速为 6.7%），但是 2017 年农村居民人均可支配收入实际增长又大于国内生产总值增长。城乡居民收入之比从 2010 年开始呈下降趋势，2016 年该比例是 2.72：1。

3. 脱贫攻坚取得显著成效

2013 年以来，全国每年减少贫困人口 1 000 万人以上。党的十八大以来，已基本完成 580 多万人的易地扶贫搬迁建设任务。形成贫困的原因有很多，其中一个重要的原因就是有些地方不适合人类生存，所以就要把他们搬到适合生存、创业、生产的地方。第三次全国农业普查主要数据显示，截至 2016 年年底，全国有 99.3% 的村通公路，村内主要道路有路灯的村占全部村的比重是 61.9%，全国通电的村占全部村的比重是 99.7%，91.3% 的乡镇集中或部分集中供水，90.8% 的乡镇生活垃圾集中处理或部分集中处理，73.9% 的村生活垃圾集中处理或部分集中处理，17.4% 的村

---

① 吕普生. 数字乡村与信息赋能 [J]. 中国高校社会科学，2020（2）：69-79.

生活污水集中处理或部分集中处理，53.5%的村完成或部分完成改厕。从农户来看，10 995万户的饮用水为经过净化处理的自来水，占47.7%；使用水冲式卫生厕所的有8 339万户，占36.2%，也就是说，1/3以上的农户已经使用水冲式卫生厕所；无厕所的有469万户，只占2.0%。

（三）"三农"工作面临的形势

"十三五"时期，我国农业农村发展的外部条件和内在动因发生了深刻变化，既存在不少有利条件，也面临很多困难和挑战。

从有利条件看：一是中央高度重视"三农"工作，加快补齐农业农村短板已经成为全党全社会的共识，我国发展仍处于可以大有作为的重要战略机遇期，经济长期向好的基本面没有改变，强农惠农富农政策体系将更加完善。二是粮食等主要农产品供给充足，城乡居民消费结构加快升级，新一轮科技革命和产业变革正在孕育兴起，为农业转方式、调结构、拓发展提供了强有力的支撑。三是农村改革和城乡一体化深入推进，这将进一步激发农村发展活力，为促进农民增收和农村繁荣提供持续动力。四是全球经济一体化进程加快以及共建"一带一路"倡议等的实施，有利于更好地统筹利用两个市场两种资源，缓解国内资源环境压力，优化国内农业结构。

从困难挑战看：一是农业供给侧结构性改革任务艰巨，玉米等农产品库存积压和优质化、多样化、专用化农产品供给不足并存，农业生产成本持续上升，农业生产效益低而不稳，农业基础设施建设滞后，农产品质量安全风险增多，农业面临的国际竞争压力加大。二是农业资源环境问题日益突出，水土资源紧张，部分地区耕地基础地力下降明显，面源污染加重，拼资源、拼消耗的生产方式难以为继，农村劳动力老龄化加速，专业型、技术型、创新型人才和青壮年劳动力缺乏，谁来种地问题逐步显现，实现农业持续发展任重道远。三是我国经济发展进入新常态，经济增速放缓，持续大幅增加财政"三农"投入空间有限，促进农民工外出就业和工资增长难度加大。四是城乡二元结构问题突出，城乡资源要素平等交换和均衡配置仍存在体制性障碍，农村基础设施和公共服务依然薄弱，缩小城乡差距任务繁重。"十三五"时期，我国农业农村发展机遇与挑战并存，希望与困难同在，实现农业稳定发展、农民持续增收的任务非常艰巨。必须牢固树立强烈的短板意识，坚持问题导向，不断创新工作思路，凝聚各方力量，落实新发展理念，破解发展难题，合力开拓农业农村工作新局面。

二、实施乡村振兴战略的重要意义

党的十九大报告提出实施乡村振兴战略，具有重大的理论和实践意义。从历史角度看，它是在新的起点上总结过去、谋划未来，深入推进城乡发展一体化，提出了乡村发展的新要求、新蓝图；从理论角度看，它是深化改革开放，实施市场经济体制，系统解决市场失灵问题的重要抓手；从实践角度看，它是呼应老百姓新期待，以人民为中心，把农业产业搞好，把农村保护建设好，把农民发展进步服务好，从而扎实解决农业现代化发展、社会主义新农村建设和农民发展进步遇到的现实问题的重要内容。

（一）实施乡村振兴战略是解决发展不平衡不充分矛盾的迫切要求

中国特色社会主义进入新的时代，这是党的十九大报告作出的一个重大判断，它明确了我国发展新的历史方位。伴随社会主要矛盾的转化，我国对经济社会发展提出了更高要求。我国社会的主要矛盾已经转化为人民日益增长的美好生活需要和不平衡不充分的发展之间的矛盾。改革开放以来，随着工业化的快速发展和城市化的深入推进，我国城乡出现分化，农村发展也出现分化，目前最大的不平衡是城乡之间发展的不平衡和农村内部发展的不平衡，最大的不充分是"三农"发展的不充分，包括农业现代化发展的不充分、社会主义新农村建设的不充分、农民群体提高教科文卫发展水平和共享现代社会发展成果的不充分等。从决胜全面建成小康社会，到基本实现社会主义现代化，再到建成社会主义现代化强国，解决这一新的社会主要矛盾需要实施乡村振兴战略。

（二）实施乡村振兴战略是解决市场经济体系运行矛盾的重要抓手

改革开放以来，我国始终坚持市场经济改革方向，市场在资源配置中发挥着越来越重要的作用，它提高了稀缺资源配置效率，促进了生产力发展水平大幅提高，社会劳动分工越来越深、越来越细。随着市场经济深入发展，需要考虑市场体制运行所内含的生产过剩矛盾以及经济危机等问题，需要不断扩大稀缺资源配置的空间和范围。解决问题的途径是，除了把对外实行开放经济战略、推动形成对外开放新格局，包括以共建"一带一路"倡议为重点加强创新能力开放合作，拓展对外贸易，培育贸易新业态、新模式，推进贸易强国建设，实行高水平的贸易和投资自由化便利化政策，创新对外投资方式、促进国际产能合作，加快培育国际经济合作和竞争新优势等作为重要抓手外，也需要把对内实施乡村振兴战略作为重要抓手，形成各有侧重和相互补充的长期的经济稳定发展战略格局。

（三）实施乡村振兴战略是解决农业现代化的重要内容

经过多年持续不断的努力，我国农业农村发展取得重大成就，现代农业建设取得重大进展，粮食和主要农产品供求关系发生重大变化，大规模的农业剩余劳动力转移进城，农民收入持续增长，脱贫攻坚取得全面胜利，农村改革实现重大突破，农村各项建设全面推进，为实施乡村振兴战略提供了有利条件。与此同时，在实践中，由于历史原因，目前农业现代化发展、社会主义新农村建设和农民的教育科技文化发展存在很多突出问题迫切需要解决。面向未来，随着我国经济不断发展，城乡居民收入不断增长，广大市民和农民都对农村的建设发展存在很多期待。把乡村振兴作为党和国家战略，统一思想，提高认识，明确目标，完善体制，搞好建设，加强领导和服务，不仅呼应了新时代全国城乡居民发展新期待，而且也将引领农业现代化发展、社会主义新农村建设以及农民教育科技文化进步。

三、乡村振兴战略的科学内涵

（一）产业兴旺是乡村振兴的核心

新时代推动农业农村发展的核心是实现农村产业发展，这是因为农村产业发展是农村实现可持续发展的内在要求。从中国农村产业发展历程来看，过去一段时期内主要强调生产发展，而且主要强调农业生产发展，其主要目标是解决农民的温饱问题，进而推动农民生活向小康迈进。从生产发展到产业兴旺，这个转变意味着新时代党的农业农村政策体系更加聚焦和务实，主要目标是实现农业农村现代化。产业兴旺要求从过去单纯追求产量向追求质量转变、从粗放型经营向精细型经营转变、从不可持续发展向可持续发展转变、从低端供给向高端供给转变。城乡融合发展的关键步骤是农村产业融合发展。产业兴旺不仅要实现农业发展，还要丰富农村发展业态，促进农村第一、第二、第三产业融合发展，更加突出以推进供给侧结构性改革为主线，提升供给质量和效益，推动农业农村发展提质增效，更好地实现农业增产、农村增值、农民增收，打破农村与城市之间的壁垒。农民生活富裕的前提是产业兴旺，而农民富裕、产业兴旺又是乡风文明和有效治理的基础，只有产业兴旺、农民富裕、乡风文明、治理有效有机统一起来才能真正提高生态宜居水平。党的十九大将产业兴旺作为实施乡村振兴战略的第一要求，充分说明了农村产业发展的重要性。当前，我国农村产业发展还面临区域特色和整体优势不足、产业布局缺少整体规划、产业结构较为单一、产业市场竞争力不强、效益增长空间较为狭小与发展的稳定性较差等问题，实施乡村振兴战略必须要紧紧抓住产业兴旺这个核心，并把它作为优先方向和实践突破点，真正打通农村产业发展的"最后一公里"，为农业农村实现现代化奠定坚实的物质基础[①]。

（二）生态宜居是乡村振兴的基础

习近平总书记在党的十九大报告中指出，加快生态文明体制改革，建设美丽中国。美丽中国的起点和基础是美丽乡村。乡村振兴战略提出要建设生态宜居的美丽乡村，更加突出了新时代重视生态文明建设与人民日益增长的美好生活需要的内在联系。乡村生态宜居不再是简单强调单一化生产场域内的"村容整洁"，而是对"生产、生活、生态"为一体的内生性低碳经济发展方式的乡村探索。生态宜居的内核是倡导绿色发展，是以低碳、可持续为核心，是对"生产场域、生活家园、生态环境"为一体的复合型"村镇化"道路的实践打造和路径示范。绿水青山就是金山银山。乡村产业兴旺本身就蕴含着生态底色，通过建设生态宜居家园实现物质财富创造与生态文明建设互融互通，走出一条中国特色的乡村绿色可持续发展道路，在此基础上真正实现更高品质的生活富裕。同时，生态文明也是乡风文明的重要组成部分，乡风文明内含着对生态文明建设的基本要求。此外，实现乡村生态的良好治理是实现乡村有效治理的重要内容，治理有效必然包含着有效的乡村生态治理体制机制。从这个意义上来看，打造生态宜居的美丽乡村必须要把乡村生态文明建设作为基础性工程扎实推进，让美丽乡村看得见未来、留得住乡愁。

（三）乡风文明是乡村振兴的关键

乡村振兴想要实现新发展，彰显新气象，传承和培育文明乡风是关键。乡土社会是中华优秀传统文化的主要阵地，传承和弘扬中华优秀传统文化必须要注重培育和传承文明乡风。乡风文明是乡村文化建设和乡村精神文明建设的基本目标，培育文明乡风是乡村文化建设和乡村精神文明建设的主要内容。乡风文明的基础是重视家庭建设、家庭教育和家风家训培

---

① 彭超. 数字乡村战略推进的逻辑 [J]. 人民论坛，2019（33）：72-73.

育。家庭和睦则社会安定，家庭幸福则社会祥和，家庭文明则社会文明；良好的家庭教育能够授知识、育品德、提高精神境界、培育文明风尚；优良的家风家训能够弘扬真善美、抑制假恶丑，营造崇德向善、见贤思齐的社会氛围。积极倡导和践行文明乡风能够有效净化和涵养社会风气，培育乡村德治土壤，推动乡村有效治理；能够推动乡村生态文明建设，建设生态宜居家园；能够凝人心、聚人气，营造干事创业的社会氛围，助力乡村产业发展；能够丰富农民群众文化生活，汇聚精神财富，实现精神生活的富裕。实现乡风文明要大力实施农村优秀传统文化保护工程，深入研究阐释农村优秀传统文化的历史渊源、发展脉络、基本走向；要健全和完善家教家风家训建设工作机制，挖掘民间蕴藏的丰富家风家训资源，让好家风、好家训内化为农民群众的行动遵循；要建立传承弘扬优良家风家训的长效机制，积极开展家风家训进校园、进课堂活动，编写优良家风家训通识读本，积极创作反映优良家风家训的优秀文艺作品，真正把文明乡风建设落到实处、落到细处。

四、推进乡村振兴的战略导向

（一）坚持高质量发展

习近平总书记在党的十九大报告中提出，"我国经济已由高速增长阶段转向高质量发展阶段""必须坚持质量第一、效益优先，以供给侧结构性改革为主线，推动经济发展质量变革、效率变革、动力变革"。实施乡村振兴战略是建设现代化经济体系的主要任务之一，尽管实施乡村振兴战略涉及的范围超出了经济工作，但推动乡村振兴高质量发展应该是实施乡村振兴战略的基本要求和重大导向之一。仔细研读党的十九大报告中关于习近平新时代中国特色社会主义思想和基本方略的内容，不难发现这实际上也是指导中国特色社会主义高质量发展的思想。在实施乡村振兴战略的过程中，坚持高质量发展的战略导向，需要弄清楚什么是乡村振兴的高质量发展，怎样实现乡村振兴的高质量发展。

1. 突出抓重点、补短板、强弱项的要求

随着中国特色社会主义进入新时代，中国社会主要矛盾转化为人民日益增长的美好生活需要和不平衡不充分的发展之间的矛盾。实施乡村振兴战略的质量如何，首先要看其对解决社会主要矛盾有多大的实质性贡献，对于缓解工农城乡发展不平衡和"三农"发展不充分的问题有多大的实际作用。比如，随着城乡居民收入和消费水平的提高，社会需求结构加快升级，呈现个性化、多样化、优质化、绿色化的迅速推进趋势。这要求农业和农村产业发展顺应需求结构升级的趋势，增强供给适应需求甚至创造需求、引导需求的能力。与此同时，对农村产业发展在继续重视"生产功能"的同时，要求更加重视其生活功能和生态功能，将重视产业发展的资源环境和社会影响，同激发其科教、文化、休闲娱乐、环境景观甚至体验功能结合起来。尤其是随着"90后""00后""10后"逐步成为社会的主流消费群体，产业发展的生活、生态功能更加需要引起重视。以农业为例，要求其在"卖产品"的同时，更加重视"卖风景""卖温情""卖文化""卖体验"，要增加对人才、人口的吸引力。近年来，电子商务的发展日益引起人们的重视，一个重要原因是其有很好的链接和匹配功能，能够改善居民的消费体验、增进消费的便捷性和供求之间的互联性，而体验、便利、互联正在成为实现社会消费需求结构升级和消费扩张的重要动力，尤其是为边角化、长尾性、小众化市场增进供求衔接和实现规模经济提供了新的路径。

2. 突出推进供给侧结构性改革

推进供给侧结构性改革的核心要义是按照创新、协调、绿色、开放、共享的新发展理念，提高供给体系的质量、效率和竞争力，即增加有效供给，减少无效供给，增强供给体系对需求体系和需求结构变化的动态适应和反应能力。当然，这里的有效供给包括公共产品和公共服务的有效供给。这里的提高供给体系质量、效率和竞争力，首先表现为提升农业和农村产业发展的质量、效率和竞争力；除此之外，还表现在政治建设、文化建设、社会建设和生态文明建设等方方面面，体现这些方面的协同性、关联性和整体性。解决好"三农"问题之所以始终被作为全党工作的"重中之重"，归根到底是因为它是一个具有竞争弱势特征的复合概念，需要基于市场在资源配置中起决定性作用，通过更好发挥政府作用矫正市场失灵问题。实施乡村振兴战略旨在解决好"三农"问题，重塑新型工农城乡关系。因此，要科学区分"三农"问题形成演变中的市场失灵和政府失灵，以推进供给侧结构性改革为主线，完善体制机制和政策环境。借此，将支持农民发挥主体作用、提升农村人力资本质量与调动一切积极因素并有效激发工商资本、科技人才、社会力量参与乡村振兴的积极性结合起来，通过完善农村发展要素结构、组织结构、布局结构的升级机制，更好地提升乡村振兴的质量、效率和竞争力。

3. 协调处理实施乡村振兴战略与推进新型城镇化的关系

在党的十九大报告和新版《中国共产党章程》中，乡村振兴战略与科教兴国战略、可持续发展战略等被列入其中，但新型城镇化战略未被列入要坚定实施的七大战略，这并不等于说推进新型城镇化不是一个重要的战略问题。之所以这样，主要有两方面的原因：一是城镇化是自然历史过程。虽然推进新型城镇化是解决"三农"问题的重要途径，既需要"紧紧围绕提高城镇化发展质量"，又需要"因势利导、趋利避害"，但城镇化更是"我国发展必然要遇到的经济社会发展过程"，是"现代化的必由之路"，因而必须"使城镇化成为一个顺势而为、水到渠成的发展过程"。而实施七大战略则与此有明显不同，它更需要摆在经济社会发展的突出位置甚至优先位置，更需要大力支持；否则，容易出现比较大的问题，甚至走向其反面。二是实施乡村振兴战略是贯穿21世纪中叶全面建设社会主义现代化国家过程中的重大历史任务。虽然推进新型城镇化是中国经济社会发展中的一个重要战略问题，但城镇化率达到75%左右后，中国城镇化将逐步进入饱和阶段，届时城镇化率提高的步伐将明显放缓，城镇化过程中的人口流动将由乡—城单向流动为主转为乡—城流动、城—城流动并存，甚至城—乡流动的人口规模也会明显增大。届时，城镇化的战略和政策将会面临重大的阶段性转型，甚至逆城镇化趋势会明显增强。至于怎样科学处理实施乡村振兴战略与推进新型城镇化的关系，关键在于建立健全城乡融合发展的体制机制和政策体系。

（二）坚持农业农村优先发展

习近平总书记在党的十九大报告中首次提出，要坚持农业农村优先发展。这从根本上讲是因为工农城乡发展不平衡和"三农"发展不充分，是当前中国发展不平衡不充分最突出的表现。此外，因为"三农"发展对促进社会稳定和谐、调节收入分配、优化城乡关系、增强经济社会活力和就业吸纳能力及抗风险能力等可以发挥重要的作用，具有较强的公共品属性；在发展市场经济条件下，"三农"发展在很大程度上呈现竞争弱势特征，容易存在市场失灵问题。因此，需要在发挥市场对资源配置起决定性作用的同时，通过更好地发挥政府作用，优先支持农业农村发展，解决好市场失灵问题。鉴于"农业农村农民问题是关系国计民生的根本性问题，必须始终把解决好'三农'问题作为全党工作重中之重"，按照增强系统性、整体性、协同性的要求和突出抓重点、补短板、强弱项的方向，坚持农业农村优先发展应该是实施乡村振兴战略的必然要求。

在当今世界大发展、大变革、大调整的背景下，面对世界多极化、经济全球化、社会信息化、文化多样化深入发展的形势，各国日益相互依存、命运与共，越来越成为你中有我、我中有你的命运共同体。相对于全球，国内的城乡之间更是命运共同体，更需要保证全体人民在共建共享发展中有更多获得感。面对国内工农发展、城乡发展失衡的状况，用命运共同体理念指导"三农"工作和现代化经济体系建设，更应坚持农业农村优先发展，借此有效防范因城乡之间、工农之间差距过大导致社会断裂，增进社会稳定和谐。

笔者认为，可借鉴国外尤其是发达国家支持中小企业的思路，同等优先地加强对农业农村发展的支持。具体来说，要注意以下两点。

1. 以完善产权制度和要素市场化配置为重点，优先加快推进农业农村市场化改革

《国务院关于在市场体系建设中建立公平竞争审查制度的意见》（国发〔2016〕34号）提出，"公平竞争是市场经济的基本原则，是市场机制高效运行的重要基础"，"统一开放、竞争有序的市场体系，是市场在资源配置中起决定性作用的基础"，要"确立竞争政策基础性地位"。因此，要通过强化公平竞争的理念和社会氛围，以及切实有效的反垄断措施，完善维护公平竞争的市场秩序，促进市场机制有效运转；也要注意科学处理竞争政策和产业政策的关系，积极促进产业政策由选择性向功能性转型。

为此，要通过强化竞争政策的基础地位，积极营造有利于"三农"发展，并提升其活力和竞争力的市场环境，引导各类经营主体和服务主体在参与乡村振兴的过程中公平竞争，成为富有活力和竞争力的乡村振兴参与者，甚至乡村振兴的"领头雁"。要以完善产权制度和要素市场化配置为重点，加快推进农业农村领域的市场化改革，结合发挥典型示范作用，从根本上改变农业农村发展中部分领域改革严重滞后于需求，或改革自身亟待转型升级的问题。如在依法保护集体土地所有权和农户承包权的前提下，如何平等保护土地经营权等。目前，这方面的改革亟待提速。当前部分地区对平等保护土地经营权重视不够，加大了新型农业经营主体的发展困难和风险，也影响了其对乡村振兴带动能力的提升。近年来，部分地区推动"资源变资产、资金变股金、农民变股东"的改革创新，初步取得了

积极效果。但随着"三变"改革的推进，如何加强相关产权和要素流转平台建设，完善其运行机制，促进其转型升级，亟待后续改革加力跟进。

2. 加快创新相关法律法规和监管规则，优先支持优化农业农村发展环境

通过完善法律法规和监管规则，清除不适应形势变化、影响乡村振兴的制度和环境障碍，可以降低"三农"发展的成本和风险，也有利于促进农业强、农民富、农村美。例如，近年来虽然农村宅基地制度改革试点积极推进，但实际惠及面仍然有限，严重影响农村土地资源的优化配置，导致大量宅基地闲置浪费，也加大了农村发展新产业、新业态、新模式和建设美丽乡村的难度，制约了农民增收。农村宅基地制度改革严重滞后于现实需求，导致宅基地流转限制过多、宅基地财产价值难以显性化、农民房屋财产权难以有效保障、宅基地闲置浪费严重等问题日趋凸显，从而加大了农村新产业、新业态、新模式发展的用地困难。

现行农村宅基地制度和农房产权制度改革滞后，不仅加大了盘活闲置宅基地和农房的困难度，影响农民财产性收入的增长，更重要的是加大了城市人口、人才"下乡"，农村人才"跨社区"居住以及定居的困难。这不利于缓解乡村振兴的"人才缺口"，也不利于农业农村产业更好地对接城乡消费结构升级带来的需求扩张。在部分城郊地区或发达的农村地区，甚至山清水秀、交通便捷、文化旅游资源丰厚的普通乡村地区，适度扩大农村宅基地制度改革试点范围，鼓励试点地区加快探索和创新宅基地"三权分置"办法，尤其是适度扩大农村宅基地、农房使用权流转范围，有条件地进一步向热心参与乡村振兴的非本农村集体经济组织成员开放农村宅基地或农房流转、租赁市场。这对于吸引城市或异地人才、带动城市或异地资源、要素参与乡村振兴，越来越具有重要性和紧迫性。其意义远远超过增加农民财产性收入的问题，并且已经不是"尚待深入研究"的问题，而是应该积极稳健地"鼓励大胆探索"的事情。建议允许这些地区在保护农民基本居住权和不得违规违法买卖宅基地，严格实行土地用途管制，严格禁止下乡利用农村宅基地建设别墅大院和私人会馆的基础上，通过推进宅基地使用权资本化等方式，引导农民有偿转让富余的宅基地和农民房屋使用权，允许城乡居民包括"下乡"居住或参与乡村振兴的城市居民有偿获得农民转让的富余或闲置宅基地。

五、乡村社会治理的内涵

乡村社会治理，也称为"乡村治理"。1998 年，华中师范大学中国乡村研究中心的学术团队在一次学术研讨会上首次提出了"乡村治理"概念，这一概念吸收和借鉴了风靡全球的"治理"理论。"治理"概念的引入，使得中国乡村社会研究更具综合性和包容性，适应了中国乡村社会变迁对研究提出的新要求，得到了众多学者的认可。自此之后，"乡村治理"概念逐渐取代了"村民自治""村治"等概念在中国乡村社会研究中的主导地位，形成了一种新的话语体系。随后，随着社会的不断发展，有学者提出了"农村社会治理""乡村社会治理"等概念。纵观现有文献，不同的学者从不同的视角对乡村社会治理的概念内涵进行了界定。

2000 年，徐勇教授在《挣脱土地束缚之后的乡村困境及应对》一文中首次明确提出了"乡村治理"的内涵，认为乡村治理是指"通过解决乡村面临的问题，实现乡村的发展和稳定"。这一内涵界定可以说是关于"乡村治理"概念的最早阐述。它简单明了地指出了"乡村治理"的主要内容和最终目标。在此基础之上，越来越多的学者对"乡村治理"进行了更为详细和具体的阐述。例如，郭正林从组织的视角对"乡村治理"进行了界定，认为乡村治理是"性质不同的各种组织，包括乡镇的党委政府、'七站八所'、扶贫队、工青妇等政府及附属机构，村里的党支部、村委会、团支部、妇女会、各种协会等村级组织，民间的红白喜事会、慈善救济会、宗亲会等民间群体及组织，通过一定的制度机制共同把乡下的公共事务管理好"。这一概念界定将"乡村治理"的不同层次主体涵盖在一个体系内，认为乡镇、村级以及民间群体进行公共事务管理的活动共同构成了"乡村治理"，突出强调了各类组织在乡村治理中的主体地位和功能作用。贺雪峰指出，乡村治理是指"如何对中国的乡村进行管理，或中国乡村如何可以自主管理，从而实现乡村社会的有序发展"。这一概念界定进一步深化了"乡村治理"的本质内涵，突出强调了"乡村治理"的村民自主性和乡村社会发展的有序性①。

党国英进一步提出，乡村治理是指"乡村社会处理公共事务的传统和制度，包括选举政府首脑、监督政府工作和设置政府更迭的程序，也包括

---

① 毛薇，王贤. 数字乡村建设背景下的农村信息服务模式主策略研究 [J]. 情报科学，2019 (11)：116-120。

政府制定和执行政策的能力，以及居民对这些制度的服从状况"。这一概念界定首次将"乡村治理"视为乡村社会处理公共事务传统和制度的总称，突出强调了"乡村治理"与"公共事务"之间的紧密关系。万小艳认为，乡村治理是"在乡村社区中，通过乡村公共权力介入社区个体成员无力解决的公共事务，达成社区范围内的规模收益，从而实现乡村发展"。张润泽、杨华认为，乡村治理"是一种综合治理，它把乡村的政治、经济、文化、社会诸元素都统摄进来，以更广泛、更宏大的视野观察乡村生活，而不囿于单纯民主化治理的村民自治"。

随着"乡村治理"概念的不断发展，有学者开始提出了"乡村社会治理"概念。从概念内涵上来看，"乡村社会治理"与"乡村治理"本质上没有较大的区别。具体来说，"乡村社会治理"具有以下三层内涵。

一是从治理主体来看，乡村社会治理的治理主体是多元化的。乡村社会的治理主体除了正式的权力机构——基层政府以外，还包括村委会这一自治组织机构、民间组织以及村民个体。这四个不同层次的治理主体之间是相互制约、相互影响、相互作用的，强调以相互协商、相互合作、共同参与的形式解决乡村社会公共事务，构建和谐有序的乡村社会。可见，乡村社会治理不是指正式权力机构——乡镇政府通过公共权力以自上而下的线性方式管辖乡村社会，而是指乡镇政府、村级自治组织、民间社会组织与村民综合运用社会公共权利协同治理乡村社会。这四者之间的关系不是纵向的领导与被领导的关系，而是横向的平等合作的关系。而且，从一定程度上来说，乡村社会治理更加倾向于村级自治组织的功能发挥，更加强调村民的公共参与。可以说，乡村社会治理的成效，在很大程度上取决于各治理主体的功能发挥。事实上，在乡村社会治理中，乡镇政府主要发挥的是引导作用，村级自治组织、民间组织以及村民才是乡村社会治理的真正主体，共同管辖着乡村社会的各项公共事务。

二是从治理目标来看，乡村社会治理的目标是实现公共利益最大化，维护乡村社会的和谐稳定。乡村社会治理有着明确的社会目标，那就是通过有效地处理各项乡村公共事务，实现乡村公共利益最大化，维护乡村社会的和谐稳定。乡村社会治理是一项复杂的社会治理活动，涉及诸多利益主体以及诸多公共事务。因此，为了有效协调不同利益主体之间的关系，缓和乡村社会矛盾，维护村民的合法利益，乡村社会治理只有以乡村公共利益为目标导向，才能获取其存在的合理性和合法性。这是多元乡村社会治理主体相互合作的前提，是乡村社会治理持续开展的内在动力。不管是乡村公共发展问题，还是村民之间的纠纷问题，抑或是村民的家庭纠纷问题，只要是在乡村社会范畴内发生的事务，都在一定程度上影响到了公共利益，需要乡村治理的介入。因此，在协调、治理的过程中，乡村社会治理强调以公共利益最大化为目标导向，以保障最广大乡村居民的合法利益，促进乡村经济社会有序发展为终极目标。

三是从治理过程来看，乡村社会治理是自主化的。乡村社会治理是一个复杂的社会治理过程，包括政府治理和村民自我治理两大内容，涉及诸多利益群体和社会层面问题，再加上乡村社会本身的多样性和复杂性，如乡村社会地域广阔、人口分布分散等，政府在乡村社会治理中的功能发挥受到一定程度的制约，政府不可能单独凭借自身力量全面调控和治理乡村社会。因此，在具体的乡村社会治理过程中，实际上是以村民自治为核心的。也就是说，政府通过政策方针进行宏观层面的调控工作，乡村自治组织通过自主治理进行微观层面的具体协商、处理。通过自治组织的培育发展，乡村社会逐渐形成自主治理的社会治理体系，共同管理乡村社会的各类公共事务。同时，乡村社会治理的自主化也体现在村民大量的社会参与上。正是村民的积极自主参与，乡村公共事务才能够得到及时有效的处理。

总之，"乡村社会治理"是有关乡镇一级管辖范畴内的社会治理活动，它以乡村社会为治理范畴，以解决乡村公共事务为治理内容，以乡镇政府、村委会、社会民间组织、村民为治理主体，以乡村公共权力为治理手段，以村民利益最大化为治理目标，以"乡政村治"为治理模式，即一种乡镇政府治理与村民自治相结合、强调村民的社会参与和自我治理以及以实现和维护村民的合法利益为主要目标的治理模式。

六、乡村社会治理的意义

乡村社会治理作为我国社会治理体系的重要组成部分，关系到广大村民的日常生活和命运，关系到城乡之间的统筹协调发展，关系到和谐社会的构建。可以说，乡村社会治理是社会治理的重点和难点。乡村社会治理有利于维护最广大人民群众的合法利益，有利于推进城乡统筹协调发展，有利于构建稳定有序的乡村社会，有利于推进国家社会治理现代化进程。乡村社会治理，无论是对于广大村民群众、乡村社会，还是整个社会来说，都具有不容忽视的重要意义。具体体现在以下三方面。

（一）乡村社会治理是保障广大村民合法利益的必然要求

乡村社会治理以广大乡村社会为治理范围，以广大村民为治理对象，以妥善处理各类乡村公共事务为治理内容，以保障广大村民合法利益、改善广大村民生活、构建乡村和谐社会为治理目标。成千上万的乡村作为当前中国社会的主要组成部分，影响着中国社会的和谐稳定。可以说，社会的稳定有序需要以乡村的稳定有序为基础。乡村社会治理水平的高低直接影响着社会质量水平的高低，影响着广大村民的合法利益能否得到有效保障。为了进一步转变乡村社会治理方式，增强政府服务意识，从而为村民提供一个更舒适、更和谐、更有序的生活环境，我们需要加强乡村社会治理。当前，我国广大乡村社会整体上处于社会转型的关键时期，各类社会矛盾、社会冲突时有发生，这就需要一套完善的社会治理机制，以协调不同利益群体之间的关系，科学、妥善地处理各类基层社会矛盾，以满足广大村民的利益诉求。而乡村社会治理以乡镇政府、村民组织以及村民相互协调、相互谈判为治理模式，以公共利益最大化为基本目标，能够代表广大村民的利益。因此，乡村社会治理是保障广大村民合法利益的必然要求。

（二）乡村社会治理是实现城乡统筹协调发展的必然要求

随着乡村经济的发展以及乡村社会的转型，传统的乡村社会治理方式已经不适应新的乡村经济社会发展需求，创新与现阶段乡村经济社会发展要求相适应的乡村社会治理模式，已经成为推进新型城镇化与新农村建设的必然要求。为了统筹城乡协调发展，我国坚持新型城镇化与新型农村社区建设两条路，在此过程当中，难免涉及农民市民化、乡村土地产权、乡村集体利益分配以及乡村经济发展问题等，这些都是在新背景下乡村社会治理的重要内容。这些新的治理内容的出现，意味着传统的乡村社会管理模式已经不适应当前乡村经济社会发展的要求，乡村社会治理的任务更加繁重。此外，我国致力于提升国家治理水平和实现社会治理现代化，然而从城乡的社会治理水平来看，乡村社会治理水平依然落后于城市社会治理水平。因此，为了缩小城乡的社会治理水平差距，提升我国整体的社会治理水平，必须将加强乡村社会治理作为重要任务之一，努力化解各类社会矛盾和冲突，协调各类社会关系。

（三）乡村社会治理是化解乡村社会复杂矛盾的必然要求

随着乡村社会的发展以及新型城镇化的推进，乡村工作过程中日益凸显出新问题和新矛盾，如村民增收难问题、乡村基本公共服务发展滞后问题、乡村土地征用难问题、新生代农民工问题、留守儿童问题、空巢老人问题、乡村文化建设发展滞后问题、乡村社会组织发展缓慢问题等。这些问题的存在表明，乡村不和谐因素影响着乡村社会的和谐稳定。如果这些社会矛盾得不到及时有效的化解，将可能逐渐积累而发展成为大的社会矛盾，进而影响到整个社会的和谐稳定。因此，为了将基层社会矛盾化解在萌芽状态，及时有效地解决社会矛盾，需要进一步加强乡村社会治理。乡村社会治理，包含着治理和服务两层内涵，但无论是从治理还是从服务来说，其主要任务都是协调乡村社会的利益关系，及时化解乡村社会的社会矛盾，维护乡村社会的公平正义，及时回应广大村民群众的利益诉求，保障广大村民群众的合法利益。

七、乡村社会治理及基本特征

(一) 原生秩序型乡村社会治理及基本特征

原生秩序型乡村社会治理主要强调乡村社会内生秩序的能力。这说明，当一个乡村具备原生秩序的能力时，它就无须在很大程度上依赖于乡镇政府的介入，因为依靠其内在的自身生产力和治理能力，它就能够维持乡村社会的稳定秩序；当一个乡村尚未具备原生秩序的能力时，它就需要在很大程度上依赖于乡镇政府的支持和干预，因为仅凭其自身单薄的力量，它还不能维持乡村社会的稳定秩序。在这里，所谓的内生秩序能力，一方面是指乡村社会自身具有的提供基本公共服务和加强基础设施建设的能力，另一方面是指乡村社会自身具有的为乡村社会精英提供精神价值的能力。因为当乡村具有生产价值的能力时，乡村本身就能够为乡村精英提供声誉价值空间。因此，在这样的背景条件下，乡村精英为了获得村民的认可和支持，乐意参与乡村社会治理，担任乡村干部，成为乡村社会的保护型代理人。

在这一乡村社会治理类型当中，乡村社会治理呈现出如下一系列特征：一是乡村社会治理以乡村精英、村民为主要治理主体，乡村精英主要代表村民利益与乡镇政府进行博弈，村民对乡村精英有着较高的身份认同；二是乡村社会自身能够提供足够的公共产品和公共服务，对乡镇政府的依赖程度较低；三是乡村社会中的乡村精英更在乎社会性价值而非经济价值，腐败现象较少；四是乡村社会里村民与村干部的社会关系较缓和，直接利益冲突较少；五是乡村干部与乡镇领导之间的关系较为平等，不是领导与被领导的关系，而是地位平等的关系；六是乡村社会治理的民主化程度高，自治能力强；七是乡镇政府难以在乡村社会找到代理人，行政力量的渗透不足，乡镇行政工作指标难以完成①。

（二）次生秩序型乡村社会治理及基本特征

次生秩序型乡村社会治理是与原生秩序型乡村社会治理相对应的一种乡村社会治理类型。具体来说，所谓次生秩序型乡村社会治理，一方面是指乡村社会自身尚未孕育出内生秩序能力，因而需要依靠乡镇政府的支持和介入才能够维持有序的乡村社会秩序；另一方面是指乡村社会自身虽不能够为乡村精英提供精神性价值，以满足其声誉需求，但乡村社会能够为乡村精英提供物质性价值，以满足其经济需求。在这一乡村社会治理类型中，乡村社会治理呈现出如下特征：一是乡村社会治理过程中，乡村自治能力较低，对乡镇政府的依赖性较强；二是乡村精英与村民之间的关系整体而言比较紧张，有可能在诸多利益方面存在矛盾与冲突；三是乡村精英一方面是乡镇政府的利益代理人，另一方面是村民的利益代理人，如何协调二者之间的关系是乡村精英进行乡村社会治理的重要任务；四是乡村精英与乡镇政府的关系是领导与被领导的关系，乡村精英的主要工作内容是完成上级乡镇政府下达的各项行政指标。

（三）乡村合谋型乡村社会治理及基本特征

乡村合谋型乡村社会治理有别于前两种乡村社会治理类型的地方在于：乡村社会自身既不能够为乡村干部提供声誉、社会地位等社会性收益，也不能够为乡村干部提供正当的经济收入、物质获取等经济性收益。因此，乡村干部往往倾向于利用手中的权力谋取私利，侵占乡村社会公共性资源，从而导致乡村社会治理陷入混乱之中。

这一乡村社会治理类型的产生，主要是由于乡村社会自身缺乏生产价值的能力。这里的价值，既包括精神价值，即声誉、面子等，也包括物质价值，即经济收入、物质资源等。当一个乡村社会自身缺乏生产价值的能力时，其对乡村精英的吸引力就大大下降。在这样的条件下，大多数乡村精英都不会积极主动地参与乡村社会治理实践，只有少部分试图从乡村权力中获取不正当收入的乡村精英或非乡村精英愿意出任乡村干部职位。同

---

① 赵旱. 乡村治理模式转型与数字乡村治理体系构建 [J]. 领导科学，2020，（14）：45-48.

时，这样的乡村社会秩序本身也为这部分试图获取灰色收入的乡村干部提供了可能。这主要是这一类型的乡村社会内在关联度不高，乡村社会内在的约束力不强，村民与村民之间以及村民与乡村干部之间的社会联系不紧密。村民在监督乡村干部行为方面既缺乏主观意愿，也缺乏正式渠道。因此，他们获取灰色收入的最大阻碍者不是村民，而是乡镇政府。因此，这类乡村社会的乡村干部逐渐与乡镇政府形成了合谋关系。而为了维护这一合谋关系，乡村干部就必须成为乡镇政府的利益代理人，认真完成乡镇政府布置的各类行政任务，有时甚至会通过贿赂乡镇主要领导，避免乡镇政府对其不正当行为进行惩罚。为了获取这一短期利益，他们不惜损害乡村居民的合法权益，牺牲乡村社会的长远利益，最终导致乡村干部与村民之间的关系紧张，矛盾突出。

在这一乡村社会治理类型中，乡村社会治理呈现出如下特征：一是在乡村社会治理过程中，乡村生产价值能力低，导致乡村干部萌生利用权力获取不正当利益的想法；二是乡村干部在获取灰色收入的过程中，可能牺牲乡村居民和乡村社会的利益，导致乡村干部与村民之间关系紧张，矛盾突出；三是乡村干部主要是乡镇政府的利益代理人，可能会认真完成甚至超额完成乡镇政府布置的各项任务；四是乡村社会治理的民主化程度低，乡村社会组织、乡村居民的社会参与不足。

（四）无序型乡村社会治理及基本特征

无序型乡村社会治理主要是指乡村干部因既不能获取社会性收益，也不能获取正当或不正当的经济收益，从而表现出消极的工作态度和处事行为，进而导致乡村社会公共事务陷入无人管理、无人问津的困境，使得乡镇政府的行政指令无法在乡村社会有效执行。也就是说，一旦乡村干部无法通过担任乡村干部职位来获取具有足够吸引力的收益，乡村干部就容易表现出对乡村社会公共事务不上心，对乡村经济社会发展不关心的状态。因此，日常乡村治理工作的开展也主要是流于形式，缺乏实质性的进展。在这一背景之下，乡村干部与乡镇政府之间不存在明显的利益关系，乡村干部无须为了获得乡镇政府的资源支持而工作。因此，在处理与乡镇政府之间的关系时，乡村干部也表现出明显的消极态度，对于乡镇政府布置的各项行政任务，常常会敷衍应对。而乡镇政府在面临这一情况时，由于缺乏有效的资源供给以改变乡村干部的消极态度，他们也只能表示无奈或者反复强调。这最终导致乡村社会的公共事务处理效率低，公共事业发展缓慢，从而使整个乡村社会陷入无序状态。

在这一乡村社会治理类型中，乡村社会治理呈现出如下特征：一是在乡村社会治理过程中，乡村生产价值能力低，既无法生产出社会性价值，也无法生产出经济性价值，从而导致对乡村精英的吸引力最低；二是乡村干部在乡村社会治理过程中表现出明显的消极态度，导致乡村公共事务无人问津，乡村公共事业进展缓慢；三是乡村干部与乡镇政府之间的关系疏远，导致乡镇政府布置的各项行政指令在乡村社会无法有效执行；四是乡村居民的社会参与意愿不强，参与能力有限。

第二节　数字乡村治理的内容及意义

一、数字空间的乡村治理运作

数字技术凸显数字空间的实效性。数字空间成为人们生活、生产和社会关系的重要工具手段，使得个体能够突破时空分离，从而改变个体的行为特征和群体的联结方式，优化社会运作机制。数字空间作为数字乡村建设的重要内容，其乡村治理运作分别体现在促进村民协商自治高效开展、推动乡村治理权力的多元化发展、构建村民新的集体身份认同。

（一）数字空间与村民协商自治

随着农村劳动力外流的加剧，乡村治理面临村民参与程度低的现实困境。村庄内红白喜事、民俗文化活动等，能够促进村民之间的合作。但这类集体活动随着村庄人口减少也在减少，乡村治理空间也相应被挤压。同时，空心化村庄中留守群体对村庄公共事务的关注度低，导致乡村治理效能低下。村民自治是基层民主的重要实现形式，通过村民自治能够选举代表村民利益和诉求的"当家人"。然而，随着劳动力外流，村民参与村庄自治的积极性越来越低，村庄在选举中出现参选率和投票率较低的现象严重影响着村民自治制度的实际运行。

数字空间将多元治理主体重新汇聚在同一治理空间中，村庄公共事务和议题被发布于数字空间，分散在各地的村民可以针对村庄公共事务和议题进行协商自治和公共决策，这从广度和深度上增强了村民自治的民主性。数字空间所形成的虚拟公共空间突破了现实空间的阻隔，为村民参与村庄公共事务的议事协商提供了平台。数字空间中不同主体的话语权能够充分表达，从而能有效推动自我管理、自我监督和自我服务。

当前，农村的年轻人多在外地务工，只有在逢年过节时村庄的"人气"才比较旺，平时村庄公共事务很难接收到村民的意见反馈，乡村治理的自下而上机制并不畅通。为此，通过创建乡村QQ群、微信群等"微平台"，使外出人员能够及时了解村庄的发展变化，并为村庄的发展建言献策，增强村民身份认同感和归属感。"微平台"有利于增强乡村治理的集体行动意识，提升数字空间的公共性。目前，农村建有党员微信群、外出人员微信群等不同类别的"微平台"，使在外村民能够参与村庄公共事务和集体行动。农村外出务工人员微信群的主要议题是"工作和工资"，党员服务群的主要议题是"矛盾调解、例行开会"，村民微信群主要议题是"娱乐和村庄发展"。

（二）数字空间与治理权力多元化

在以往的乡村治理中，治理主体既有正式治理权威，也有非正式治理权威。乡村治理主体通常是熟悉地方性知识的村庄精英，他们拥有村庄的治理权威。数字空间作为乡村新型治理空间，其特征不同于现实中的治理权威和权力结构，它具有分散化、匿名化和符号化特征，从而导致治理空间的权力结构产生变化。

一方面，数字空间的各个主体的自由度较高，不受空间位置的影响，每个网络主体都有对公共事务和议题发表言论的自由。数字空间权力和权威中心的标志是其他网络主体的认可，而这一前提是依靠数字空间中的言论观点成为数字空间的意见领袖。因此，数字空间的交往互动方式不受现实治理空间的控制，往往更在乎言论的合理性、正确性和逻辑性，所以现实治理中的权力和权威对数字空间的影响较少。另一方面，数字空间能够带来不同的话语资源，通过村民和社会力量的参与，形成多元主体参与乡村治理的发展路径。数字空间使得村庄公共信息传播更为分散，公共决策主体更加多元，政策实施由村民协商自主决定。

乡村治理主体受年龄、知识结构、数字技术等的影响，在数字空间中往往并不是处于中心位置。但有些在现实生活中沉默寡言的村民，却可能在虚拟数字空间中处于中心位置，成为数字空间的意见领袖，主导数字空间的公共事务和议题走向。因此，数字空间的存在，使得治理权力和权威发生改变，从而影响乡村治理权力的运作。此外，数字空间是村民普遍参与的信息交流和交往联络的社会空间，在数字空间中，通过QQ、微博、微信等网络平台，以电子布告栏、电子信箱、博客等形式，村民可以在虚拟网络中进行跨地域沟通和交流，客观上加强了村民居住地和乡村住所地之间的信息互通，提高了居住地和住所地之间的治理效率，实现了村民信息的互通共享，防止了出现"两不管"的双重治理模糊地带。

（三）数字空间与集体身份认同构建

曼纽尔·卡斯特认为，网络空间中群体是以社会认同为中心而集结形成。数字空间作为乡村社会公共空间的延伸，村民在数字空间中消除疏离感与陌生感，使村民逐步从"私人领域"转向"公共领域"。数字乡村通过运用数字空间，一方面提高了村民参与乡村治理的积极性，使村民足不出户就能够了解村庄各类公共事务。外出务工的村民虽然远离村庄空间，也能知晓村庄发展的动态。另一方面，数字空间强化了村民身份认同，尤其是外出务工人员的自我认同，通过将分散各地的村民集聚其中，再造了村民的集体认同，同时增强了外出务工人员的凝聚力和集体感。数字空间作为弥补传统公共空间萎缩的重要平台，承载了传统公共空间的社会交往功能，能够激发乡村治理新活力。

农村空心化、空巢化和老龄化，使得村民对原有村庄的认同感减弱，村庄公共性逐步流失。首先，村民外出务工进入城市，久而久之，他们对乡村社会的认同感慢慢降低，尤以年轻的外出务工者最为显著。长期在外打工的青年村民，他们向往城市生活，但由于多重原因形成"融不进、回不来"的身份认同困境，通过数字空间的互动，能够增强其地域共同体意识，强化对于其所属村庄的身份认同。其次，数字空间能够唤醒乡村社会记忆。乡村社会记忆具有情感性，它是村民共同的情感记忆和文化基础。数字空间通过微信群图片、朋友圈等形式，唤醒村民对于集体或儿时乡村生活的记忆。村庄集体记忆是乡村代际传承、乡村秩序建构、激发村民对乡村的情感的重要纽带，也是塑造村民乡村认同的重要力量。乡村社会记忆的唤醒在一定程度上重塑了村民身份认同，强化了离散化的村民对家乡的认同感。最后，治理主体通过数字空间将在外居住的村民联结起来，使村民外在资源信息能够在数字空间进行汇聚和交换，并依托乡土情感进行公共交往，扩充和整合村庄的外在治理资源。总之，村民在数字空间的持续互动，能够增进其相互之间的公共交往，促使村民参与集体行动和公共事务，强化村民的集体认同感和归属感。

二、数字治理的内涵特征及正负效应

（一）数字治理的内涵特征

顾名思义，数字治理是指以数字信息技术为手段的治理行为。然而，数字治理中的数字信息技术不仅是治理手段，更是一种治理效果的体现。一方面，乡村治理运用数字信息技术提高治理效能；另一方面，数字信息技术帮助乡村治理升级，构建数字化、信息化、智能化的乡村治理体系。数字乡村的数字治理是通过数字空间的治理运作，构建数字化、信息化、智能化的数字技术组织体系，以促进乡村治理体系和治理能力现代化。数字治理作为新时代乡村社会的重要治理模式，不仅表现为治理方式的数字信息技术运用，而且体现在治理过程中村民"数字素养"的提升。换言之，数字治理是通过数字信息技术实现村民参与乡村公共事务和集体活动的数字治理行为。

数字治理不同于传统治理模式，治理主体通过数字空间的联结纽带，将治理行为从"线下"转为"线上"，实现不同地理空间跨越的"线上治理"。治理主体凭借数字信息技术，能够跨越地理空间阻隔实施精细化、精准化的治理。这里的数字信息技术不但有常用的网络媒体，而且有网格化人工巡查网络，借助视频监控、大数据分析等数字信息化手段，及时获取和处理村民的各项事务，以应对乡村治理中的各种问题，实现数字化和智能化的治理。

此外，数字治理不仅强调乡村治理中的数字信息技术运用，还突出治理对象"数字素养"的提升。在数字乡村建设中，作为乡村治理的重要主体，村民"数字素养"不断得到提升，有利于推动乡村治理转型和缩小城乡"数字鸿沟"。村民"数字素养"的提升主要体现在村民生活向度和乡村治理向度：一方面，村民运用数字信息技术提高农业生产效率和生活质量；另一方面，村民利用数字信息技术参与乡村治理，在数字空间中建言献策，畅通乡村治理的自下而上沟通渠道。简而言之，数字治理将传统治理手段与数字信息技术相结合，缓解了治理对象流动性强的难题，提升了村民"数字素养"，增强了乡村治理能力。

（二）数字治理的正负效应

数字治理依赖于数字信息技术，但在实际治理过程中存在数字治理的双重效应：一方面，数字治理可以提高乡村治理效率，便于乡村社会的有效治理；另一方面，数字治理也造成乡村治理任务倍增，导致乡村治理压力加大。

1. 数字治理信息化与有效治理

数字治理信息化是推动数字乡村的重要措施，治理信息化不仅能够整合公共资源，而且可以为村民提供及时有效的便捷公共服务，进而提高乡村治理效能。治理信息化的前提是完善的治理数据库。完善的治理数据库有利于村民的差异化和个性化需求发展，优化了治理资源，进而提高乡村治理效率。数字乡村运用数字空间，建立真实与虚拟相结合的治理单元，不断完善"线上乡村"的各项功能，使得"线上乡村"整体涵盖社保、医疗、教育、人口管理等多元化服务，提高回应村民诉求的速度和效率，提升服务的精细化与精准化水平。目前，数字乡村采取信息化的主要措施是推进互联网信息技术融入乡村治理，促进互联网技术与乡村治理深度契合，提高乡村治理效能。乡村治理主体通过治理信息化，提高治理与服务效率，促使治理与服务活动更加精细化、专业化。治理信息化作为数字治理的重要形式，它有利于增强乡村治理能力，推动乡村治理转型。例如，数字乡村建设中的"互联网+政务服务"工作，在便民服务中心设立"互联网+政务服务"的工作台，工作台包含公众号的内容和功能介绍、操作步骤，并有村干部进行引导和帮助。上级部门在后台能够及时准确地看到每个村民注册、运用公众号的人数。服务公众号作为便民服务措施，方便了村民办理相关事务。

2. 数字治理负担与治理限度

默顿认为，一项技术的运用，不但要考虑其正功能和负作用，而且要关注技术运用的潜在功能。同样，数字治理具有标准化、规范化的治理特征，迎合了科层制官僚人员的喜好，在基层治理中广泛推广和运用，方便上级政府对基层治理的监控和检查。但数字治理所代表的技术治理和治理硬度，导致治理主体过分依赖数字表面和技术手段，并在治理过程中注重量化考核和专项治理，进而产生基层治理的悬浮化。一方面，数字治理使得基层为想方设法达到上级政府的数字要求而采取各项非常规治理行为，导致治理目标发生异化。同时，治理目标的数字要求，通过"层层加码"，使得基层的治理任务和治理压力剧增。另一方面，虽然数字治理能够适应目前治理新形势的变化，如对流动人口的有效追踪和管理等，但数字治理过密化的技术发展增加了治理成本，而且影响了治理效能的边际优化。此外，数字治理缺乏传统"面对面"治理的情感温度，使治理过程中情感距离加大，不利于治理的情感沟通和新型治理共同体再造。

第三节　乡村振兴战略对农村社会治理提出的新要求

一、加强农村基层党组织建设

农村基层党组织是党在农村全部工作的基础，是党联系广大人民群众，带领人民群众打赢"三农"攻坚战，夺取全面建成小康社会的排头兵。要把农村基层党组织建设成为乡村振兴过程中农村建设的坚实战斗堡垒，为深化农业农村改革、推进社会主义现代化提供保障，着力完善乡村基层组织体系，激发乡村基层组织活力夯实乡村振兴的组织基础。

（一）突出农村基层党组织领导核心地位

党的基层组织是确保党的路线方针政策和决策部署贯彻落实的基础。归根结底，乡村振兴的关键是始终坚持农村基层党组织领导核心地位，充分发挥其领导核心作用。

巩固党的执政地位是推动各项事业发展的重要基石。农村基层党组织的领导核心地位是由党的性质、地位和农村的实际情况决定的，也是在长期实践中形成和确立的。因此，农村基层党建工作是巩固党联系群众的组织基础，是扎实推进党在农业农村各项工作的重要保障，是完善乡村基层治理体系的重要举措。只有牢牢把握住农村基层党组织建设在乡村基层治理体系中的作用，才能保证乡村形态稳定、不动摇。

全面领会农村基层党组织领导核心地位的内涵。农村基层党组织领导核心地位，主要体现在基层党组织是确保党的路线方针政策在农村得到贯彻落实的领导核心、是农村各种组织的领导核心、是农村各项工作的领导核心、是团结带领农民群众建设美好生活的领导核心四个方面。这是对农村基层党组织领导核心地位全面准确的概括，对此要全面领会和把握。只有如此，才能胸有全局、统筹谋划，把农村基层党组织的领导核心作用全面、充分地发挥出来。

（二）强化农村基层党组织战斗堡垒作用

习近平总书记指出，基层是党的执政之基、力量之源。只有基层党组织坚强有力，党员发挥应有作用，党的根基才能牢固，党才能有战斗力。

2017 年和 2018 年的中央一号文件在对党组织科学性管理的基础上，强调了农村基层党组织在乡村治理中的作用，即"完善村党组织领导的村民自治有效实现形式"和"加强农村群众性自治组织建设，健全和创新村党组织领导的充满活力的村民自治机制"，旨在要求农村基层党组织在乡村治理中发挥重要的作用，强化农村基层党组织的政治引领。严把政治方向，强化政治定力，注重政治引领，牢牢把握农村基层党组织的领导核心和政治核心作用。宣传和执行党的路线、方针、政策，将上级党委的各项计划和部署直接落实到农民，并转化为农民的实际行动发挥战斗堡垒作用，就要提升农村基层党组织的服务水平。发挥基层党组织作为党联系群众的桥梁和纽带的作用，以全心全意为人民服务、维护人民群众的根本利益为出发点，着力提高服务水平和服务质量，通过强化服务功能让群众更加信赖党组织，从而把群众凝聚在战斗堡垒周围。

都说"给钱给物，不如给个好支部"，我们基层党组织高不高效、是不是强有力，关系到我们乡村治理能不能够有好的效果和高的效率。要以服务乡村振兴为导向，坚持党建引领，从严加强农村党员队伍建设，选优配强村"两委"班子，优化农村基层干部队伍结构，制订并实施培训计划，把到农村一线工作锻炼作为培养干部的重要途径，打造一支善发展、能致富、得民心的乡村干部队伍。

农村基层党组织建设与乡村治理相结合，既能够充分发挥农村基层党组织在基层治理中的优势，确保意识形态不动摇，又能够在党和政府赋予基层党组织新使命下做到基层党组织的健康发展。农村基层党组织建设作为一项农村重要工作，事关农村政治生态、经济发展和社会稳定大局。因此，以农村基层党组织作为重要抓手，是实现乡村形态的稳定与乡村治理相结合的重要举措，理应坚定不移地强化农村基层党组织在乡村治理中的地位，狠抓意识形态，有"咬定青山不放松"的韧劲，为实现乡村治理有效的目标不断奋进。

二、推进自治、法治、德治相结合，走乡村"善治"之路

自治、法治、德治"三治融合"，是新时代农村基层社会治理的发展方向。创新发展"三治融合"，要坚持以善治为目标，不断巩固成果扩大覆盖面。加强和创新乡村治理，健全自治、法治、德治相结合的乡村治理体系，走符合中国实际的乡村善治之路。

（一）深化村民自治实践

村民自治作为农民群众行使民主权利、管理村社公共事务的基层民主形式，具有直接民主和群众自治的特性。村民自治是从我国农村社会的泥土中生长出来的民主制度，随着我国村民自治制度不断完善，逐步构建起"民主选举、民主决策、民主管理和民主监督"的制度体系。"自治"属于村庄的范畴，村民通过自治可以进行自我管理、自我教育和自我服务。村民自治具有广泛的适应性，以及时间短、成本小的优点，村民的矛盾能就地就近得到化解。但它也存在一定的局限性，其约束力、执行力可能要稍微差一点。

要深化村民自治，以自治为基础，加强党组织领导下的农村群众性自治组织建设，完善村民自治机制。依托村民会议、村民代表会议、村民理事会等，形成民间讨论、民间运行和民间管理的多层次基层协商模式。创新村民自治的实现方式，探索缩小自治的半径，关注与老百姓切身利益相关的事。充分发挥自治条例和村规民约在农村基层治理中的独特作用，促进公共秩序和良好风俗习惯的形成。全面建立健全村务监督委员会，完善切实有效的村务监督机制，开展村务阳光工程。落实好农村"四议两公开"工作，发挥好农村各类社会组织作用，让农民自己"说事、议事、主事"。把广大群众凝聚在党的周围，为乡村振兴和基层治理提供基础保障。在党的领导、法律监督和各级政府大力支持下，村民自治会让乡村振兴更具活力和生命力。

（二）推进乡村法治建设

"法治"属于国家的范畴，我们有特定的权力机关来制定法律，有特定的司法机关来执行法律，其规定了我们公民的权利和义务。法治的关键是增强乡村全体成员的法治观念。在乡村开展"法律进乡村"宣传教育活动，丰富基层群众的精神文化生活，营造遵法、学法、守法、用法氛围，提高农民法治素养，为拓宽村民的法律服务渠道提供有力保障。坚持专业的人干专业的事，老百姓甚至村干部对国家的法律法规未必都熟悉，理解未必都精准，这个时候需要我们法律界的专业人士来为农民、为村干部提供专业的法律咨询、服务。例如，在乡村搭建法律咨询服务平台，针对农民普遍关心的房屋拆迁、土地征用等案例提供法律咨询，向村民推荐人民调解、法律援助、劳动仲裁等调节方式来解决生活中遇到的矛盾纠纷。增强基层干部的法治意识，把与农业有关的一切政府工作纳入法治轨道。深化综合行政执法改革向基层下沉，对基层干部进行定期的法律考核，整合执法队伍，提高其执法能力和水平。完善农村公共法律服务体系，加强对农民的法律援助、司法援助和公共法律服务。

（三）提升乡村德治水平

"德治"属于社会范畴，它是通过家庭教育和社会舆论来维持的，通过道德教化让我们遵守共同的价值观，让我们能够形成共同的行为准则。"国无德不兴，人无德不立。"以德治国一直是中国的治国方略。党的十九大报告指出："加强农村基层基础工作，健全自治、法治、德治相结合的乡村治理体系。"这是党中央首次提出把德治纳入乡村治理范畴。我们应该深入探索农村熟人社会所包含的道德标准，如孝敬父母、邻里和睦、勤俭持家等，根据时代要求进行创新，发挥道德教育的作用，引导人们追求讲道德、守道德的生活，形成向上、向善的力量。树立先进典型，及时采访报道乡村涌现的好人好事，扩大典型事例的宣传面，增强感召力。大力弘扬文明新风，经常开展移风易俗教育。

第二章　乡村振兴战略背景下乡村社会治理体制优化

第一节　我国现代乡村社会治理的发展阶段及相关理论

一、中国现代乡村社会治理的发展阶段

自新中国成立以来，中国社会治理随着社会结构的转型和变迁，大致经历了三个发展阶段，即社会控制型阶段（1949 年 10 月—1978 年 11月）、社会管理型阶段（1978 年 12 月—2012 年 12 月）和社会治理型阶段（2013 年至今）。三个阶段的本质区别在于权力属性、运行方式、民主程度的主体或重点不同。社会控制型阶段的特点是权力来自政府，政府权力具有唯一性，运行方式是政府命令式，其他社会组织只能服从，表现出的是凌驾于和排斥民主参与的心态。社会管理型阶段的特点是政府权力具有主导性，但不是唯一的，其运行方式具有以自上而下为主、以自下而上为辅的运行过程，因此，具有"半民主"的特性。社会治理型的特点是权力权威多元化，即具有政府的、社会组织的、市场组织的等的特点。因此，其运行方式强调的是政府与各类社会组织的互动，即强调上下互动、政府与其他参与部门的平等性，从而实现民主性，达到公共治理的目标。由此可见，从社会控制型阶段到社会治理型阶段是一个递进的关系、是社会治理现代化的发展过程。

（一）社会控制型阶段（1949 年 10 月—1978 年 11 月）

新中国刚成立时，面临着诸多社会问题：一是以资本主义国家为首的外国敌对势力对我国社会主义政权的阻挠及颠覆，使当时的政府面临和承

载着严峻的国际环境和巨大的外部压力。二是历经战争困难之后，我国生产力低下，物资十分匮乏，人民的生活需求很难得到满足。这一时期，社会安全、制度建立是社会治理的重点，因此采取"以阶级斗争为纲""抓革命促生产"的单位制式的控制性社会治理是当时的主要方式，我们称这一阶段为社会控制性阶段。

1. 新中国成立初期的乡村社会治理（1949年10月—1958年6月）

新中国成立前的乡村经过百年的外侵内乱已是破败不堪，要想稳固新生政权，进行一场前所未有的土地改革是当时中国共产党的首要任务。从新中国成立初期到农业合作化之前，村组织是我国当时的国家一级政权组织。1950年12月，政务院颁布的《乡（行政村）人民政府组织通则》中明确规定，行政村与乡都是国家的一级政权组织。当时，全国有的省在县以下设区、行政村、自然村三级，行政村也就相当于乡；有的省设区公所、乡、村三级；有的省设乡村二级，并且明确指出村人民代表大会和村人民政府是人民行使权利的机关。可见，此时全国的做法还比较混乱。1954年1月，内务部颁布《关于健全乡政权组织的指示》，要求各地在便于人民直接行使政权、管理自身事务和适应农业互助合作运动发展的基础上，对乡政权组织、民主制度及工作方法，加以健全和整顿。1954年9月，第一届全国人民代表大会第一次会议通过了《中华人民共和国宪法》（以下简称《宪法》）和《中华人民共和国地方各级人民代表大会和地方各级人民委员会组织法》。其中《宪法》明确规定：我国农村的基层政权为乡、民族乡、镇；取消行政村建制，统一为乡、民族乡、镇。由此，行政村的建制就失去了法律上的依据，村级组织作为国家政权机关的性质也发生了改变。到了农业合作化时期，村级组织开始作为乡人民政府下属机关或者派出机关而存在。随着农业合作化运动和农业生产合作社的发展，合作社的管理委员会实际上行使了村组织的职权，村社合一的局面由此出现①。

2. 人民公社时期的乡村治理（1958年7月—1978年11月）

从1958年下半年开始，我国农村改革进入了人民公社时期。人民公社体制生成的基础主要有三个方面，即政治上的党政合一、经济上的集体化和文化上的高度崇拜。作为中国乡村建设史上独特的改革形式，农村人民

---

① 徐晓林，刘勇. 数字治理对城市政府善治的影响研究［J］. 公共管理学报，2006（1）：13-20.

公社的特征主要有以下三点：①在政治上，人民公社体制政社合一，即经济组织与政治组织合一，这是公社高度集权的体现。"三级所有，队为基础"、农民与集体组织之间存在人身依附关系等。人民公社体制的建立，预示着将农民整合起来的强大组织系统正式建立。从这个意义上说，农村人民公社在功能上已经成为国家一级政府，承担了基层政权的职能。②在经济上，供给制与工资制结合的分配制度。供给部分是社员基本生活必需品的部分，工资部分是社员其他开支和生活零用部分。这种按需分配和按劳分配的混合分配机制在很大程度上体现了平均主义的思想。③在生产生活上，生活集体生产化。这样做的目的在于改造农村传统的社会生活方式，使之与社会生产方式相适应。"组织军事化，行动战斗化，生活集体化"成为群众性的行动。1958 年 8 月，《中共中央关于在农村建立人民公社问题的决议》正式发布，从此建立起农林牧副渔全面发展、工农商学兵相互结合的人民公社。人民公社的特点是"一大二公"。人民公社的组织规模一般是一乡一社，2 000 户左右。人民公社实行政社合一的体制，村一级组织改为生产大队。同时，国家农村地区的粮食、财政、银行、商业等部门的基层机构下放给人民公社，由此形成了用行政手段管理经济的"政社合一"体制，"人民公社是我国社会主义社会在农村中的基层单位"是国民经济计划经济体系中的重要一环。全国原先 74 万多个农业生产合作社改组为 2.6 万多个人民公社，另外还有 93 个县建立了县级人民公社，在全国范围内，入社农户达到 1.2 亿户之多，占当时全国农民总数的 99%以上。这一体制下，人民公社既是经济组织，又是基层政权组织，既能发挥集体经济组织的作用，又能承担原来乡人民政府的行政职能。

（二）社会管理型阶段（1978 年 12 月—2012 年 12 月）

20 世纪 80 年代初，全国农村分田到户，人民公社解体。以党的十一届三中全会为标志，党和国家的工作重心开始转移到以经济建设为中心上来，由此开始实行改革开放。这一时期，社会经济结构发生了重大变化，市场经济在探索的过程中社会矛盾也逐渐突显，为确保改革的顺利推进，国家发挥了政府对社会管理的主导作用，我们称这种管理性的社会治理时期为社会管理型阶段。

党的十一届三中全会以后，中国进入了改革开放新时期：不仅在经济方面发展迅速，而且在农村社会治理上发生了根本性的变化。安徽凤阳小岗村 18 位农户开创"包产到户"的新做法，从此家庭联产承包责任制开创了农村改革的先河。1980年9月，中央在"75号文件"中对包产到户的形式予以了充分的肯定。1983年年初，全国93%的农村及生产队开始实行这种所谓的"大包干，交够国家的、留足集体的、剩下全是自己的"责任制。家庭联产承包责任制的推行，是对于当时农村经济发展模式的一次突破，顺应了社会发展趋势，促进了农业的大力发展，提高了农民的收入，提高了其生产的积极性。同时，这也宣告人民公社体制解体，建立何种农村基层组织模式成为当时亟须解决的问题，这时村民委员会组织应运而生。

1980年，广西壮族自治区宜山县出现全国首个村民委员会，开启村民自治新篇章。1982年，《宪法》规定，村民委员会是我国农村基层群众自治性组织，从法律上确立了村委会的地位。1983年10月，中央发出《关于实行政社分开建立乡政府的通知》，要求实行宪法的规定，建立乡政府，实行政社分开。同时要求，设立村民委员会作为基层群众性自治组织，在乡以下实行村民自治。1987年11月，全国人大常委会审议通过了《中华人民共和国村民委员会组织法（试行）》。1998年，《中华人民共和国村民委员会组织法》经九届全国人大常委会第五次会议审议通过并正式实施。截至2008年年底，全国共有68.7万个村委会、233.9多万名村委会成员，并已普遍按村民一人一票直接选举的"海选"方法，经历了六七次换届选举，有90%以上的村庄都初步建立了村民自治制度。

村民自治制度对于我国农村社会发展影响十分大：从积极方面看，首先，它充分调动了农民的劳动生产积极性，让他们自愿并十分主动地参与农业生产活动，积极享受民主政治权利的同时，显著促进了农业经济的发展和民主化进程。其次，进一步拓展了社会治理的广度和深度，有利于更加高效和充分地进行农村社会事务的管理，有利于更好地化解矛盾，从而维护社会稳定。然而，村民自治制度在实践中也遇到了一些问题：一是村委会的"独立性"不够。乡（镇）政府与村委会之间的关系容易由指导与被指导变成领导与被领导，村委会在日常工作的开展中受干预的现象常有发生。二是村"两委"关系非常复杂。村委会是由村民民主选举产生的群众性自治组织，村党支部作为党的基层组织，两者的权力来源不一样，村"两委"成员身份及工作分工的交叉性决定了其容易产生矛盾。三是村"两委"成员素质有待提高。当时，我国农村的状态是有能力、有文化的村民"走出去"的多，农村缺乏高素质人才，这便从根本上导致农村社会管理组织人员水平不高。四是村民参与公共事务的积极性不高，政治冷漠现象比较严重。

（三）社会治理型阶段（2013年至今）

我国社会主义市场经济体制的建立和快速发展，使得社会结构转型滞后于经济结构转变，两者发展的不均衡，造成越来越多的社会矛盾，并且直接影响到社会的可持续发展。2012年，党的十八大针对历来高度重视的"三农"问题，提出了新的要求。作为党中央连续发布的第十个指导"三农"工作的"一号文件"，《中共中央 国务院关于加快发展现代农业进一步增强农村发展活力的若干意见》中指出，要"完善乡村治理机制，切实加强以党组织为核心的农村基层组织建设"。2013年，党的十一届三中全会作出的《中共中央关于全面深化改革若干重大问题的决定》提出了"创新社会治理体制"的重要任务，这标志着中国社会治理工作开始进入全面的、深层次的和实质性的社会治理性的重要阶段，我们称之为治理型阶段。

二、治理的含义与乡村社会治理理论的提出

（一）治理与治理理论

众所周知，国家和市场在社会资源配置的过程中起着主导作用，但各自内部所存在的缺陷使两者的效用发挥受限，国家和市场无法解决社会资源配置的全部问题。在这种背景下，治理理论应运而生。英语"governance"，即中文的"治理"，它源自拉丁语和古希腊语，原意是"控制、引导和操纵"。"治"是一种组织化的要求，"理"是一种程序化、秩序化的规范。

在对治理的研究中发现，"治理"主要用于与国家公共事务相关的管理活动和政治活动中。1989年，世界银行首次将现代意义上的治理概念明确引入国家治理中，它在概述当时非洲的情形时，第一次运用了"治理危机"这一词。1992年，世界银行在《治理与发展》的报告中更加系统地阐述了关于治理的看法，并在两个层次上运用了这个概念：一是"技术领域"，用于强调治理是建立在"发展的法律框架"和"培养能力"上的；二是支持和培养公民社会的发展和自愿性组织、非政府组织、各种社团等都是要发展的对象。由此可见，"治理"的定义是以"统治"为标杆，注重政府管理职能的加强、行政权力的提高、法制的完善；但是又在统治的基础上强调了第三部门、社会团体等的兴起与发展所起到的作用。

如今，"治理"已成为学术界的流行用语，治理理论已成为最有影响力的理论之一，它的含义也在不断地丰富和发展。目前，对于"治理"的定义还缺少统一的标准，但最具权威性和代表性的当属全球治理委员会在1995年发表的《我们的全球伙伴关系》中的定义：治理是各种公共的或者私人的个人和机构管理其共同事务的诸多方式的总和。著名学者格里·斯托克在《作为理论的治理：五个论点》中，将治理的内涵从五个方面做出了阐述。他认为，治理意味着在不同的层面存在多个权力中心，存在一系列来自政府但又不局限于政府的社会公共机构和行为者；治理意味着原来国家承担的种种功能被分配给社会各个公共机构或私人机构，也就是说，在解决社会和经济问题时，界限和责任存在模糊性；治理在涉及集体行为的社会各个公共或私人机构之间存在权利依赖；治理意味着将一件事情办好的方法不仅限于政府的权力、发号施令与运用权威，政府同时还应该采纳由其他公共机构或私人机构发明的管理办法和技术。

由此可见，"治理"与传统意义上的"统治"有着本质上的区别：第一，治理的主体是多元化的，既可以是公共的机构组织，也可以是私人的个体，同时也不排除政府和市场。它是各种主体在一个既定的范围内通过某种权威的维持，共同来满足公众的需要的活动。第二，治理的目的是具有公共性的。尽管政府在治理的过程中可以作为主体发挥作用，但治理的最终目的并非仅仅满足统治阶级的利益，而是通过各种制度和权利的引导来协调各方面冲突和权益，从而达到最大限度地增加公共利益的目的。第三，治理的过程是一个上下互动的管理过程，并非由上而下的单向统治。它既包括公共权威的规范、公共事务的处理、公共资源的管理，还包括对各方利益的协调的过程。第四，社会自主管理的存在是社会治理的基础。治理这种依靠社会自身力量管理社会公共事务的方式，减少了国家机构的政治参与，体现了同意权利所形成的权威，有利于实现治理模式中的互动性。

"治理"模式的提出与发展是一种革命性的进步，它开辟了介于"国家主义"和"自由主义"之间的"第三条道路"，推出了一种能够发挥社会各方力量，并使其相互依存共同开发的新型发展模式。这种新模式在市场经济时代，对实现社会资源的优化配置，达到经济学中的帕累托"具有非凡的意义"。

（二）中国现代乡村社会治理理念

在西方思维下，全球乡村治理模式的内涵应该具有以下三个方面的内涵：第一，能够获得民众的广泛信任；第二，能够提供良好的公共服务，满足村民的服务需要；第三，能够有效地避免冲突，具有良好的冲突协调机制。这种兼顾民众参与率、社区服务治理和协调社区冲突相结合的治理框架，为整个乡村治理的发展趋势指明了方向，为全球其他国家的乡村治理模式提供了参考蓝本。

中国古代的村级组织，可以追溯到先秦时期的"里"，这是产生最早、延续最长、对后世影响非凡的基层地域组织；东晋南北朝时期设置了村一级管理机构村司，"村"逐渐演变为一个完整的地域概念；到唐朝时期，里、村成为基层的主要组织，"村"被国家法令确认为基层组织；宋代以王安石变法为开端，乡里制度演变成了保甲制，并一直延续到近代。中国作为一个历来农业人口占多数的文明大国，乡村治理的思想自古有之。其中最有名的当属南宋思想家朱熹的相关思想。他的乡村治理思想将儒家的传统道德规范与具有强制约束力的法律规章制度相结合，在维护封建统治、稳定基层社会秩序、加强经济发展与互助的同时，还极大地加强了中央集权。

进入 20 世纪以来，西方的一些先进文明传入中国，给中国的传统乡村治理模式带来了巨大的影响。20 世纪 90 年代中后期，中国有的学者开始探索适合中国的乡村治理模式。关于乡村治理的含义，学界有如下解释：第一，"乡村治理"即"村治"。张厚安认为，村治是指乡镇以下的农村自治，是村民的治理结构，村委会的关系行为属于群众性自治行为。第二，"乡村治理"即"村庄政治"。贺雪峰、肖唐镖认为，村治是村级治理，指村庄公共权利对社区公共事务的组织、管理与调控。徐勇等人认为，村级治理是通过公共权利的配置与运作，对社会进行组织、管理和调控，从而达到一定的目的政治活动。第三，"乡村治理"指"村民自治"。郭正林认为，单纯的村治概念仅仅指"村民自治"，它难以反映村庄治理行为及制度的复杂结构，因而主张用"村政"的概念代之。笔者认为，从历史上建立在儒家传统道德规范和法律约束基础上的乡村治理模式来看，将"村治"仅理解为"村民自治"是不妥当的。"村级治理"的说法，相对于整个乡村研究的推进，也只能代表其中一个方面，从宏观上并不能把握乡村治理的全面内涵。对此，笔者比较支持以徐勇教授为代表的学者对乡村治理做出的解释。乡村治理作为乡村政治学中的一个新概念，在 1998 年由以徐勇教授为代表的华中师范大学中国农村问题研究中心，在庐山脚下的实验村研讨会上，首次将"治理"理念与中国"三农"问题相结合，提出了"乡村治理"这一概念来分析中国乡村社会。

结合全球视野下的乡村社会治理内涵，乡村社会治理不但要包含从乡镇政府到村委会再到村民关系的纵向协调，还要包含乡村建设和村民自治等横向发展。结合当今处于社会转型下的中国农村社会的现状，"乡村社会治理"应该是将公共权力介入社区个体成员无力解决的公共事务，实现乡村发展的目的。乡村社会治理的实际过程不但包括村委会领导下的村民自治制度的运行，而且包括村党支部、村庄精英等对乡村秩序的介入与维护，以及其他社会力量对村庄公共事务的积极参与。

总之，乡村社会治理实际上是国家的权力向社会和农村的回归，是还政于民的过程。由"管理"向"治理"的转变，不但体现了社会治理公共权力的重新配置以及公共管理主体之间的权责划分，而且促进了理念和观念的根本性变革。

第二节　乡村社会治理体制建设的现状

此处笔者以 X 县 P 乡的调查结果为例进行阐述。P 乡位于 X 县境西南，全乡总面积 124.7 平方千米，辖 2 个管区、18 个行政村、638 个村民小组。耕地面积 4 323.5 公顷，其中水田 3 756.5 公顷、旱地 567 公顷，林地面积 2 533 公顷，水面面积 1 733.3 公顷。全乡总户数 18 177 户，总人口 60 933 人，其中男性 31 233 人、女性 29 700 人；农业人口 59 467 人，非农人口 1 466 人。全乡全年出生 597 人，出生率为 9.8‰；死亡 367 人，死亡率为 6.02‰；人口自然增长率为 3.77‰，男、女比例为 1.07∶1。2018 年以来，P 乡党委、政府围绕"特色农业稳乡、优势工业强乡、生态旅游兴乡、村镇建设亮乡"的工作思路，科学谋划、集中力量、突出重点、整合资源、狠抓落实，努力实现农业增产、农民增收、农村稳定。

一、以招商引资为核心的工业强乡

P 乡于 2018 年完成工业总产值 3.96 亿元，规模工业增加值 1.19 亿元，高新技术产业投资 1 680 万元，研究与开发投入 705.2 万元；完成工业技术改造、固定资产投入 2.71 亿元。P 乡以招商引资为核心进行工业强乡，以实体经济建设带动当地劳动力就业与当地服务业的发展，一定程度解决了当地闲置劳动力的经济问题，并为当地财政收入做出了贡献。目前，P 乡招商引资 6 个项目，项目实际到位资金为 5 100 万元。部分引进的工厂在自主研发下申请了虹字机械盘式微耕技术、潇湘制泵立式自吸泵技术等 6 项发明专利。

二、以特色农业为核心的农业兴乡

2018 年，P 乡实现农业总产值 2.91 亿元。种植水稻双季 6.3 万亩（1 亩≈667 平方米），其中优质稻达 4.21 万亩，秋冬种 1 万多亩，完成全年县下达的粮食生产面积与秋冬种任务。推广高速插秧机 5 台，机插面积 3.8 万多亩，推广水稻烘干机 5 组，大型轮式拖拉机 8 台。全乡流转并进行种植调整耕地约 7 万亩，超额完成上级指标。围绕乡村振兴战略，打造"一村一品"初具规模，有湘潭天之蟾有限公司的 200 亩青蛙生态养殖基地、扬河生态农业发展公司的千亩蔬菜基地、兴田生态农业公司的 200 亩绿化草皮基地、广东华懿水生植物有限公司种植鸢尾美人蕉、伟薔农业生态种植蔬菜 500 多亩。种植项目间接或者直接带动当地就业 600 多人。全乡存栏生猪 5.8 万头，出栏数 1.2 万头，鸡、鸭、鹅存栏 17 万只，出笼数 18.5 万只。隐山村分别成功申报为省级"秀美村庄"和市级"生态文化示范村"。抗旱期间，启动临时机埠 17 处，固定机埠 6 处，尽最大可能保障了农田用水。

三、以环境整治为核心的生态立乡

回龙桥镇区规划并设立 277 个停车位，新建回龙桥镇区十字路口绿地 300 平方米，悬挂中国结 50 个。在乡属范围内拆除破损招牌 27 块，广告牌 47 块，破损横幅 12 条，拆清理牛皮癣 210 处。在回龙桥镇区十字路口规范早市蔬菜、鱼肉排位 30 个。开展企业污染源、规模化养殖污染源信息采集填报，36 家企业、26 家规模化养殖场纳入普查范围，进行了经纬度定位。强力推进"散乱污"企业整治工作，强拆了一处非法洗沙点栏木冲水库，两处无证生产的樟脑油加工厂成功销号。在整治乡村厕所方面，完成三格式混凝土和玻璃钢式厕所 784 个，其中三格式混凝土厕所 146 个，玻璃钢式厕所 638 个，并对三格式混凝土厕所完成了乡级验收①。

目前，P 乡辖区内新增硬化水泥路 30.58 千米，修复改造桥梁 5 座，完成省拓宽计划 7.36 千米，完成道路补块 763 平方米，清缝灌油 16.3 千米。高速公路清污、水毁、垮塌 5 处，增设减速带 28 处，道路警示标志 26 处，修复道路损坏处 136 处，消除道路交通安全隐患。完成水渠硬化 13.7 千米，疏通渠道 17 千米，硬化山塘 27 口，加深山塘 20 口，完成 13 座水坝改建，6 座水库保养；渠道清淤扫障三处约 7.8 千米，隧道清污 4 处约 500 米，硬化水渠 6 处，山塘清污 17 口。积极落实"河长制"工作，对全乡 12 座水库、涓水、胜天河等主要河道制作河长指示牌，落实河库保洁、巡查、整治工作，对南田水库水质污染进行重点整治。

四、以社保和社区为核心的安全稳乡

P 乡现有建档立卡贫困户 1 014 户 2 856 人，2018 年全年实现脱贫退出 312 户、870 人。全乡现有农村低保对象共计 607 户、1 150 人，社会救助兜底保障 948 人，新批五保老人 23 人；现有敬老院 2 所，安置五保老人 100 人。退役军人和其他优抚对象信息采集工作基本完善，优抚对象 1 450 余人。年度内社会抚养费征收到位完成 18.5 万元；农村部分计划生育家庭奖励扶助对象准确率和资金发放到位率、独生子女保健费发放率均为 100%。全乡新农合参合人数达 48 190 人，总参合率达 95%，参合农户累计补偿 448 人次，补偿金额达 20.89 万元。全乡参加养老保险 22 665 人，缴费 264 万元，60 岁以上享受养老保险 11 608 人。家庭医生签约活动全面推广。除此之外，排头村在现有社会保障之外积极扩展村民的第二收入渠道。2018 年，失业人员再就业完成 20 人，就业困难人员再就业完成 10 人；新增农村劳动力转移人数 518 人，其中帮扶就业困难对象 7 人，创业培训完成 64 人，技能培训 102 人。

社会保障使村民能享受应有的生存尊严，社区安全使村民享有舒适安心的生存环境。2018 年，P 乡全年调解化解矛盾纠纷 190 余件。借助社区矫正信息管理系统，对社区矫正对象实行手机 App、电子腕带等方式定位监控，定位率达 100%。累计接收社区矫正人员 83 人，累计解除社区矫正人员 67 人，居住地变更 2 人，现在册矫正人员 14 人，依法治乡效果明显。

---

① 黄建伟，陈玲玲. 国内数字治理研究进展与未来展望［J］. 理论与改革，2019（1）：86-95.

综治"三位一体"（综治中心建设、雪亮工程、网格化服务管理）逐步完善。18个村通过科学布点，在主要交通要道、路口，共计安装95个治安视频监控点，已投入使用，对各类违法犯罪人员形成有效震慑；96个网格分别配备网格员、指导员，已基本完成网格化系统数据录入，完成居民服务事件录入1 236条。

五、以队伍建设为核心的组织促乡

P乡党委辖37个党支部。其中，机关事业党支部7个，有党员1 635名。2018年，排头村在乡政府集中统一安排下组织对党员进行冬春两训，共培训2天，各支部集中学习2次，共讲党课120次。开展农民大学生培养计划招生，春秋两季P乡共招生学员9人。开展党（总）支部书记集中培训2次，联点干部和第一书记集中学习培训4次，开展入党积极分子集中培训1期，在入党积极分子中按照1∶3的高标准原则，2018年全年新发展党员18名，其中35岁以下的有10人。

此外，P乡严格落实各项制度，坚持以制度管人、管事，强化干部作风建设；召开各类专项整治会议5次，组织开展作风督查12次，对精准扶贫、网格化管理和"大走访"活动等中心工作督查4次，印发督查通报6期，开展廉政谈话287人次。依据党章处置了15名不合格党员，其中开除党籍7名、除名3名、取消预备党员资格2名、延期转正3名。

第三节　乡村振兴战略背景下乡村社会治理体制优化的推进策略

一、加强和完善村级党组织的领导

不同于西方国家多党派轮流执政的国情，我国一直坚持中国共产党领导的多党合作和政治协商制度。自党的十九大以来，习近平总书记也多次重申"坚持党对一切工作的领导"。因此，在当前乡村振兴战略背景下，优化乡村社会治理体制也必须坚持中国共产党的领导。在乡村区域里，农村基层党组织（村级党组织）是村级各种组织和各项事业的领导核心，加强村级党组织领导的关键在于提高领导力与领导权威。

首先，提升党员干部队伍的综合素质与能力，是巩固和发挥党在乡村社会治理体制中领导地位和作用的根本保证。要着眼当前农村党员素质普遍不高、年龄普遍较大的事实情况，一方面，加大对农村年轻党员的吸收力度，提高对其入党考核的标准；加大从乡村"精英"培养党员的力度，如商人、大学生、军人等，优化党组结构。另一方面，严格党的组织生活纪律，通过经常化、规范化的党组织生活加强对现有党员的教育、管理和监督。推进"两学一做"学习教育常态化、全面落实"三会一课"、主题党日、民主生活会等教育活动，提高党员素质。同时，应加大与会考察力度，对无故缺席党组织生活的党员干部要及时谈话，责令限期改正①。

其次，大力推进村党组织书记通过法定程序担任村民委员会主任和集体经济组织、农民合作组织负责人，推行村"两委"班子成员交叉任职，实现村"两委"组织一体化。村"两委"组织一体化的核心在于党委的党支部书记必须经过村委会民意选举成为村委会主任，肩挑村"两委"双重责任，在此基础上实现党对村委会和村民的领导。一方面，这奠定了村党组织的民意基础，确保了乡村振兴战略背景下党对乡村治理工作的领导地位，使党的政策方针得到顺利贯彻；另一方面，村"两委"的结合也进一步增强了村委会的权威性，很大程度上改变了村委会权力虚化的局面，保证了村委会依法独立负责地行使法定的职权，从而更好地帮助村民实行自治，帮助其理解国家大政方针，获得更多的资源优势。

最后，加强村党组织的领导需要加强村党组织与村民的联系，完善党群沟通联系机制，确保乡村振兴路线同国家方针保持一致。因此，建议在各村设立日常的党员领导干部联系点，组织党员参与，采取定点值班的方式。一方面，向前来咨询的村民群众宣传党的政策路线；另一方面，帮助党员了解基层工作的实际情况，发现存在的问题并及时向上级党组织汇报。这种方式可以使党员与村民在双向交流过程中明确自身的权利义务，党员承担其为人民服务的职责，村民逐步增加对党和政府的信任感，这是凝聚群众、规范干部行为的有效途径。

二、突出服务型基层政府的主导地位

鉴于当前我国社会主义市场经济体制还不够成熟、农民整体政治文化素养不高的现实情况，在单纯的"乡政村治"模式下，乡村自治性群众组

---

① 沈费伟，叶温馨. 基层政府数字治理的运作逻辑、现实困境与优化策略—基于"农事通""社区通""龙游通"数字治理平台的考察 [J]. 管理学刊，2020 (6)：26-35.

织是难以有效承接乡镇政府下放的权力和转移的职能。因此，在乡村振兴背景下创新乡村社会治理体制需要政府的强烈参与，突出服务型基层政府在乡村社会治理中的主导地位。但是，应该明确这种"政府主导"的真正内涵：并非对村民自治的压制、走"统治型""全能型"政府的老路，而是政府主动性的一种诠释，是在当前社会力量不足的局面下，发挥政府所拥有的资源优势，弥补村民资源劣势的暂时之举，其主导地位需要随着村民自治的不断发育成熟而逐渐减弱。服务型基层政府的主导性主要体现在"注重引导"与"加强服务"上面，而非"着重管理"；它要求乡镇政府摆脱过去的"全能"主义，明确自身的职责范围，处理好自身与市场、社会的关系；主动通过制定规则、整合资源的方式，为其他乡村社会治理主体参与乡村治理提供大环境；乡镇政府及工作人员则应转变工作理念，由过去强硬行政权力的行使者向优质行政服务的提供者转变，注重工作方式方法。

首先，乡村地区有太多领域需要振兴脱贫，在生态环保、医疗、社保、基础设施建设等方面都需要大量的人力资源、物力资源、财力资源。在当前乡村自身资源严重不足的情况下，国家应加大对乡村振兴战略的投入，确保资源的供给能真正落实到乡村地区，并加大对投入资源的监管与利用。可以成立专门的乡村振兴财政审批部门，建立专款专用制度，减少与省、市、县等中间层级的财政拨款混淆。同时，还要做好相关配套改革，按照"财事一致"的原则，厘清县政府与乡镇政府的财权与事权，完善乡镇财政预算管理制度。

其次，基层政府内部要积极进行组织机构改革和管理机制创新。机构改革要以"服务人民群众"为核心，合理界定各类乡镇机构的职责权能，减少乡镇机构的缺位与越位，凡是在村民资源有限的乡村社会治理领域里，乡镇政府都应积极补位；整合乡镇政府的人力资源，根据乡村社会治理的公共事务分类和治理方法等标准组织分配人力资源，设置乡镇机构；设立综合性行政机构，简化行政办事程序，提升乡镇机构的运行效率。管理机制创新要依托大数据和智能服务的技术，借鉴智慧城市的相关做法；收集本乡的村民、社会组织的各项基本信息，形成数据库；整合本乡的公共服务信息，搭建统一的公共信息服务平台，并及时更新信息。根据数据库，采用大数据的方法对村民、社会组织的公共服务需求进行分析，并以此为依据提供相应的、适宜的公共服务。同时，可以借助互联网办公的优势，推进相关行政事务无纸化办理、网上办理，不断提高乡村社会治理智能化水平。此外，乡政府干部应该加强与党委、村委会干部的联动治理，通过与其合作减少与村民直接沟通的成本，用更多精力思考如何将公共服务精准地供给到需要的村民手上。

最后，加强自身干部队伍建设是主导型服务政府的关键，是政府提高服务水平与实现职能转变的人才保障。坚持人才引进机制，采取试炼、轮职、优先提拔等激励，引导年轻干部、选调生、优秀大学生到乡镇基层服务，积极扩充乡镇人才队伍；创新人才培训机制，通过与高校合作，定期对基层管理人才进行多种形式的教育培训与业务培训，提升其管理与服务能力；完善人才激励机制，提升基层管理工作者的薪酬福利，加大对基层管理工作内容的宣传力度，提升公众对基层管理者的认同感，实现物质、精神双激励；同时，优化干部队伍考核机制，以群众满意度为核心标准，针对不同类型、不同层次的基层工作人员进行差异性的考核评价标准；严格干部监督机制，发挥纪检监察机关的作用，对违法乱纪人员进行严肃处理，畅通相关群众举报渠道，对基层政府干部实现全方位的监察。

三、强化村民主体地位，提升村民自治水平

当前，我国农民的政治文化素质依然不高、自私自利的个人倾向依然存在，这会影响村民自治的成效。虽然，我们知道村民素质的提升需要一个漫长的过程，但是，农民政治文化素质不高恰恰可以从另外一个角度告诫我们：应该通过各种方式方法来发挥村民的主观能动性，激发村民的内生发展动力。在当前乡村振兴背景下，发挥村民主观能动性的关键点就在于"提高村委会的自治水平与能力"。以关注"村民主体"的需求作为出发点，规范村委会自治行为，并发挥"党委领导、政府主导"的积极作用。

首先，国家和政府要进一步加大对村民自治组织的政策扶持力度，坚持并完善村民自治制度，细化写实"地方组织法""村民委员会组织法"等关于村民自治的法律文件，以法律的形式为村委会的存在和日常工作提供政策支撑。在此法律基础上，理顺基层政府与基层群众自治组织的行为边界，保证村委会的相对独立性，促进"乡政"与"村治"的良性互动。

其次，提升村民自治水平的关键点是规范村委会民主选举，让村民能真正民主地选出代表自身利益的"代言人"。过去，有些地方的村委会选

举可能存在贿选和暗箱操作的问题，这种选举方式瞄准了村民政治素质相对偏低、好占小便宜的特点，采取不公平、不公正的选举程序，导致其选举产生的村委会难以代表民意，甚至危害村民自治的健康发展。因此，要不断完善村级选举的制度与办法，规范村民选举程序，增强选举的公开性，提高选举过程的透明度。村级党组织要承担监督村委会选举的主要责任，成立由党员构成的监督委员会，加强对村委会干部候选人的提名资格审查和行为监督，杜绝候选人采取权钱交易手段为自己拉票；利用党员领导干部联络点，积极收集村民对候选人的相关举报信息，并及时做出反应和进行排查；成立由村民和党组织成员、候选人共同组成的选票收集和整理小组，防止暗箱操作；此外，应积极向本村村民进行相关民主选举的宣传，利用村广播、宣传栏等强化村民对村委会选举的重要性的认识，提升民主选举质量，真正将那些既有意愿也有能力的人选举出来。

最后，强化村民主体地位，提升村民自治水平的核心在于村民利益的表达与实现。鉴于乡村居民居住较分散、地域相隔较远的实际特点，建议在行政村内部划分网格，将村民自治单位下移，进行网格化管理。乡政府和村委会干部担任网格管理员，对所划分网格内的农户进行相关便民服务信息的录入、传达，网格内部的农户也可以向本网格管理员进行建议、提出诉求。这种方法特别适用于我国中部和西部地区行政村区划间隔大、人口居住较为分散的乡村，它不仅能确保对村民的直接服务与交流，降低了管理难度，而且有利于村民利益的表达与集中。在此基础上，以村委会为轴点，创新乡村居民的信息获取和利益表达方式；村委会自身的村干部队伍必须要对国家大政方针有深刻理解，能较好地在村委会所召开的社员大会、集体大会、生产会上为村民提供信息；村委会相关人员能够利用广播、宣传栏，结合当前的新媒体形式，如开通村委会微信、村委会微博，包括抖音、快手等村民喜闻乐见的平台推行政务公开、村务公开，增强村民信息获得感；也可以利用新媒体，开通相关民意表达通道，让村民在家就能进行民主参与；此外，还应该畅通党委、基层政府对居民利益表达的渠道，及时跟进村民需求与举报信息，以此保障村民利益。

第四节　乡村振兴战略背景下乡村社会治理的实践路径

一、建立多层次的法治教育责任主体体系

根据"七五"普法规划，2017 年国家又印发了《关于实行国家机关"谁执法谁普法"普法责任制的意见》（简称"意见"），为法治教育在各领域的深入展开提供了制度保障。"规划"与"意见"确定"七五"阶段承担法治宣传教育责任的主体不再只限于国家司法行政部门，而是由各级党委与政府、社会团体等所有可能参与宣传教育的单位与个人共同组成，形成真正的"大普法"格局。在"大普法"格局中，乡村基层社会执法机构和村"两委"既是重点普法对象又是法治宣传教育的主要责任主体。

（一）乡村基层执法部门是乡村社会法治宣传教育的主要责任主体

国家机构规范的执法活动是法治教育最直接和有效的方式。"意见"的出台回应了人民群众对国家机关规范性执法的多元化需求，国家行政机关和司法机关是"谁执法谁普法"机制中的主要普法责任主体。乡村基层治理中的行政机关和司法机关主要包括乡（镇）司法所、派出所、乡村基层司法机关。

1. 乡（镇）司法所

乡（镇）司法所是我国乡村基层公共法律服务的直接提供者，普法工作是司法所的主要机构职能之一。司法所法治宣传教育职能的履行除了传统的建设各种教育场所、组织群众性法治文化活动等形式各异的活动外，"七五"普法要求必须把法治宣传教育与各领域、各行业、各层面的依法治理进行有效结合。司法所的法治宣传教育工作可以与人民调解、社会治安管理、基层法律服务的提供等工作相结合。除了将法治宣传教育与本部门的其他职能行使相融合以外，司法所还可以与其他基层执法主体或法律专业团体建立有效的联合机制开展法治宣传教育活动。联合治理机制在及时有效地化解矛盾纠纷的同时，也为针对农村居民法治宣传教育工作的展开提供了很好的平台①。

---

① 沈赟伟. 卡尔·曼海姆视野中的社会技术思想研究［J］. 公共管理评论，2017（1）：154-163.

2. 派出所

乡（镇）派出所是乡村群众接触最广泛、最熟悉的基层执法机关。作为公安机关最基层的农村地区派出所，日常处理的大部分是未达到治安违法程度的普通纠纷，因此，平息纠纷成为乡（镇）派出所重要的日常工作内容。派出所接警的纠纷中，种类繁杂，几乎囊括了乡村基层社会治理的各个领域，有些矛盾纠纷所涉及的性质和领域虽然有专门的主管部门，但是老百姓还是会直接求助派出所。无论派出所对于接警的事件有无处理权限，能否根本解决纠纷，这个依法处理的过程都是对矛盾当事方及周围群众法治宣传教育的实践。派出所在处理性质严重，应该采取治安处罚措施的事件时，需要详细告知当事人及家属采取治安处罚措施的执法依据；对于不需要进行治安处罚的，向纠纷双方当事人详细介绍相关法律法规、政策的规定，在当事方充分了解纠纷事件所涉及法律的前提下，采取符合法律规范的能被各方接受的解决方案解决纠纷。对于派出所没有权限，不能根本解决的问题，引导当事人在法律的轨道内解决纠纷，或者通过诉讼途径，或者联系对纠纷事件依法行使管理权的相关部门以根本解决矛盾纠纷。

3. 乡村基层司法机关

乡村基层司法机关包括人民法院派出法庭与人民检察院派驻检察室，派出法庭以及派驻检察室是传播法治理念的重要阵地，对乡村社会法治宣传教育发挥着不可或缺的作用。为了贯彻落实"谁执法谁普法"，最高人民检察院于 2017 年 6 月印发《最高人民检察院关于实行检察官以案释法制度的规定》（以下简称《规定》），确定检察官通过以案释法的方式开展法治教育活动，其中包括在办案过程中的释法和专门针对社会公众的释法。《规定》不仅明确了人民检察院围绕案件办理应该进行以案释法的七种情形，以及以案释法的对象、内容、形式，而且确定了专门对公众释法的情形、内容及方式。乡村基层乡（镇）检察室在实行以案释法制度的过程中，案件当事人和其他的案件诉讼参与人的合法权利在得到了充分保障的同时，也接受了切实有效的法治宣传教育。人民法院派出法庭在依法行使审判权的过程中，可在各个环节、以各种方式通过以案释法向农村居民进行法治宣传教育。在立案环节，派出法庭的司法工作人员向当事人阐明相关法律内容，分析各方权利义务，引导当事人对案件结果建立合理预期，从而依法表达诉讼请求；在案件调解和审理过程中，向当事各方详细阐释认定事实、适用法律与判决形成三者之间严谨的逻辑关系。我国基层法院已经推行多年巡回审判，巡回审判机制不仅方便了乡村基层人民群众诉讼需求的满足，也是一种通过以案释法的方式对乡村居民开展法治宣传教育的有效途径。全国很多地区的乡（镇）人民法庭对于在当地具有典型性的诉讼案例和频繁出现的案例都采取巡回审判的方式。从普法的角度来看，巡回审判能够取得较传统审判形式更加良好的法治宣传教育效果。例如，江苏省宿迁市宿城区人民法院 2013 年针对四位渔民非法捕捞的案件，因为考虑到这个案件并非个案，便采用巡回审判形式，在非法捕捞案发地公开对案件进行审理。当地 100 多名渔民聚集庭审现场旁听，最后，四名非法捕捞者被判处有期徒刑以及追缴违法所得等刑罚。对于旁听渔民群众来说，整个庭审过程是一次体会深刻的法治宣传教育过程，这次巡回审判以后，当地的同类案件很少再发生，巡回审判取得了良好的社会效果。

（二）村级法治宣传教育主体

1. 村"两委"干部

村"两委"干部是村级治理的责任主体。根据《中华人民共和国村民委员会组织法》（以下简称《村组法》）和党内相关法规，村"两委"直接负责村庄的经济社会等各领域的发展。村"两委"干部是乡村群众生产生活活动的直接参与者，是村庄各项事务的治理主体。农村是一个基于血缘及地缘关系的熟人社会，法治宣传教育必然会受熟人社会文化的影响。村干部是与村民生产生活密切相关的同一社区居民，从物理空间和治理角色角度都是农村居民法治宣传教育的最便利的主体。村民对村庄事务的参与积极性取决于村"两委"对村民关于村民自治法律规定的宣传力度，其中包括自治法律知识的普及和村"两委"在治理村庄时是否依法治理，以及能否让村民感受到法治的温度等。村"两委"在对接政府反哺资源和外部产业资本后，能否严格按照法律和政策的规定在村庄内进行资源公平传递直接影响村民对于公平正义等法治价值的认识和接受。村干部在处理村民之间纠纷以及群体性事件时是否公正、是否以法律为依据、是否让村民真正理解相关法律对他们的影响以及违反法律行事可能承担的后果，将决定村民在纠纷处理过程中的行为选择和法治意识的培育。

2. 各类"嵌入式"的村庄治理主体

为了加强乡村基层治理主体力量，国家组织和推行不同的形式"嵌入"参与乡村基层治理，如驻村、包村、大学生等各类外来村干部。这些以"嵌入"的方式参与乡村基层治理的主体相对于村干部来说，具有更丰富的法律知识储备和更强的法治思维和法治意识。在村庄工作一段时间的外来干部与村民形成"半熟人"关系，取得村民一定的信任后，成为村民身边真正懂法的"自己人"，他们对村民进行法治宣传教育工作具有得天独厚的优势。这些"嵌入"乡村基层社会的"外来人员"对乡村基层治理的参与，使得乡村基层部分矛盾纠纷被及时依法化解，更深层次的意义是对村民们进行了生动的法治宣传教育，提高了乡村社会民众的法治素养。

二、确定有针对性的法治教育内容

在乡村社会治理中，不同的群体成员扮演的角色不同，不同群体的法治素养水平也存在很大的差距。因此，只有根据各类成员群体的具体情况确定针对性的法治教育内容，才能切实增强乡村社会民众普遍法治意识。

（一）主要治理主体的法治教育内容

治理者作为乡村基层社会治理主体，只要在治理实践过程中所涉及的法律都是他们应该学习的重要内容，这些内容也是乡村基层社会执法机构根据"谁执法谁普法"责任制度确定本系统法治教育的内容组成部分。村干部本身没有接受专业的系统法律教育，也没有执法经验，因此对基层治理相关法律需要专门的培训学习，特别是村庄治理过程中普遍适用的法律更应该由法治宣传教育主管部门组织学习并进行考核。

党内法规和制度是乡村社会治理主体法治宣传教育的重要构成部分，与法制体系相比，法治体系下普法宣传的重要拓展内容是有关党内法规的宣传。首先，乡村基层治理主体的成员大部分是党员，在履行法定职责，进行依法治理的同时还应该严格遵守党内法规和制度。其次，党内法规是乡村社会治理所依据的规范制度体系不可或缺的内容。从微观层面讲，法治体系下执法行为的开展离不开权力行使者的主观能动性和法治意识。从宏观层面讲，党内法规是治理所依据的核心法规。最后，治理主体严格遵守党内法规开展各项社会治理活动是实现乡村依法治理的重要保障。"党规党纪严于国家法律"，对权力进行制约和监督是党内法规的内在定位之一，党内法规对乡村基层治理主体的规范和引领进一步保障了乡村基层党员干部治理行为的规范性，为防范党员干部的腐败设置了又一道屏障。对党内法规的宣传和教育主要是通过组织乡村基层治理主体学习和遵守各级党组织制定的各类党内规章制度进行的。

（二）与乡村社会成员普遍权利和义务相关的法律及制度

对国家主要基本法和村民自治法律的学习。也就是说，与每个村民切实利益关系密切的国家基本法，都应该成为所有村民的法治教育学习内容。村民自治是我国农村的基本治理方式，是村庄中的每一位村民都自愿依法进行民主选举产生村民委员会，依法参与村务的民主决策与管理，并且对村委会以及村党组织的治理活动进行民主监督。对于村民自治相关法律制度的充分理解和运用是广大村庄民众有效实现自治的前提基础。事实上，实践中有相当一部分村民对自治法律规则并不熟悉，当前的村民自治大都停留在形式上的村民选举环节。对村民进行自治法律制度的普及可以从客观上达到对村"两委"规范性治理村庄的监督目的。对宪法、民法、刑法的学习普及有利于农村居民了解自身权利和义务，培养村民的维权和责任义务意识。

乡村社会出现最频繁的矛盾纠纷是土地及家庭关系纠纷。让农村居民了解国家关于农村土地及婚姻家庭关系的法律规定是防止矛盾激化升级，有效化解纠纷的有效途径。因此，与农村土地、婚姻家庭关系相关的法律制度应该成为乡村群众的重点学习内容。乡村社会居民学习了解土地法律规范，有益于村民依法使用土地和依法理性解决纠纷。乡村社会居民对婚姻、继承及家庭成员人身、财产保护的相关法律规则的掌握和普及，使婚姻家庭关系中的弱势群体权利得以保护（未成年人依法实现接受义务教育的权利、老年人得到赡养、妇女被尊重）的同时，还能依法解决婚姻家庭矛盾纠纷。农民工在农民群体中所占比例可观，其权利保护日益被社会关注。农民工为城镇化推进做出了极大贡献，但是该群体在城市生产生活中始终处于弱势地位，合法权益极易被损害。在权益被侵害时，农民工容易采取极端措施应对，特别是涉及农民工群体的权益时，维权行为很容易上升为危及社会稳定的事件。造成损害农民工权益事件频发的原因非常复杂，其中该群体普遍法律及维权意识淡薄是一个重要因素。对农民工进行相关法律知识的普及是保障农民工合法权益以及社会稳定的有效途径之一。对农民工进行关于劳动、生产安全、保险保障等方面的国家立法以及各类地方性法规的教育和普及，使农民工在就业的各个环节中懂得如何使用法律手段保护自身权益，在出现相关劳动纠纷时选择法律的途径实现合法权益的保护，通过依法维权实践增强其法治意识。

第三章 乡村振兴战略背景下乡村社会治理法治化体系的构建

第一节 新时代我国乡村社会治理法治化的理论基础

自党的十八大以来，党和国家关于法治理论的发展及进步是以新中国成立以后曲折的法治建设为实践基础，历届政府带领全国人民不懈努力和探索的伟大成果。中国当前的法治理论是中国特色社会主义理论的重要组成部分，是马克思主义思想在我国建设实践中的伟大发展和创新。

一、中国特色社会主义法治理论研究的基本方法

治理论起源于西方，但作为国家治理方式而言，法治是现代国家治国理政的重要方式，法治文明在世界范围内具有基本共识。同时，作为治国理政方式的法治，应该将它置于特定的情境和背景框架下考察其科学性和成效性。对中国法治理论的研究也是如此，马克思主义的普遍性与特殊性关系、理论与实践相结合原理是中国特色社会主义法治理论研究的思想基础[1]。

（一）普遍性与特殊性关系原理

第一，承认普遍性，意味着中国法治理论对于世界法治文明的基本共识要予以接纳。对于人类社会的法治文明成果，尤其是西方法治文化中的有益成果，是我国法学理论学习、借鉴的重要资源。党的十八大提出"不走封闭僵化的老路"；党的十八届四中全会提出"借鉴国外法治有益经验"

---

① 吴业苗. 乡村业态演变与共享新业态建构 [J]. 天府新论，2019（3）：98-105.

以及强调市场与法治的本质联系，这些都表达了中国对世界法治普遍价值的尊重，同时也都表明了中国特色社会主义法治理论和世界法治文明的法治普遍性共识的增加。同时，对于普遍性的承认，意味着在法治层面不能对"中国特色"进行过度诠释。过度诠释存在不理性，以及将法治文化、法治历史传统绝对化的弊端。在传统不断变革、观念持续更新的社会发展过程中，对于法治"中国特色"的绝对化理解极有可能使我们抱残守缺，妨碍我们与时俱进的步伐。

第二，尊重特殊性，意味着法治层面的中国特色不能脱离我国特定社会现实而概念性地存在。我们必须承认法治与特定的社会结构、社会生产方式、人们的思想观念密切相关，它不仅仅是一套规则系统。马克思和恩格斯在往来信件中确信"不存在土地私有制，是了解东方天国的一把真正的钥匙，这是东方全部政治史和宗教史的基础"。马克思和恩格斯洞察到，传统中国农业社会由于不存在土地私有制，人们普遍缺乏自主自立的经济依靠，只能依赖于家族和家庭的庇护，这也就决定了传统中国社会中伦理比法律能发挥更大的影响力。马克思揭示了传统中国社会礼法秩序的根源，也回答了传统中国社会民法精神欠缺和公法发达的原因问题。因此，对于法治运行机制的理解和认知必须建立在对特定社会的政治、经济、文化等结构具有充分了解的基础上。法治的特殊性不仅从法治"理念"方面体现，同时，法治的"实效"更能反映其特殊性。在多数情况下，"实效"是判断法治是否成功的最终标准，而不具备特殊性的法治则不太可能取得"实效"。

（二）理论和实践相结合原理

实践是马克思主义理论中具有"元理论"性质的观点，实践性也是马克思主义哲学的基本特征。主观堆砌的话语体系不能成为理论，理论只能从实践中来，理论是反映、概括、抽象社会实践活动而产生的。同时，社会实践活动只有在理论的指导下才能保证少走弯路。

在我国的法治建设过程中，对理论和实践相结合原理的遵循意味着中国法治理论研究应该充分重视中国的社会实践。丰富的社会法治实践，为中国法治理论研究提供了用之不竭的源泉。然而，当前我国法学理论界仍然是以西方法治为主要内容，对中国法治实践或者鲜有兴趣，或者不顾中西法治背景的差异，用西方的理论剖析中国的实践问题。对中国法治本土实践的轻视是导致中国法治学术研究缺乏本土化根基的关键，也是对于法治建设过程中出现的问题不能做出有效理论解答的重要原因。此外，转型时期几十年的政治、经济、文化、社会的大量实践产生的智慧需要用理论实现制度化、体系化的建构，法治理论是其中重要的组成部分。对西方法治话语进行诠释和中文复述的行为也在一定程度上说明中国法治研究仍相对缺乏理论的原创能力。2016 年 5 月，习近平总书记提出"加快构建中国特色哲学社会科学"。除了一般的社会科学所具有的系统性和专业性以外，中国特色还应该具有民族性、继承性、原创性、时代性等特质。中国哲学社会科学中的法治理论应该以我国现实逻辑和法治建设实践过程中遇到的问题为研究对象，推动、促进法治实践难题的解决并汇集成我们自己的法治理论成果，从而形成属于自己的法治话语体系。

二、中国特色社会主义法治理论的发展轨迹和主要内容

（一）理念的发展

1978 年 12 月，党的十一届三中全会召开，拉开了改革开放的序幕。改革开放面临国家法律制度不健全，国家建设和改革基本没有法律依据的困境。党中央及时提出"健全社会主义法治"，"法制"的概念表述从此后越来越多地出现在法制领域和法学体系中，1982 年的宪法修改明确"健全社会主义法治"。1996 年 2 月，在中共中央第三次法制讲座上，专家对"依法治国"做了专门讲解，国家领导人在总结中明确要进行法治国家建设。1996 年 3 月，召开的第八届全国人民代表大会第四次会议将"法治国家"作为国家建设的奋斗目标。"建设社会主义法治国家"也成为这次会议中全国人大常委会和政府工作报告等其他重要文件的主要内容。1992 年，党的十四大提出在市场经济领域进行法律规范体系的建设。1997 年，党的十五大对中国特色社会主义法律体系的建设制定了目标，要在 2010 年形成中国特色社会主义法律体系。2011 年，第十一届全国人大第四次会议宣告已经形成中国特色社会主义法律体系。1997 年，党的十五大报告提出"依法治国，建设社会主义法治国家"，"法制国家"被"法治国家"代替，"法治"也成为热门词。"依法治国""法治国家""社会主义法治""法治体系""法治中国""法治政府""法治社会""全面依法治国"等热词经常在党和政府的规范性文件以及法学研究的成果中被表达。党的十八届四中全会更是提出"建设中国特色社会主义法治体系，建设社会主义法治国家"是推进全面依法治国的总目标和总抓手。2018 年 3 月，宪法第五

次修正案通过了对健全社会主义"法制"做出"法治"的修改，完成了从"法制"到"法治"的根本转型。

从"法律……法制……到法治……"的改变首先是表述变化，"法制"与"法治"在内涵与意义上具有区别：第一，"法制"是个静态词，而"法治"则是动态词，"法治"内容中包含了"法制"，具有更为普遍的厚实涵盖。第二，"法治"是"人治"的对应词，更多强调民主、公平、正义、自由、秩序等价值追求。第三，"法治"要求除具备完备的法律规范制度以及体系之外，还应该通过严格实施法律以保障其权威。从"法制"到"法治"不仅仅是表述上的变化，更为重要的是这种表述的变化反映了党和国家关于国家治理理念、依法治理决心上的变化，是中央领导集体和全党一次新的思想解放，体现了党对法治建设规律在认识方面的重大突破。这种转变标志着中国法治建设取得历史性的跨越和突破。

新时代中国法治建设的目标是"良法善治"。党的十八届四中全会提出"法律是治国之重器，良法是善治之前提"。习近平总书记多次强调提升立法质量的重要性。党的十九大报告再次强调"以良法促进发展、保障善治"。李步云等人认为"良法"从内容上说是"真"法，从价值上说是"善"法，即具有体现正义价值、实现人民利益和促进社会进步的性质，从形式上说是"美"法，即具有结构严谨、体现和谐和语言规范的特征。良法的"优良"可以通过法的价值、内容、功能和体系等各方面体现。良法符合公平正义的价值，并且最能够体现社会民众的根本利益和切实需求，维护公民的基本权利。良法的确立需要对立法机制进行完善，以提升立法质量。立法质量的保障和提高要求立法必须科学、民主和依法进行。依靠人民立法、为了人民立法是实现良法价值的根本，也是提高立法质量必须遵循的基本规律。增加民众对立法的参与途径，充分发挥社会力量对立法的积极推动作用。良法的产生还需要保证人在立法工作中能够真正发挥主导作用。良法善治的理论和实践实现了法治在形式和实质两方面的统一，是现代法治理论的创新，也使中国法治建设实现了质的飞跃。

（二）方略的提升

在党的十五大报告中，"依法治国"被确定为国家治理的基本方略。"推进全面依法治国"由党的十八大首次提出，并且在党的十八届四中全会中做出全新部署。习近平总书记对"全面依法治国"概念做了更为丰富和精确的阐释。"全面依法治国"的基本方略地位在党的十九大报告中再次被强调。

全面依法治国是"四个全面"战略布局的重要内容之一，是"全面建成小康社会"目标最终达成的保障。习近平总书记强调："没有全面依法治国，我们就治不好国、理不好政，我们的战略布局就会落空"。党的十八大、党的十八届四中全会和党的十九大报告中反复提及和强调全面依法治国，"以执政党最高政治文件和最权威政治决策的形式"对全面依法治国进行部署，意味着其对于新时代我国国家发展和建设具有重大意义。全面依法治国是我国实现国家治理现代化和建设现代化国家的必然要求。宪法规定了我国人民民主的国家性质，全面依法治国的出发点是保障人民的政治地位和主权，发展全过程人民民主，全面依法治国对于公平正义价值在国家和社会各层面的实现具有重要意义。公平正义是当前我国社会各阶层普遍认同的价值标准之一，它也是法治的基本属性。法治是提高实体法规范、程序法规范以及对社会纠纷的消解等功能的发挥，成为实现社会公平正义的有效手段。经济体制改革一直以来都是全面深化改革的重心。从本质上说，市场经济是法治经济，市场经济体制的改革必须由全面依法治国的保障予以保驾护航；我国当前反腐败的进一步推进需要全面依法治国的保障，对权力进行制约是反腐的有效措施。全面依法治国的推进需要完善权力制约和监督机制，运用法治手段应对腐败问题。

全面依法治国要求依法治国应当是面面俱到、环环相扣、层层相叠的整体的、系统的和统一的工程。这个宏大系统举措的推进需要重点把握以下四个方面：第一，依宪治国统领全面依法治国。党的十八届四中全会报告明确提出依宪治国对于依法治国的重要性。全面依法治国意味着国家治理依据的所有法律制度不能违背宪法，宪法是全面依法治国的统领。在宪法统领全面依法治国的过程中，关键在于实施。习近平总书记强调宪法的生命与权威都取决于其能否切实实施。而建立健全对违宪行为进行审查和追究的机制是保证宪法有效实施的必要前提。第二，全面依法治国的根本在于依法执政。党是全面依法治国的领导力量，党的执政行为能否依照法律进行是全面依法治国是否能够切实推行的关键。党的领导权和执政权是我国最强大的政治权力，党对国家领导的基本方式是将党的政策转化为法律。党在法律制度框架内开展执政行为是全面依法治国最重要的前提条件。第三，全面依法治国关键在于依法行政。一方面，在所有的国家组织机构中，政府都处于核心地位，也是与人民群众关系最密切的机构。人民群众对全面依法治国的感受往往直接来源于政府的行政行为是否依法作出。另一方面，市场经济发展是国家发展的重中之重。市场经济的发展要求政府不能随意对其干预，其健康运行有赖于政府依照法律进行对市场的调控。第四，全面依法治国要求整个法治体系的全方位发展和健全。全方位建设体现的第一个层面是要求执政党与政府一起都在法律的规制下开展执政和行政行为，并且两者要共同推进。同时，法治建设在国家、政府和社会三个层面要综合一体进行。全方位建设的第二个层面体现在规则制度、法治实施、监督和保障等各方面的建设和完善同步进行，共同推进。

第二节　乡村社会法治化治理的主体体系与法治体系的构建

一、乡村社会法治化治理的主体体系

法治化治理需要乡村社会的各阶层、各领域成员参与并进行有序协作。无论是社会各界对善治目标的追求，党和国家出于治理绩效目的和政权稳定的治国理政原则，还是乡村社会本身的变迁，都要求必须多元主体参与，各有侧重、分工协作、共同努力，才能实现乡村社会治理的法治化。

（一）多元主体在乡村法治化治理中的必要性

我国古代社会就存在"治理"的概念，当时的"治理"基本与统治的意义相同。现代意义上的"治理"概念源于西方国家的治理研究，它与传统的统治存在实质性区别，包含了很多现代理念。从主体层面看，现代意义上的治理主体是多类型的，而且以善治为目标。"善政"是传统统治所追求的最理想状态，但"善政"是实现政府的良好统治，却不一定能够实现对包括社会在内的国家整体的良好治理，即"善治"的目标。国家治理现代化的理想状态是实现国家和社会的善治。国家治理现代化包括很多要素，而民主和法治是其中最为重要的、最本质的要素。国家治理现代化下的"善治"以民主合作为前提，以法治为保障。因此，就我国乡村社会而言，建构顺应现代化治理要求的乡村社会治理体制是新时代乡村社会治理

体制发展的必然选择①。

乡村社会既是国家治理的基础，也是国家治理的重要组成部分，而乡村社会的法治化就是治理现代化的重要内容。我国当前"乡政村治"社会治理机制运行有两种力量在发挥作用：一是国家政权力量，即由中国共产党和各级政府为代理人对乡村社会进行治理；二是乡村社会内生性力量的自主治理。国家治理现代化中的乡村社会治理需要代表国家的中国共产党和政府与乡村社会自主治理主体村民自治组织等不同功能主体之间实现合理定位并达到均衡状态。推进乡村社会治理需要构建多元主体力量均衡、相互制约的协商共治体系。在当前城乡融合和乡村振兴战略实施的中国特色社会主义新时期，有效的乡村社会治理需要依赖中国共产党发挥领导作用、政府承担主导责任，村民委员会作为基本主体，其他各类乡村社会组织积极参与、共同努力才能实现。乡村法治化建设的过程亦是同理，所有参与社会治理的主体，同时也是法治化治理的主体。中国共产党的乡村基层组织、基层政府、村民委员会、各类乡村社会组织、现代乡村精英等主体在主动参与乡村社会法治化治理的基础上，还要尽量发挥各自的积极作用，通过彼此的互动协作取得良好的治理成效。从总体上看，城乡融合和乡村振兴战略背景下乡村社会法治化治理应该是法治轨道内共产党领导、基层政府负责和社会力量参与的多元合作共治。

（二）多元主体在乡村社会法治化治理中的意义

在城乡融合背景下，构建多元的乡村社会法治化治理主体体系，有助于各类主体在乡村社会法治化治理中发挥各自的积极作用，并且通过协作方式的良性反应提升治理成效和乡村现代化治理进程。

1. 节省法治化治理成本，提升治理绩效

多元共治的乡村社会法治化治理主体体系具有其本身特有的独到之处。党是依法治国的领导力量，对于自身要求高于任何其他社会团体和个人。在我国法治建设过程中，党是遵守宪法和法律，践行法治的表率。在乡村社会法治化推进中，乡村基层党组织本身具备的先进性和表率性，使得党组织能够更有效地实现其在法治化治理中的领导作用。党组织应统筹安排政府、村民自治组织和其他社会组织以及现代乡村社会精英的协同综合力量进行法治化治理。多元主体协同以法治思维和法治方式共同治理乡

---

① 余侃华，龚健，蔡辉，等. "互联网"引领的传统村落复兴路径探究：以陕西省礼泉县官厅村为例 [J]. 规划师，2017（4）：54-59.

村社会，一方面可以减少我国政府对乡村社会垂直控制产生的社会成本，同时通过法律实现对政府的规制，减少政府行政管理失范；另一方面有利于激发乡村社会本身对规则化治理的主动性，形成国家层面与乡村基层之间在法治轨道内进行双向互动。具体到治理现代化背景下乡村社会治理法治化的完善，在坚持基层党组织领导和政府负责的前提下，给予乡村群众自治组织足够的空间，培育自治组织依法自治的能力和各类社会组织和人员充分参与乡村社会法治化治理的能力。政府负责的乡村社会民主合作型治理法治化对于保证依法行政规范乡村社会公共产品和公共服务的供给，保障乡村社会居民享受高水平、高质量的社会公共产品和服务具有重大意义。

2. 有利于维护基层政治稳定

国家通过多个途径和多种形式的"法律下乡"建立起国家权力对乡村基层进行法律治理的体系。在该体系的运行过程中，乡（镇）基层党组织及政府、村民自治组织、社会团体和乡村精英都是不可或缺的组成部分。现代乡村社会治理体制必须以基层政权和包括乡村社会自治组织在内的各类社会力量等自主主体之间的良好互助合作为基础，需要国家、社会和乡村居民发挥各自作用，协同推动乡村社会法治化治理的发展。随着我国乡村社会居民法治意识的普遍增强、村民自治组织以及其他社会组织的发育与发展，政府已经不再是唯一拥有治理权力的主体。村民自治作为村庄治理的基本方式，村委会、其他乡村社会团体及村民等主体依法行使自治权利有利于乡村社会秩序稳定。在法治轨道内的民主合作治理体制顺应了我国乡村社会发展趋势，这种体制强调乡（镇）基层党组织及政府、村庄自治组织以及村民之间在规则体系内进行良好互助合作，它是乡村社会公共权威与民间机构协同参与治理，体现了政府责任与基层公民权利的共同履行与实现。

多层次、多类型的乡村社会法治化治理主体结构是保障基层政权稳定理想治理机制的重要组成内容之一。在这种治理机制的运行过程中，一方面，国家政权力量通过向社会自治空间做出适度的权力让渡，有效地激发了乡村社会的内在活力；另一方面，在村庄自治的基础上，国家政权可以集中力量为乡村社会提供社会治安、基础设施等公共产品和公共服务以及致力于乡村社会公平正义的实现。政府负责的合作型乡村社会法治化治理体制，通过充分发挥国家政权力量依法维护和推进乡村社会公平、稳定、有序建设等，获得乡村群众普遍接受和承认。

（三）我国乡村社会法治化治理多元主体体系构成

1. 中国共产党是乡村社会法治化治理的领导力量

与西方国家的政党制度不同，中国共产党在我国的政治生活中的地位是中国革命和国家建设历史过程中广大普通民众的选择。党在中国特色社会主义建设中的领导地位，使得我国乡村社会治理机制的设计及运行逻辑不能脱离这个宏观政治构架，即中国共产党的领导核心。我国的国家性质和基本国情决定了乡村社会治理体制创新和完善必须在党的领导下进行。作为一个发展中国家，在我国乡村社会法治化治理进程中，如果离开了中国共产党这个先进政党的领导和组织，不但乡村社会的有益价值得不到充分挖掘，而且落后的、对民主进程产生抑制性的因素将继续支配乡村社会，进而影响乡村法治和现代化治理的实现。因此，党在乡村社会治理中的领导权威被国家法律、党和政府的各类规范性文件确认。

作为国家法制体系组成部分之一的党内法规对党在乡村社会治理工作中的领导地位也做出了明确的规定。自改革开放以来，党章已经历了多次修改，但关于基层党组织在乡村社会治理中的领导地位则始终如一地被保持着。党章明确规定党在乡、镇、村的各级基层组织对本地区各领具有领导权力。1999 年印发的党在农村基层的工作规制规则确定党对农村工作的领导地位。经历了 20 年社会变迁后，1999 年的工作条例已经不再适应我国农村社会改革及形势的发展变化。2019 年 1 月，中央印发新修改的《中国共产党农村基层组织工作条例》（以下简称《条例》），对新时代乡村振兴战略下党在乡村工作中的领导做出了新的部署。《条例》重申了党对乡村工作的全面领导地位。在《条例》中，除了"领导班子"与"领导干部"表述以外，就党对农村工作的具体"领导"的表述达 18 处之多。从思想上坚持党的集中领导、总体上乡（镇）党委对乡村社会中所有的其他共产党基层组织的领导，具体包括村党组织、上级行政部门驻乡（镇）的下属单位所成立的党组织以及农村经济及社会组织所成立的党组织。在乡（镇）党委职责表述中，乡（镇）党委有权领导包括乡（镇）政府机关、群团组织等各类其他组织，支持这些组织履行职责并且保证这些组织依法履行职责。在村党组织的职责表述中，其对村民依法自治全程的活动具有领导权力，并且领导村委会及下设机构、村集体经济组织以及村庄内其他组织依法履行职责。就具体的乡村社会治理来说，乡（镇）党委领导本乡（镇）的基层治理，具体包括对乡村社会民主法治和精神文明建设、乡村治安综合治理、生态环保建设、民生保障等各方面工作的领导。村党组织对本村治理行使领导职权，具体内容与乡（镇）党委对乡村社会治理的领导职责相同。

除了法律规定党在乡村社会治理中的领导权力外，党和国家政府也通过一系列规范性文件确定党的领导地位。1991年，党的十三届八中全会认为村级组织建设重点在于党支部的建设，提出加强乡村基层党支部及配套设施建设。1998年，党的十五届三中全会强调党管农村工作不仅是一种传统沿袭，而且是一项重大原则，因此应该充分发挥乡、村两级党组织的领导核心作用。该项规定不仅确定了村民自治不能放任自流，必须在党的领导下开展，同时确定了党组织的领导必须尊重村委会依法自治职权和村民法定的民主权利。自2004年中央开始恢复对农村工作的一号文件以来，连续15年在其中以不同的侧重点强调党对农村工作的领导地位。为贯彻落实乡村振兴战略的实施，《国家乡村振兴战略规划（2018—2022年）》中更是强调党的领导是实施乡村振兴战略的基本原则。在为实现乡村振兴战略发展目标而制定的"乡村振兴战略规划主要指标"中确定了2020年和2022年村"两委"主要领导的"一肩挑"的目标值为分别为35%和50%。村党支书兼任村委会主任的村占比提高，切实保障了党在村庄治理中能够充分发挥领导作用。

2. 乡（镇）基层政府是乡村社会法治化治理的主要责任主体

2006年农业税费改革以后，国家将乡村社会治理的财权、人事权和事权大多收至县级人民政府。县级人民政府成为国家行使乡村社会治理的关键执行机构，但是，由于县级人民政府与乡村社会之间存在的自然的和社会的空间距离，国家关于乡村社会治理的相关法律和政策的具体实施工作，只能由政府派出机构，即乡（镇）政府承担。在乡村社会法治化治理的推行中也是如此，乡（镇）政府成为直接的责任主体。乡（镇）政府是乡村社会治理的主要责任主体地位是由《宪法》确定的，《宪法》第三十条规定了我国的行政区划，在全国之下分各省级行政区划，省级之下分各市级，市级之下分各县级，县级之下分各乡（镇），乡（镇）是国家最基层的行政区划。乡（镇）政府依法对本乡（镇）区划内的行政事务进行管理。依照《宪法》规定，各级地方政府作为地方行政机构，其职责范畴包括地方经济、社会、文化、财政、民政等各个方面。各级地方政府对本行政区划内的社会治理承担主要责任，而乡（镇）政府成为乡村社会治理的主要责任主体。为了加强对公共权力的监管，有些地方政府则对乡（镇）政府的行政职权进行梳理，制订明确清单。

二、乡村社会法治化治理的法治体系

（一）乡村社会治理的基本制度规则

国家立法机关制定的关于我国乡村社会治理的国家法律规范是整个治理制度体系中最重要、最基本的组成部分，其他治理规则和制度都是对国家制定法的具体化或落实国家法在乡村社会中的实施[①]。

1. 乡村社会治理的基础原则和制度

一方面，我国乡村社会治理的方方面面都在《宪法》规定的基本原则规范之下；另一方面，《宪法》对乡村社会治理特定领域做出专门的规定，形成了针对乡村社会治理的相关基础性制度原则。这些原则涉及以家庭承包经营为基础的农村经营体制、农村自然资源（包括土地、森林、山岭、草原、水流、矿藏、荒地、滩涂等）的集体所有权制度及国家对农村集体土地征用补偿制度、国家行政机构对农村社会的层级、农村居民参与国家政治生活的基层人民代表选举制度、乡村基层自治制度等各方面。

《宪法》规定，家庭承包责任制是我国乡村社会生产活动的基本经营体制。我国农村虽然土地属于村集体所有，但承包经营权属于农户，大部分地区的农村集体经济规模很小甚至没有村集体经济。因此，当前在我国乡村社会的大部分地区，家庭承包成为主要的农村生产经营方式。关于乡村地区自然资源归属问题，《宪法》对土地和其他类型的资源做出不同规定。矿藏、水流所有权属于国家，而其他带有土地生产开发性质的资源所有权则采取有限范围的集体归属原则，即只有那些法律明确规定归属集体的，才能由集体行使所有权，其他的都属于国家所有。对于城市市区范围以外的土地则采取农村集体所有的无限范围原则，即除了法律明确归属国家的外，其他的都归属集体所有。

关于农村集体土地所有权的变更问题，《宪法》规定只有一种合法方式，即国家通过依法征收或征用才有可能使土地性质发生改变。国务院是我国乡村社会治理的最高行政领导机构。《宪法》中明确规定了国务院有

---

① 陈晓琴，王钊. "互联网"背景下农村电商扶贫实施路径探讨 [J]. 理论导刊，2017 (5)：94-96.

关"领导和管理城乡建设的职权"。在《宪法》和其他法律确定的乡村社会治理的基础制度原则和基本制度框架下，需要国务院及其各部门就基础制度原则和基本制度的有效实施制定具体政策和措施。国务院对乡村社会治理的领导和管理主要体现在根据《宪法》制定相关的行政法规和政策及其各部门确立的与乡村社会治理相关的规章及制度。县级以上各级人民政府是本行政区域内乡村社会治理的直接管理主体。它们根据国务院及其各部门、上级人民代表大会及上级政府行政部门制定的有关乡村社会治理的法规和政策，可以以本地区的实际情况为基础，为落实各上级机构的法规、政策以及本地区法规确立相关的规章及政策。乡（镇）政府是我国乡村社会治理的具体执行机构。乡（镇）政府处于我国行政机构体系最末端，负责具体执行本级立法机构以及上级组织关于乡村社会治理的各种决定与命令。全国各地乡（镇）政府与乡村社会民众直接打交道，是农民眼中代表政府的主体，因此，乡（镇）政府能够依法行政，能够真正履行服务型政府的各项职能，对于乡村社会治理法治化具有至关重要的作用。按照《宪法》规定，乡村社会民众有权直接参与国家政治生活，具体体现在乡（镇）立法机构的代表由农民选举产生并接受监督。

在我国传承了几千年的乡村社会治理传统是社会自治。这种乡村自治历史传统在《宪法》中以村民自治制度形式体现。《宪法》规定，乡村社会基层通过群众自治性组织即村委会实行自治，村民自治成为我国乡村基层社会的基本治理方式。村委会通过下设具体负责纠纷解决、治安维护等方面的委员会以处理村庄事务和保证村庄的安定，实现村庄民众对村庄的自我治理。

2. 乡村社会治理的基本制度框架

《宪法》确定了我国乡村社会治理的基础制度原则，对乡村社会治理最重要领域的权利义务与权力/权利配置做了原则性的确认。这些原则需要国家立法机关制定专门的法律对其进一步明确，以形成乡村社会治理的主要制度组成框架。构建我国乡村社会治理主要制度体系的法律规则包括国家基本法和乡村社会治理的专门法律。现有的国家基本法律中，相当一部分对乡村社会治理具有专门规定的条款。如一般的民事领域立法会涉及对乡村自然资源，特别是对土地资源所有权归属与处分、农村承包经营户法律地位及其承包经营权的保护、农村特别法人性质等内容具有明确的规定。农村最主要的生产要素是土地，除了以上各民事法律中对农村土地的产权及处分进行民事视域下的规范外，《中华人民共和国土地管理法》中的条款还专门规范了农村集体土地的使用和管理。国家基本法中还有很多条款涉及对农村生产以及经济活动进行规制，以及对乡村地区整体环境、农业生产环节中各类自然资源从多方位进行保护的规定。

（二）乡村社会治理法律制度的进一步充实

根据《宪法》规定，国务院是我国乡村社会治理的最高行政领导机构。我国乡村社会治理工作从政府的角度来说涉及很多部门，国务院及各部门需要为具体落实执行国家通过立法构建的乡村社会治理制度而确立相关的行政法规以及部门规章。这些行政法规和部门规章一方面对国家法律构建的乡村社会治理主要制度进行进一步细化，另一方面对国家立法在乡村社会治理领域存在的空白进行必要和适当的补充。

1. 国务院出台的行政法规中关于乡村社会治理法律制度的部分

国务院作为乡村社会治理的最高行政主管部门，根据《宪法》和其他法律，制定了一系列关于乡村社会治理的行政法规。我国关于乡村社会治理的行政法规中，数量最多的是有关农业生产、经营和管理方面的规定。这些行政法规有的对农业综合生产经营活动进行规范，如对农业普查、农业保险、农业机械安全监督管理、农田水利等制定了条例；有的则是国务院根据相关专门立法，对农业的几个主要组成部分制定了专门的条例，对相关国家立法进行具体化。为了保证农产品质量、维护人民身体健康，针对专门的农产品和特定的生产经营环境，国务院颁布了相关的条例予以规范。例如，粮食及棉花都是关系国计民生的重要因素，国务院对粮食收购、流通以及中央储备粮管理，棉花质量监督管理等都制定了条例进行规范。根据国家法律和行政法规，农业农村部和林业部每年都发布相当数量的部门规章，对农业生产、经营和管理的各个环节进行规范。除对农业生产、经营和管理进行规范外，我国行政法规同时还关注农村环境和资源保护。国务院还专门针对水土保持、基本农田保护、草原防火、森林防火、退耕还林、家畜规模养殖污染防治、植物新品种以及野生药材、濒危野生动植物进出口管理等方面颁布条例。在保护乡村地区的生态环境和自然资源的同时，保证各地农业保持可持续性生产。

2. 各部门规章确立的乡村社会治理规章制度

为了贯彻执行国家法律以及行政法规关于乡村社会治理的相关规定，国务院各部委单独或者联合发布部门规章，对法律和行政法规进行细化，形成能够落实的、具有具体专管部门的细则和办法。在现有的国家部委中，几乎所有的部委都发布过关于乡村社会治理的规章。农业农村部（原农业部）与国家林业和草原局（原国家林业局）所制定的规章大多数是针对农业生产、经营管理行为和农村环境资源保护进行规范。自然资源部对农村土地的规划、集约利用、复垦、登记和闲置土地的处理制定专门的办法，以完善国家关于农村土地制度的相关规定。乡村社会治理是一个综合治理领域，国家各部委在该领域存在很多职权交叉与重合的情况，因此各部委就乡村社会治理的某一个方面联合发布规章非常常见。例如，在对村民自治制度中关于村级民主监督的规范方面，就出现民政部、中纪委、中组部、农业部（现农业农村部）、司法部等十二部委于 2014 年联合出台《关于进一步加强村级民主监督工作的意见》的情形。该意见为《村组法》的实施制定了更加明确、更易操作的详细规则，极大地推动了我国乡村民主自治制度的发展进程。为保护农业用地土壤环境，进而保障农产品安全，国家环境保护部（现生态环境部）与农业部（现农业农村部）于 2017 年联合公布《农用地土壤环境管理办法》，以进一步加强相关部门对农业用地保护的监督以及管理工作。

第三节　乡村振兴战略背景下乡村社会治理保障体系的构建

一、"党建引领"基层组织建设与制度基础保障

（一）一核多元的引领格局

农村基层党建引领乡村治理共同体建构所要打造的是党政强社会也强的均衡型乡村治理结构。党建引领社会治理共同体建构，即党建引领的最终走向和实践目标是建立乡村治理的共同体，并非重党建而忽视治理或者只治理而忽略党建。现阶段，在社会力量相对薄弱的情况下，农村基层党建引领乡村社会治理共同体是通过发挥农村基层党建引领的政治功能引导并且推动多元治理的社会力量成长，实现基层党组织与多元社会力量共同参与乡村治理，以此推动共建共治共享治理格局的构建。总体来看，这种发挥基层党组织领导核心作用，以政府为主导，鼓励和支持社会多元力量参与共同治理的治理格局被称为"一核多元"。其中，"一核"指一个核心，即以农村基层党

组织为乡村治理体系的核心，多元指多种社会力量共同参与治理。

1. 发挥核心引领作用

在一核多元的治理格局下，一方面，农村基层党组织通过发挥核心引领作用，将组织结构科学有效地嵌入乡村社会治理结构，以基层党组织建构秩序、动员凝聚、引领示范，将党组织的政治组织和群众联系优势切实转化为乡村治理的实际成效。党建主体拥有乡村治理权威是农村基层党建引领乡村治理的领导核心作用实现的基础。振兴组织是农村基层党组织治理权威塑造与增强的必然路径，其首要任务是农村基层党组织以组织力建设为根本，建强党的基层组织，夯实基层治理的基础。农村基层党组织一方面要优化党组织党员队伍结构，选好带头人队伍，通过教育、培训等途径提升党员社会服务素质与能力，提高组织引领乡村经济、政治、文化、社会、环境"五位一体"发展的组织核心力；另一方面要让农村基层党组织思考党建嵌入的科学性和有效性，增强基层党组织与乡村治理结构的协同性，增强党组织的组织覆盖能力和治理要素覆盖能力。农村基层党组织的治理权威是农村基层党组织在引领乡村治理和服务基层群众的过程中实现的。它是农村基层党组织领导权威和治理能力的体现、是基层党组织与基层群众政治认同和行动支持获得的结果，它凸显了基层党组织领导权威与乡村治理双向强化的实践意蕴。塑造和增强治理权威，还需要农村基层党组织积极运用党组织领导乡村治理的治理权能，破解农村基层党建进场失效的党建治理困境。农村基层党组织要转变党建理念、创新党建方式、推动党组织领导乡村治理的合法性建设，以党的高质量建设提升基层治理效能；要加强服务供给、精细化党建模式，提高党组织精准对接村民需求的能力，以治理绩效巩固党的执政基础①。

2. 培育多元社会力量

基层党建引领要注意培育乡村社会组织，通过赋权和增能支持并推动社会组织快速有序发展；通过党组织引领吸纳更多乡村自治组织、志愿公益组织、群团组织、市场组织等有序进入乡村社会治理，形成责任共担、资源共享的多元协同的治理体系，提升乡村治理的社会性和自主性。其中，值得注意的是，农村基层党组织在吸纳更多社会力量加入乡村治理的同时，还要通过组织联结、整合，通过建构多种多样的治理机制，凝聚多

---

① 马正立. 关于四川省绵阳市党建引领乡村治理创新的调研报告 [J]. 中国井冈山干部学院学报，2022，15（3）：106-115.

元治理主体价值共识，开展多元共治集体行动，实现多元治理力量的融合与发展，最终达成建构乡村治理共同体的目标。

3. 构建网络综合治理体系

农村基层党建引领乡村治理共同体建构体现了中国"党治国家""党治社会"的价值蕴含和最终实践目标。在农村基层治理场域开展农村基层党建引领最终的目标是建立多元主体共同参与的乡村治理共同体，这体现了新时代我们党以人民为中心的发展思路，说明了农村基层党建引领的乡村治理离不开以农村基层党组织为核心的红色引擎作用，但也并非仅仅依靠农村基层党组织单一主体的治理作用就能实现乡村治理共同体的社会和治理愿景。因此，在党建引领的功能机制上，更应该突出强调将党建结构科学合理地嵌入乡村治理结构中，按照多元参与的治理逻辑，构建乡村治理党委领导、政府负责、社会协同、公众参与、一核多元的功能体系。农村基层党建引领乡村治理共同体建构，农村基层党组织应当扮演好提升乡村治理效能的领导者和助跑者的角色。农村基层党建引领乡村治理共同体建构要全力构建"党建+"的功能格局。例如，"党建+"治理问题，即聚焦乡村治理中农民群众关注的现实问题。罗溪镇在镇党委的领导下就成立了教育促进会，设置了"党建+"教育模式。罗溪镇还分别建立了"党建+"生态、"党建+"商务、"党建+"旅游等模块，通过党建引领多种社会行业功能分区下的治理问题，将党建引领延伸至乡村治理的每个角落，尤其是延伸到人民迫切需要的现实领域中，精准对接群众需求，扎实做好为民服务。再如，"党建+"多元主体性，就明确了群众在乡村治理中的主体性和创造性作用。它通过群众诉求表达发现问题，通过群众的集体智慧寻找治理方法，通过群众民主协商理性沟通化解乡村矛盾，以群众参与弥补基层党建治理的人手不足、信息滞后与内卷化困境，让"人人有责、人人尽责"的共同体治理理念深入每位普通村民群众心中，并转化为群众参与的动力。

（二）四位一体的引领策略

农村基层党建始终是党组织建设的重要内容，农村基层党建引领乡村治理是党带领乡村事业全面建设发展的制胜法宝。农村基层党建引领乡村治理共同体建构的基本价值在于将党的政治领导、组织动员、协调统领的领导与组织作用、桥梁与纽带作用、凝聚与协调作用充分发挥在乡村治理的各个环节、各个内容方面，始终保持党组织领导核心的乡村多元主体建设队伍的凝聚力、向心力和行动力，使乡村治理紧扣在人民参与治理、为了人民治理和治理成果人民共享的现代化发展改革的轨道之上。农村基层党建引领乡村治理共同体建构采用了政治引领、价值引领、能力引领和平台引领四位一体的引领策略。

1. 以政治引领把握治理方向

党的十九大报告强调，要以党的政治建设为统领，把党的政治建设摆在党建工作首位。因此，党的建设也应从根本上把政治领导力放在首位，并将其作为核心内容。政治领导的本质是确立方向性领导和根本性领导，它直接确定了党的建设的领导地位是以人为本，坚持人民至上。在基层党建引领农村治理社区建设的过程中把握好政治引领的治理方向，就是要在基层党建引领农村治理社区建设的过程中坚持人民至上，深入群众了解民意，准确对接群众需求；就是要坚持群众路线，发挥人民群众参与治理的主动性，健全和完善群众参与治理的体制机制，发挥群众的智慧，成为党的建设的主体。只有这样，农村基层党建引领农村治理共同体建设才能深入人心。党建同心圆治理模式，罗溪镇政治领导干部依托"三会一课"在镇区的实践点做调研，建立党员班子和工作经验交流的农村月度工作室制度轮值，在工作中无形地把党建工作内化于心、外化于行。用党建文化、红色文化的生动实践党课来提高党员和入党积极分子对"三会一课"的理解，引领各党员坚决做到对党的决策贯彻执行并有效落实的行动转化。

2. 以价值引领凝聚治理共识

价值引导是政治引导的体现，价值引导可以凝聚治理共识，而治理共识是构建乡村治理共同体的基础和前提。农村基层党组织的领导更注重多重主体的价值理念。目前，在充满明显异质性和原子化的农村社会，公共理性仍相对缺失，价值共识尚未形成，现处于主流价值与大众价值、传统价值与现代价值、本土价值与外来价值在多元化的农村社会并存的状态。只有将多种价值观凝聚成对共同价值观的共识，才能协调参与治理的多个行为体的多种利益，整合和统一多个行为体的利益，并加强参与治理群体的多个行为体的集体认同感和归属感。只有在形成集体意识和归属感的基础上，多元主体才能将治理责任的履行与社区的整体目标有机地结合起来，多元主体才能围绕相同的公共责任进行合作治理。农村基层党建引领农村治理共同体建设，这就需要基层党组织的价值引导，凝聚参与乡村治理的多元主体的价值共识，通过价值共识产生治理共同体的行动指南和目标，促进治理共同体的信任与合作，提高参与乡村治理的多元主体的积极性。

二、"人民至上"管理体系核心保障

（一）牢记初心使命，坚持人民至上

习近平总书记指出："新的征程上，我们必须紧紧依靠人民创造历史，坚持全心全意为人民服务的根本宗旨，站稳人民立场，贯彻党的群众路线，尊重人民首创精神，践行以人民为中心的发展思想，发展全过程人民民主，维护社会公平正义，着力解决发展不平衡不充分问题和人民群众急难愁盼问题，推动人的全面发展、全体人民共同富裕取得更为明显的实质性进展！"高效开展乡村振兴工作，必须坚持以人民为中心的发展思想，充分尊重农民意愿，切实发挥农民在乡村振兴中的主体作用，调动亿万农民的积极性、主动性、创造性，把维护农民群众根本利益、促进农民共同富裕作为出发点和落脚点，促进农民持续增收，不断提升农民的获得感、幸福感、安全感。

准确把握广大农民在乡村振兴中的需求。明确需求才能够从方向上指导乡村振兴的具体工作，而需求的明确要把握两点论和重点论相统一，既要把握全体农民的共同需求，围绕农民群众最关心最直接最现实的利益问题，又要洞察部分群众的个性化需求，避免"一刀切"工作方式方法所带来的顾此失彼。要做到具体问题具体分析，系统把握人民的整体利益，深入了解人民的生活痛点，在人力物力上加大投入，抓重点、补短板、强弱项，一件事情接着一件事情办，一年接着一年干，把乡村建设成幸福美丽新家园①。

调动农民参与乡村振兴的积极性、主动性、创造性。广大农民是乡村振兴的主体，务必最大限度地发挥农民力量，破解人才瓶颈制约，广泛开展满足产业需求的技能教育，加大力度积累人才；把人力资本开发放在首要位置，大力拓展乡村青年对口教育，自主培养和吸引优秀青年人才；深化合作链条，畅通智力、技术、管理下乡通道，广泛支持社会人力物力资本对口帮扶，造就更多乡土人才。

（二）明确思路举措，巩固扩大"战果"

脱贫攻坚战的胜利是我国解决"三农"问题，实现乡村发展的基础

---

① 张进财. 坚持人民至上全面推进乡村振兴［J］. 乡村振兴，2021（8）：8-9.

性、保障性工作的胜利，标志着我国乡村发展进入新水平。但就全国经济发展和人民生活水平来看，目前乡村发展仍然存在不平衡问题以及城乡差距较大的问题。党的十九届五中全会指出："坚持把解决好'三农'问题作为全党工作重中之重，走中国特色社会主义乡村振兴道路，全面实施乡村振兴战略，强化以工补农、以城带乡，推动形成工农互促、城乡互补、协调发展、共同繁荣的新型工农城乡关系，加快农业农村现代化。"为此，要在巩固脱贫攻坚胜利成果的前提下，明确思路举措，扩大"战果"，实现全方位、多层次的乡村发展。

着力发展产业。乡村振兴，产业兴旺是重点。产业发展始终是促进乡村脱贫发展的第一立足点，是促进乡村发展的第一驱动力。全面推进乡村振兴，必须坚持质量兴农、绿色兴农，以农业供给侧结构性改革为主线，加快构建现代农业产业体系、生产体系、经营体系，提高农业创新力、竞争力和全要素生产率，加快实现由农业大国向农业强国转变；以质量建设为根本，打通多种流通渠道，配以现代化的运输体系，保证各个环节的乡村产业蓬勃发展。在此基础上，加快科技生产力要素向乡村转移，为乡村振兴提供新的更强劲的驱动力。

加强精神文明建设。乡村振兴，乡风文明是保障。应坚持物质文明和精神文明一起抓，以教育事业为支撑，大力完善乡村教育事业，整体提高乡村人民的文化素质和文明程度；以信息化教育为依托，以人文素养教育为重要发力点，全方位提高乡村人民的精神文明建设水平；以社会主义核心价值观为引领，坚持教育引导、实践养成、制度保障三管齐下，采取符合农村特点的方式，多措并举培育文明乡风、良好家风、淳朴民风，提升农民精神风貌。

深化基础设施建设。乡村振兴，基础设施建设是支撑。完善的基础设施建设，如配套的医疗、教育、健康、信息等基础设施体系对人才的吸引有重大影响。应当推动农村基础设施提档升级，加快农村公路、供水、供气、环保、电网、物流、信息、广播电视等基础设施建设，推动城乡基础设施互联互通，为乡村振兴所需要的人力资源提供重要保障。

三、"三治融合"治理体系新格局保障

党的十九大报告在总结既往乡村发展历史经验的基础上提出了乡村振兴战略，提出"健全自治、法治、德治相结合的乡村治理体系"，这为乡

村治理指明了道路。实现乡村治理有效，应健全以自治为核心、以法治为保障、以德治为引领的"三治融合"的治理体系。

（一）探索乡村自治路径

探索乡村自治路径，首先，要发挥自治组织的基础作用。村民自治组织是村民自治的重要组织载体，是村民主体地位得以发挥的重要平台。要在乡村大力培育具有服务性、公益性、互助性的乡村社会组织，如乡村集体经济组织、农业合作社及乡镇银行等社会组织，激发村民群众参与治理的积极性与主动性。其次，乡村自治需要发挥村规民约的作用。随着市场经济的发展，乡村社会利益主体日益多元化，乡村社会的秩序也较为混乱，因此可以结合村庄实际，因地制宜地制定村规民约，并使其成为村民自治制度化、规范化的重要补充。在2019年农业农村部首次发布的全国乡村治理典型案例中，北京顺义区"'村规民约'推进协同治理"的案例为各地的乡村治理提供了借鉴和参考。北京顺义区在推进乡村治理的过程中，因地制宜制定本村的村规民约，解决了一系列治理难题。天竺镇、仁和镇、后沙峪镇等地区，经济发达、外来人口众多，"村规民约"侧重对出租房屋、流动人口的管理；北小营镇、木林镇、龙湾屯镇等村庄经济相对薄弱，村规民约重点在村务管理、环境整治、家风民俗等方面。顺义区利用村规民约，"规"出了农村好气象、"约"出了农村新风尚，让新时代的京郊乡村找到了"善治之道"。

（二）健全乡村法治保障

乡村治理过程中，无论是自治还是德治，都需要在法律的框架内进行。健全乡村治理的法治保障，首先，要完善乡村法律服务体系。加快乡村法律服务体系建设是完善乡村法律服务"最后一公里"的关键举措，可以通过完善农村司法所、法律服务所、人民调解组织等乡村法律机构的建设，到村庄开展法律服务。面对基层群众对法律服务的需求日益多样化和基层法治建设仍然薄弱的矛盾，惠州探索出了"一村一法律顾问"制度，聘请法律顾问及法律工作者，定期到村庄开设法制讲堂，开展法律服务，帮助村民解决村集体重大资源和资产处置、重大利益分配等方面的问题。同时，惠州还搭建了网上法律服务平台，让村民足不出户就能享受到公共法律服务。"一村一法律顾问"制度满足了村民的法律需求，畅通了基层矛盾纠纷的化解渠道，有力地推动了乡村治理体系建设。"一村一法律顾问"也入选全国首批乡村治理典型案例，为全国的乡村治理提供了经验借鉴①。

其次，健全乡村治理的法治保障还应加强村民普法教育。一方面，要加大对村民的普法力度，形成良好的法治氛围，让村民在潜移默化中受到法律的熏陶，引导村民学法、知法、守法、用法，进一步培养村民的法治意识，增强村民的法治能力；另一方面，要发挥党员干部的模范带头作用，在党员干部内部加强法治教育，通过党员干部向村民传播法律知识，引导村民在表达利益诉求、解决矛盾冲突时学会采用合法的途径。

四、"创新实践"有效治理路径动力保障

（一）始终把党的领导放在首位

东南西北中，党政军民学，党是领导一切的。只有基层党组织坚强有力，党员先锋模范作用充分发挥，才能进一步带领基层群众广泛参与到乡村治理工作中，基层治理才能更加规范有序，群众基本生活才能更加和谐安定，才能为共同建设美好家园贡献智慧和力量。

1. 突出政治功能属性

政治功能是政党组织的根本属性，是中国共产党区别于其他组织的根本标志。政治功能不仅体现在对基层政权的管理运作和对社会生活的组织和整合，还更多地体现在政治领导、组织领导和思想领导上。各级基层党组织，特别是农村基层党组织要始终树牢"四个意识"，坚定"四个自信"，坚定政治立场和政治方向，始终同以习近平同志为核心的党中央保持高度一致，做到"两个维护"，进一步增强政治判断力、政治领悟力、政治执行力，确保党的路线方针政策和决策部署在基层落地生根、有效转化。在日常工作中，要充分发挥党组织在基层社会中的领导核心作用，团结和带领广大干部群众奋发有为、真抓实干，向着中华民族伟大复兴中国梦不断前行②。

2. 发挥先锋模范作用

基层治理的动力和活源于党员的先锋模范作用。全体党员特别是党员

① 张清. 习近平"法治国家、法治政府、法治社会一体建设"法治思想论要 [J]. 法学，2022（8）：3-15.

② 许晓，季乃礼. 党的群众路线历史演进与经验启示：乡村治理的视角 [J]. 西南民族大学学报（人文社会科学版），2022，43（7）：187-194.

领导干部首先要起好带头作用，以身作则、严于律己、依法依规、谨言慎行，履职尽责、做好表率，带动基层群众奋勇争先。其次要争做骨干。党员要坚持经常学习，坚持治理理念，坚持法治思维，在基层社会治理中勇于担当、主动作为、勇挑重任，不断提高自身治理能力和治理水平，争做基层治理的核心力量和中坚分子。最后要勇做桥梁，进一步发挥好党员联系群众和其他社会组织的中介作用，立足岗位职责，在日常工作中开展亮身份、树形象活动，加快打造一批群众认可度高、社会反响好的"党员模范队""党员先锋岗"，架起党员和群众有效沟通的桥梁，形成组织、自治组织、其他社会主体和普通干部群众共同参与，协同推进的强有力工作机制。

3. 增强自我革命勇气

习近平总书记多次强调，共产党人要有敢于刀刃向内的勇气和勇于自我革命的精神。在新形势下，全体党员特别是党员领导干部应当以严格执行党内政治生活制度为突破口，照镜子、正衣冠、红红脸、出出汗，做到经常清扫灰尘、革故鼎新，在党内营造出严的氛围、实的机制。首先要落实好"三会一课"制度。这是我们党的一项优良传统，也是我们党始终保持纯洁性先进性的根本所在。全体党员干部必须立足加强党的建设的高度，通过开展集中学习研讨，学习、认识，再学习、再认识，进一步提升发现问题、分析问题、解决问题的能力，提高理论素养，锤炼党性修养，推动自我革新。其次要过好组织生活。这是我们党政治生活的一个重要组成部分。要切实发扬老一辈共产党人团结—批评—团结的优良传统，勇于自我批评，不回避、不遮掩，敢于揭丑、勇于揭疤，通过发扬党内民主、加强党内监督，有效解决当前面临的突出矛盾和问题，进而创造出新的更大的业绩。最后要正确履行职责。党员通过参加组织生活进一步提高党性修养和政治能力，这既是每一个党员的权利，更是其应当履行的义务。通过开好每一次高质量的组织生活会，可以提高思想认识和工作能力，进一步指导实践、推动工作，更好地履行使命。

（二）巩固和提升基层党组织的领导力

1. 推进基层党组织标准化规范化建设

习近平总书记指出，要突出党组织的政治功能和政治属性，通过提升组织力、增强执行力，努力把党组织建成党在基层的坚强战斗堡垒。提升组织力、增强执行力，关键在于始终坚持以习近平新时代中国特色社会主义思想为指导，贯彻落实好《中国共产党支部工作条例（试行）》和《中国共产党农村基层组织工作条例》，重点从组织体系、党员管理和党内组织生活等方面入手，创新完善基层党组织设置，广泛开展以强带弱村、村企联建、村园联建、联村党委等新型组织模式，运用好融媒体、大数据等，加大"智慧党建""学习强国"等 App 的推广应用力度，推动搭建集信息宣传、教育管理、互动交流于一体的综合性平台，提高组织工作信息化水平。同时要注重整体提升，聚焦基本组织、基本队伍、基本活动、基本阵地，进一步巩固好整顿软弱涣散基层党组织工作成果，统筹好行政村撤并、产业发展、易地扶贫搬迁等基层基础工作，努力实现农村基层党组织整体提升、全面过硬。

2. 加强基层党员队伍建设

农村党员队伍是党的执政之基和力量之源。一方面，要加强对党员的日常教育培训，结合党史学习教育，将市场经济知识、法律法规、科学文化等纳入日常教育，真正让不忘初心、牢记使命成为党的建设的永恒课题和全体党员干部的终身课题，做到集中教育、专题研讨、实地参观相结合，开展基层党员干部集中轮训、"领头雁"和村"两委"、"三农"干部集中教育培训。另一方面，要始终把政治标准放在首位，扎实做好发展党员工作。聚焦改善农村党员队伍年龄结构、文化结构这一总体要求，重点做好青年党员跟踪管理工作，在发展过程中适当向致富能手、产业带头人、优秀青年和复员退伍军人倾斜。同时，要主动结合各地实际，创新活动方式，广泛开展"致富先锋""服务先锋"等各类模范评选表彰，通过党员户挂牌、党员示范岗、结对帮扶、开展志愿服务等形式，进一步在广大党员中营造出比学赶超的浓厚氛围。

五、"乡村大基建"公共体系支撑保障

（一）统筹推进，保障项目安全落地

加强政府顶层设计，完善整体建设规划。"乡村大基建"并非地方政府彰显政绩、比拼能力的"度量标"，也不是短期内能够激活乡村要素、实现乡村振兴的"特效药"。地方政府在设计本地"乡村大基建"项目规划时，应注意把握乡村实际情况，结合乡村现实需求，克服功利化、短期化倾向，实现"乡村大基建"同乡村产业、资源、环境等要素的协调发展，处理好"乡村大基建"同传统基建以及乡村资源禀赋的关系。一方面，在广大乡村地区，基础设施仍不完善，"补短板"仍是当今乃至以后很长一段时间内乡村振兴工作的重点。同时，传统基建是"乡村大基建"的承载平台，政府在处理两者的关系时应做到有重点、有层次，以"乡村大基建"创新传统基建。另一方面，"乡村大基建"的高科技属性要求政府在规划中避免盲目建设、超前布局以及由此造成的项目搁置、资源浪费等问题，应该考虑地区差异，结合当地资源禀赋与产业需求，形成与实际高度契合的定制化、高水平的"乡村大基建"方案。

落实配套扶持政策，激发市场主体活力。市场是驱动"乡村大基建"的主体。面对"乡村大基建"发展中市场活力不足、企业避"农"就"城"、保障机制不完善等问题，政府应发挥"领路人"的作用，加快制定能够促进企业参与的"乡村大基建"配套政策，减少企业经营风险，激发企业投资热情，积极推进"乡村大基建"项目在乡村落地。具体来说，政府应出台支持各市场主体参与的投资政策，放宽"乡村大基建"投资领域的准入门槛，为企业及其他社会组织参与"乡村大基建"项目破除壁垒、消除限制、拓宽渠道；政府还应实施积极的财政政策，对投资建设"乡村大基建"的企业给予金融支持。例如，通过扩大地方专项债新增额度，提供抵押补充贷款、专项建设债券或专项建设资金等，为"乡村大基建"投资提供配套资金；通过减税降费、财政补贴、政策性低息贷款等方式减少企业投资压力。

（二）以人为本，强化人力资本的支撑作用

完善乡村人才培养模式。建设现代化智慧乡村、数字乡村的关键在于加强数字化人才的培养。为解决乡村专业人才匮乏、人才流失的难题，政府应采取多种途径，吸引人才资源向乡村流动。政府可以依据当地的实际条件和未来发展方向，有计划地向乡村派遣人才，指导、管理乡村的信息化建设；还可以协同科研机构、高校与企业等，与当地基层组织或农业经营主体开展合作办学，制订符合实际需求的人才培养模式，培养一批数字化领域的创新创业领军人才和乡村管理人才①。

提升乡村居民数字化素养。政府要不断加强政策宣传，特别是要加大对"乡村精英"的宣传力度，这些成功案例能够有效地激发乡村居民参与"乡村大基建"的积极性。另外，还要注重对普通乡村居民和乡村工作队

---

① 王钰慧，单春艳. 高校依托信息技术促进乡村振兴的有效路径研究 [J]. 黑龙江高教研究，2022，40（9）：100-105.

伍的教育，向其传授相关的生产知识和技能，培养其参与"乡村大基建"所需的数字化能力。具体来说，要制定系统化的乡村居民数字能力提升方案，并将其纳入科学素养提升行动和乡村振兴战略规划当中；设立专门的知识培训课堂，健全符合乡村居民需求的教育培训体系，为其提供专业化的数字知识与能力培训。

（三）完善制度保障，防范风险进一步恶化

构建全面的"乡村大基建"安全体系。一方面，"乡村大基建"需要全面考虑网络数据安全的检测、响应与防御全过程，应当将"乡村大基建"催生的新应用、新业态、新模式纳入常态化安全监管，完善前期数据安全预防机制。具体来说，要落实触发式监管，建立健全投诉举报与调解处置机制，完善追责机制，加大监管力度；探索在线监管，实行"互联网+监管""物联网+监管"新模式，推动线上和线下监管互补，提高监管精度；预防数字经济中算法运行超出技术工具范畴或替代公共权力决策，进而形成新的权力形态引发决策风险。另一方面，加快完善有关公共数据安全及隐私保护的法律法规，使数据的确权、保护有法可依，提高对数据泄露等潜在风险的防御与应对能力。

以社会主义核心价值观引领乡村文明风尚。一方面，应充分发挥"乡村大基建"对公共文化供给的改造作用，扩大乡村公共文化设施的影响力与吸引力。指导各类文化馆、图书馆、文化广场等采取流动服务、联网服务等多种方式开展文化活动，建设"电子阅报机""电子书房""电子艺术教室"等服务站点，以这些公共文化设施为社会主义核心价值观的宣传前线，为乡村居民提供内容丰富和质量上乘的文化产品。另一方面，应充分发挥网络资源优势，采取公众号、微博、短视频等受众广、传播便捷、乡村居民易接受的方式，宣传先进模范、好人好事、家风典范等，潜移默化地影响乡村居民的价值取向和观念。

保障"数字弱势"群体权益。在乡村现代化进程中，要避免那些数字化信息能力不足的"数字边缘群体"在乡村生产、生活中"失声""失能"的现象，充分保障数字化时代下各群体的权益，避免出现数字鸿沟导致的社会资源分配不公现象。政府部门、互联网企业应增强其产品和服务设计的友好性和包容性，进行适老化、简易化、无障碍化改造，配备专业人员进行操作引导，最大限度地解决农村"数字边缘群体"智能技术使用困难的问题。在利用大数据、乡村政务平台等提升乡村治理效率的同时，采用多种线下治理方式，避免完全以大数据系统搜集的信息作为制定决策和提供公共服务依据的情况出现。

六、"数字赋能"产业发展驱动保障

乡村振兴战略下的文化建设，要充分挖掘乡村中的文化资本，实施重点文化项目工程。一方面，要发挥增强国家文化软实力的作用，利用信息技术创新乡村文化的内容和形式；另一方面，要提升乡村文化文明，利用数字网络满足人民群众对高品质文化产品的需求。数字文化产业是以文化内容为核心，以数字技术为载体，降低了对文化产业集群发展的空间要求，为乡村振兴下农村文化产业发展带来新机遇。乡村特色文化是数字文化产业发展的重要基础，数字技术的广泛应用为农村文化产业发展提供了新模式，也为农村文化产业形成与城市文化产业不同的发展路径提供了可能性。由此，数字文化产业可以更好地赋能乡村振兴发展，文化建设是农村经济的重要增长点，数字文化产业可以推动农村经济发展。在乡村振兴战略下，数字文化产业发展的功能定位应该立足于农村文化的保护、发展和繁荣，农村文化的数字化转化和创新性发展，实现乡村文化产品的有效开发和品牌构建①。

（一）数字文化产业为乡村振兴战略提供高质量文化产品供给

高质量数字文化产品生产和供给是数字文化产业赋能乡村振兴战略的逻辑起点。聚焦乡村优秀文化，进行数字文化产品的创作、开发和生产，利用优质长视频和短视频等内容生产模式深化乡村文化供给侧结构性改革。数字技术应用到乡村文化产品生产供给端，通过文化产品和服务的数字化供给，可以提升乡村文化内容的高质量供给，促进乡村优秀文化 IP 的数字化开发和利用。数字经济可以催生出新的文化内容和业态模式，是农村经济发展的新引擎，对农村经济转型发展具有推动作用。依托中国文化遗产标本库、中华民族文化基因库和中华文化素材库，基于国家文化大数据体系的前端、云端和终端闭环系统，从供给侧打造现代文化生产系统。在数字经济下，农村文化产业的发展更应该注入传统优秀的农村文化基因，并将其运用到数字动漫、网络游戏等数字文化产业中，开发具有原创性特色的文化产品，积极构建具有乡村原创的 IP 文化数据库，彰显民族文

---

① 沈费伟，陈晓玲. 保持乡村性：实现数字乡村治理特色的理论阐述 [J]. 电子政务，2021 (3)：39-48.

化和自信。

中国互联网络信息中心发布的第 47 次《中国互联网络发展状况统计报告》显示，截至 2020 年 12 月底，我国网民规模为 9.89 亿，互联网普及率达 70.4%，其中，农村网民规模为 3.09 亿，农村地区互联网普及率为 55.9%。在网络覆盖、农村电商、网络扶智、信息服务等方面，网络扶贫已经取得实质性进展。"互联网+"新业态模式为乡村数字文化产业发展提供了良好的供给环境，网络支付等普及为数字文化产业发展提供了技术支撑。从文化供给侧来看，利用乡村文化市场资源和数字信息技术，可以增强传统农村文化的认同感和自豪感，缓解城乡文化冲突和发展的不均衡性，凸显文化价值多样性，推进乡村文明和文化基因建设。

（二）数字文化产业助推乡村传统文化传播和消费

基于乡村特色的数字文化产品的有效传播和持续消费，是数字文化产业赋能乡村振兴战略的重要逻辑环节。农村文化、手艺、民间艺术等内容在我国文化产业发展过程中展现了中国精神，农村文化记录文明沉淀，蕴含文化价值，为数字文化产业发展提供素材和内容载体。比如，我国获得世界文化遗产的文化资源，以及中国历史文化名镇等，都是农村数字文化产业发展可以有效利用的文化资源。立足于数字技术，采用多样化和沉浸式的展览方式呈现乡村文化内容，丰富乡村居民参加文化活动的体验感，贴近居民生活和消费，在乡村实现数字文化产业新业态集聚。

基于文化产业载体，数字技术助推社会传播，多样化的传播媒介为乡村文化带来了更广泛的变革和创新。同时，农民作为文化市场的主体，在满足其文化消费需求后，也可以在数字技术下，从消费者角色转变为生产者角色，在社交媒体平台上进行相关的文化创作和传播，借助农民自身的创作能力发展乡村文化经济。从文化需求侧来看，应优化乡村非物质文化遗产的展示方式，在文化活动参与性和互动性上发挥数字技术优势，改善用户体验，提升线上和线下游客对于乡村优秀传统文化的认知，从而促进乡村文化更好的传播。

（三）数字技术应用促进乡村产业融合发展

借助数字技术推动文化产业与乡村其他产业融合发展，促进乡村产业结构升级和优化，转变乡村经济增长方式，是数字文化产业赋能乡村振兴战略的逻辑落脚点。数字技术运用下的文化产业体系可以加强与现代化农业的融合发展，延伸两个产业的价值链。数字环境以各种方式对文化和创意产业产生了重大的影响，对文化创意产业的价值链、商业模式、知识产权管理等带来了变革环境。适应新的数字环境，给乡村振兴带来了新的机遇和"数字红利"，利用新技术下的供给来产生和获取价值。

乡村已有产业与数字文化产业融合发展，可以实现乡村公共文化资源和平台的共建共享共管。利用数字文化产业链的关联特征，向乡村文化生活和新农村建设进行辐射，以标志性文化设施和特色化文化活动的数字化展陈，推动产业融合创新。从产业发展来看，利用数字技术溢出，集成乡村产业链各环节的创新和协调，将与农业发展相关的资料上线上云，打造云上图书馆，为农村发展搭建数字公共文化服务平台，提高政府和社会资金的使用效率，突破乡村已有产业发展的瓶颈。

第四节　乡村振兴战略背景下乡村社会法治化治理体系的构建

一、道德文化先行的乡村"软治理"

从历史上看，德治一直是中国社会很重视的治理手段。早在西周时期，周公姬旦就通过"以德配天""敬天保民"等阐释了朴素的德治思想。而以孔孟荀为代表的儒家则进一步将"德政"思想发扬光大。孔子在《论语·为政》中说："道之以政，齐之以刑，民免而无耻。道之以德，齐之以礼，有耻且格。"他明确指出用政治、刑罚来管理人民不如用德行、礼貌来教化人民。中国古代社会长期以儒家仁政思想治理国家，形成了以"德主刑辅"、教化为先的治理思路，这种德治思想虽然蕴含着不少封建统治意识和唯心思想，也与现代意义上的德治观念迥异，但通过适当的继承与转化，对现今的国家治理与乡村治理仍有不少启发。人类政治生活的基本秩序不仅需要基本政治制度的维护，也需要道德伦理规范的协调。德治的力量已被历史证明，德治理念不再停留在对个人行为的规范与束缚，而成为国家层面的精神意志或文化符号，集中反映了国家治理的价值观念，并进一步聚集为巨大的感召力、协调力和约束力。单纯依靠外部控制或强制力量推进的社会治理界定了人们的行为底线，若要持续长久地内化为更高层次的价值追求则需要构筑更为柔性的德治体系①。

道德与文化是乡村德治的核心内容，具有法治和自治不可替代的重要作用。其中，伦理道德是乡村治理的根基，对于社会风气和人心民意具有重要的引导和凝聚力量；文化则是乡村治理的灵魂，直接影响着乡村治理的精神风貌和最终成效。道德治理是国家治理的重要组成部分，将其放眼于乡村治理更具有强烈的现实意义。在城镇化进程加速和乡村社会转型的当下，树立文明新风、弘扬崇德向善的价值理念有助于遏制乡村陈规陋习的扩散和破解思想迷茫的困局，夯实乡村治理的道德基础，推动法治、德治、自治的合力形成与协调统一。

关于乡村文化的重要性可以从以下三个方面来解读。首先，文化教育是提高乡村人口素质的根本途径。其中，基础教育、职业教育、就业培训、培智扶志等教育活动是参与人口素质提高的显性力量，文化设施、文化活动、传统技艺、乡俗民规等文化熏陶则发挥着潜移默化的渗透作用。乡村文化承载着培育淳朴乡风民风、营造健康向上的社会风气和提振新时代农民精神风貌的重要使命。其次，乡村传统文化的传承与发展是乡村振兴的主要标志。乡村文化是中华传统文化的家园，传统乡村的生活方式、文化传统、农耕文化、农政思想和治理理念都蕴含着许多值得继承和发扬的中华传统文化基因。坚持文化引领、文化先行，实现乡村文化的发展繁荣，能够为乡村振兴提供强大的精神支撑和文化基础。最后，乡村文化具有重要的经济效益和社会效益。乡村具有独特的文化记忆、文化留存与生态吸引力，结合各自特有的地理位置和区位优势，能够融合发展文化产业或旅游产业，在拉动乡村经济的同时，留住乡民并吸引优秀人才，从而焕发乡村文化生机，使乡村社会从边缘走向中心。

二、乡村社会伦理秩序的价值重构

随着乡村社会发展的内外部出现重大变化，乡村德治的导向、目标、内容等方面亟待寻求新的路径选择和策略调整，其中首要的就是构筑与当前乡村经济社会文化发展趋向相一致、相匹配的价值基础。从历史与现实出发，新型的乡村社会价值体系应从马克思主义价值观、乡村传统价值观、近现代西方价值理念等对当今乡村价值理念产生重大影响的思想来源

---

① 李红波，张小林. 乡村性研究综述与展望 [J]. 人文地理，2015（1）：16-20.

中充分吸纳和筛选符合我国乡村社会特点的伦理价值、道德机制和先进文化。解析关于中国乡村社会治理的客观现实，以社会主义核心价值观为基础，充分把握乡村多元文化价值的交流与融合，通过文化批判和价值重构厘清乡村社会面临的道德危机与价值困惑，能够为乡村振兴战略和乡村治理的有效实施提供重要的思想助力。因此，乡村社会伦理秩序的价值重构应着重处理以下三个方面的关系。

一是市场经济理念与传统乡村伦理的关系。改革开放以来，我国城市经济发展取得了巨大成就，同时也催生了一系列不同于传统的新型价值理念与道德规范。乡村发展的相对滞后使其在经济、文化、社会的转型过程中自觉或不自觉地向城市"看齐"，包括开始接受市场经济理念及其衍生的一整套价值伦理，传统的乡村伦理由此面临前所未有的崩解危机。在中国漫长的农耕文明时代，儒家文化是传统伦理的核心内容，虽然随着人们对自由、独立、平等的呼唤逐渐淡化，但其作为一种思维方式仍潜移默化地发挥着对乡民的道德约束和行为规范作用。与此同时，暗含着公平与效率价值的市场经济理念在实践运行中出现异化，市场规则下滋长的个人主义、唯利是图乃至基层腐败也有侵蚀着传统乡土温情根基的趋势。与此同时，这种价值困境也给予了乡村文明重塑的重要契机，孕育了构建新型乡村伦理的可能性。一方面，腐朽落后的封建习俗得以摒弃，包括平等、民主、自由、正义、效率等在内的现代制度伦理介入乡村生活中，公共契约精神和法治意识逐渐代替非正式的人情利益考量；另一方面，乡村优秀的传统风俗、社会舆论对利己主义、恶性竞争等市场经济的副作用树立起道德约束的屏障，增加了更多文化道德的作用路径。时代精神与传统价值的相互交织，能够为我国乡村萌发社会主义市场经济的新型道德伦理，为乡村经济发展与社会文明进步提供更好的价值支撑。

二是价值多元与价值共识的关系。转型时期，我国乡村社会发生着结构性的嬗变，农民生活生产方式分化，主体间、代际及主体自身都在经受多元主义价值的影响，以往较为集中的传统价值弥合方式已经很难适应目前的乡村发展现实，新的社会认同与价值共识成为摆在乡村德治面前的重要难题。当代乡村成员的职业类型、生活方式、消费模式、价值取向、文化圈子、身份认同等都进入了加速分化期，这使得某些单一特征的、显现的价值观念无法涵盖或标注所有人群，差异化、层级化、流变性、异质性、独特性成为乡村价值多元的外在表现。

多元文化价值为乡村发展注入了活力，体现出不同群体或个体特有的价值判断与价值诉求，这种价值的流动性打破了保守主义的大一统，通过多元文化价值的交织、碰撞、冲突与融合形成多彩缤纷的、开放自由的社会氛围。同时，需要看到的是，与多元价值相伴的还有不少负面效应，如果缺少了价值共识，除了那些妨碍或损害他人的价值观念愈加泛滥以外，更严重的后果是产生价值虚无主义，即人们丧失了价值判断，变成无所适从、孤独游荡、没有根基的"浮萍"。从这个意义上来说，求同存异才是处理乡村社会价值多元与价值共识关系的基本准则。"富强、民主、文明、和谐，自由、平等、公正、法治，爱国、敬业、诚信、友善"，这二十四个字集中概括了我国城乡社会共同遵循的价值规范，是最为基本的价值共识。在这一主导价值的指引下，重视社会主义核心价值观与乡村社会的融合，既要加强乡村基层党组织建设、倡导新型集体主义观念，也要结合地方传统，培育乡村特有的公共文化和社会氛围，鼓励和尊重多元文化的发展。

　　三是外在约束与价值内化的关系。传统的中国乡村社会主要依靠道德规范而非法律规范来约束和调整人们的行为，时至今日，乡村法治亦是乡村治理的难点。这一状况的产生与历史上乡村治理的内在逻辑密切相关。费孝通指出，"假如我们把法律限于以国家权力所维持的规则"，那么可以说乡土社会"是个无法的社会"。传统的乡村社会长期运用"礼"来维持和保障社会秩序，"礼"作为公认的行为规范并经过世代教化，成为村庄共同体成员主动服膺的传统习惯，维系着整个乡土社会的秩序、回应着人们对于公正的诉求。改革开放以后的乡村社会既保留了礼治与道德约束共同体的传统特征，也呈现出国家法律意志的渗透，但仍未形成稳定的、适应当代乡村社会发展需求的治理模式。面对这样的历史变迁和现实境遇，乡村社会必须正确处理法治与德治、外在约束与价值内化的关系。一方面，要建立法治宣传教育、依法依规治理、矛盾纠纷化解的整体化法治运行体系，集中处理当前乡村治理中的突出矛盾，发挥法治的外部强制力和管束力；另一方面，要继续发挥村规民约、乡贤权威、家族治理等传统道德约束和价值内化的作用，搭建乡土民意、村民团体、村委组织与法治部门沟通合作的桥梁，推动乡村生产生活方式的文明与进步。

三、乡村社会文明风尚的路径选择

　　推进乡村社会文明风尚的引领性作用对于乡村治理的统整性和渗透性

具有重要意义。乡村社会文明风尚的树立可以从以下五个方面推进。

（一）挖掘乡村社会特有的道德规范

自古以来，中国乡村的社会秩序维护都有着自己特有的运作逻辑，其主要遵循两条路线：一是依靠宗族、乡绅、长者等的权威。乡村内部的大小事务、纠纷判事都在很大限度上依赖这些非正式手段。费孝通在《乡土中国·无讼》中谈道："在乡村里所谓调解，其实是一种教育过程"，"调解是个新名词，旧名词是评理。差不多每次都由一位很会说话的乡绅开口。他的公式总是把那被调解的双方都骂一顿"，"他依着他认为'应当'的告诉他们。这一阵却极有效，双方时常就'和解'了，有时还得罚他们请一次客。"二是依靠熟人社会的道德规范。"一个差序格局的社会，是由无数私人关系搭成的网络。这网络的每个结都附着一种道德要素，因之，传统的道德里不另找出一个笼统性的道德观念来，所有的价值标准也不能超脱于差序的人伦而存在了"。这种按照亲疏远近判断道德的伸缩尺度，使传统乡村作为熟人社会依照着较为紧密的人伦约束彼此管顾和自省，从而形成了一种自洽的道德体系。

随着乡村社会的转型，一些旧有的治理方式陷入崩解，新的公共治理模式亟待构建。在新型的乡村治理体系中，应当重视这些传统的非正式制度的力量，通过建立熟人社会的道德自律与约束机制发扬乡村特有伦理优势。比如，湖南科技大学人文学院的夏昭炎教授退休后回到家乡积极参与乡村治理，结合农民实际需求修缮祠堂、设立奖学基金、办文化中心、建设农家书屋、开办少儿假期学校等，对当地农民进行各种显性与隐性的文化道德影响。此外，有记者在江苏走访14个村庄的过程中发现，主要由老干部、老党员、老教师等"三老"群体构成的乡贤群体已经成为一些地方乡村社会治理的重要力量和村风民风改善的推动力。

将个人或家族权威作为主体来稳定乡村伦理秩序的做法已无法适应新时代，但传统乡贤文化中的优秀品质如见贤思齐、崇德向善、诚信友善仍值得发扬，新乡贤参与乡村治理以及建立新型的乡规民约有助于更好地协调解决乡村社会的基层矛盾与冲突，对于构建和谐的邻里关系、塑造淳朴乡风、摒弃传统陋习和弘扬文明新风起着重要作用。

（二）强化乡村公共文化的供需对接

乡村文明的重要目标之一就是丰富农民的精神文化生活、提高农民的文化素质，促进乡村文化的大发展大繁荣。以完善乡村文化基础设施、发展乡村公共文化服务、丰富乡村公共文化生活为内容的文化民生则是实现这一目标的重要手段。近年来，我国乡村公共文化实现了较快发展，投入力度不断加大，各种文化惠民工程加快实施，但总体发展仍然滞后。这既因为资金投入的不均衡使得各地文化基础设施和文化资源产生了差异，也由于文化资源未能得到有效利用，现有的公共文化服务和文化活动吸引力和匹配性较差，远远不能满足广大农民的现实需求。部分地区也尝试探索将乡村公共文化服务从单一的设施建设转移至对农民文化需求的服务，以促进文化供需的有效对接。

在乡村公共文化设施方面，各地采取了多种形式加强文化资源的整合利用。如浙江省针对乡村文化资源分散、内容单一、利用率低等问题，从2013年开始推进文化礼堂建设，完善乡村公共文化服务，丰富群众精神文化生活。在形式上，整合现有村级活动中心、农家书屋、乡村电影放映等宣传文化资源，利用原有礼堂、祠堂、仓库等场所，鼓励地方综合考虑自身经济实力、自然资源、历史风貌等因素建设文化礼堂，并建立省农村文化礼堂建设专家指导团和工作指导员队伍，配备礼堂管理员，壮大文化志愿者队伍。在投入上，发挥县、乡主导作用，通过以奖代补形式将农村发展专项资金向农村文化礼堂建设倾斜，省财政安排专项资金，并对欠发达地区进行重点扶持。在内容上，高度重视对本地自然、历史、人文遗存的挖掘保护与合理布置，充分展示村史村情、乡风民俗、生态保护等内容；建设全省"菜单式"公共文化服务配送平台，列出政府提供的文化服务清单，让群众在文化礼堂里自主选择所需要的服务，组织文化工作者深入乡村，满足群众不同层次的文化需求；利用文化礼堂，通过培训班、讲座、讲坛、讲习班、研讨、现场示范、个别指导等形式，持续开展文体专家辅导活动。在功能拓展上，利用礼堂开展社会主义核心价值观宣传教育、形势政策宣传，组织各类教育培训，开展各种评选和乡风评议活动。

在创新乡村公共文化活动、丰富群众精神文化生活方面，一些地方也探索了许多新颖别致、易于为农民接受的活动形式。例如，面对手机、电脑等在乡村的日益普及，山西省吉县启动了"一村一故事"的微电影拍摄活动，即全县79个行政村分别根据各村实际情况，选择不同题材和内容拍摄一部微电影。微电影的拍摄充分尊重群众的首创精神，以村里的好人好事、创业典型、发展轨迹、民俗民情为原型，以情景剧、小话剧等多种形式表现，深入挖掘农村群众生活中的真、善、美，以"群众拍群众、群众演群众、群众看群众、群众学群众"的小成本、接地气的方式积极培育和弘扬社会主义核心价值观。拍摄好的微电影在县电视台开设专门时段播放，并在网站、微信上广泛传播，得到了社会的广泛好评。这样的乡村文化活动形式不仅得到当地群众的积极参与和热烈欢迎，成为乡村群众文化生活的靓丽风景，更产生了广泛的社会影响力，成为探索传播县域文明和乡土文化的有益尝试。由此可以看出，乡村公共文化的繁荣已经不仅是简单的设施建设与活动堆叠，而且是要围绕乡村发展的新情况与新形势，了解群众的真实文化需求，建立自下而上的需求导向机制，盘活利用各类公共文化服务设施，开展群众喜闻乐见、贴近乡村现实的文化活动。

（三）重视繁荣乡村优秀传统文化

长期以来，全国许多地方的新农村建设存在着比较严重的误区，即对新旧文化、先进地域文化、城市文化和现代文化的单一认识。这种观念直接导致了对农村优秀传统文化的忽视甚至破坏，历史文化遗址和民居建筑遭到一定破坏，传统民俗技艺失传，农村传统文化走向衰落和边缘化，使几千年来农村社会经济发展的文化基础产生了动摇。乡村文明建设必须根据自身实际，逐步扭转这一局面，通过承载人类文化之美，强调村民文化，大力弘扬优秀民俗文化，建设美丽乡村，让人们望得见青山、看得见绿水、记得住乡愁。

例如，江西省围绕现有的文化乡镇和传统文化村落，集体建设了农村历史博物馆，并将其打造成人文历史宣传阵地、文化传承基地和民俗展示场所。村史馆由市、县两级财政出资，利用现有祠堂、文化活动中心等场所进行建设，在村民、干部中查找资料、寻找历史和族谱，在建设过程中收集了大量的历史文化典籍和各种资料。相关人员还通过收藏过去村里的生活用品、农具实物，收藏当地的风俗民情、古树、古院落、古祠堂和保护非遗文物、村容村貌，最大限度地保存村落、历史文化、风俗民情、自然遗产的潜力。村史馆的建设深入挖掘了江西乡村的红色历史文化，将基层乡村定位为爱党、爱国、爱社会主义教育的重要场所。同时，注重将村史馆建设、培育民俗特色文化、发展乡村文化旅游、促进乡风文明等结合起来，发挥村史馆振兴的应用价值和社会效益。通过村史馆等农村文化建设，为发掘、保护和传承传统民俗文化做出了贡献，为当地人传承历史谱系、唤起田园乡愁提供了重要途径。

此外，浙江省的圣贤文化建设在全国也是独一无二的。例如，十多年来，民间组织绍兴市上虞区乡贤研究会研究和积累了大量宝贵的地方文化和历史资料，抢救濒危文化遗产，联系和拜访乡贤，开展各种教育活动，培养学生对家乡的热爱。同时，村民学习小组的活动调动了村民的文化积极性，唤醒了人们的文化意识，吸引了许多村民返乡参与农村建设，引导和促进新村民积极参与农村治理。又如，卓县利用村民资源编纂《店口志》，建立村民会馆和名人馆，保护村民文物，编写古圣先贤传记，成立桐乡会馆，建立 1 000 名知名村民数据库和"乡贤宣讲团"，并创办了村民杂志，积极培育村民的现代文化，从而形成了爱家爱乡、守望相助、诚信敬业、平等包容的文化，使许多村民主动参与农村治理。

在城市化进程加速发展的今天，以村民文化为主导的农村优秀传统文化有着不容忽视的价值。优秀传统文化是农村经济社会发展新的增长点，是乡风文明建设的重要组成部分，是建设社会主义新农村的"软实力"。保护和挖掘农村优秀传统文化，必须把继承和创新结合起来，符合农村社会的基本规律和特点，依靠广大农民群众的智慧和力量来进行。

（四）发挥农民在乡村德治中的主体作用

只有调动群众的积极性，充分发挥社会组织、民间社团和市场机制的力量，让广大农民广泛参与到建设美丽乡村的实际工作中来，乡村文明才能真正得到体现，才能真正持久而有活力。比如，一些地区在培育乡村文明建设的多元主体方面进行了新的尝试，其中探索"相信群众、依靠群众、培养群众"的经验和做法尤其值得关注。上海嘉定区徐行镇全面实施了"邻里守望客堂汇"项目，在充分发挥村民在农村治理中的积极性方面取得了显著成效。该项目依托农村大厅的民俗资源，具有联通民意、联通民俗、联通民心、联通民生四大功能。客堂汇的负责人都是有想法、有能力，并且在村里有一定威望的热心人。客堂汇负责人的热情和责任感，使客堂汇发挥了邻里守望、互帮互助的重要作用。客堂汇的另一个主要特点就是它依靠村民自愿组成的志愿者队伍来推动志愿者活动的正常化和制度化。该项目旨在促进村民的自治，注重培养村民的自主性，营造邻里之间互助、协商、互享的文化氛围，这一点很难通过外部组织的直接干预来实现。

此外，湖南省长沙市的农村环境自治模式改革，也是对村民自治的又一次探索和尝试。在培育环保理念、构建环保监管体系、调整农业产业布局、推广绿色环保技术、生活垃圾和污水处理的新型建设方式、构建农村环保投入机制等方面进行了积极探索，逐步将"政府主导、部门组织、村民自治"作为农村环境的特点，形成了农村环境综合整治的"长沙模式"。例如，成立环保促进会，建立环保自治听证制度，这是解决大型污染企业始终处于村民监督之下、单方面推进污染治理难题的有力途径。又如，成立环保合作社，按照"家庭收集、分类处理、村民自治、政府补贴、合作经营"的模式，对生活垃圾进行分类处理，并以补贴的方式激发村民自愿分类回收垃圾的积极性。

农民群众的积极参与是持续推进农村德治的坚实基础。只有充分尊重农民群众的主导作用和创造精神，保障农民群众的参与热情，强调群众的成功经验，才能把乡风文明落到实处。

（五）营造乡村文明的外部环境

农村治理是一个涉及整个社会的系统工程。在农村发展相对滞后的地方，以城市带动农村发展，发挥城乡优势互补，开展城乡共建，应成为农村治理的重要机制，成为改变当前城乡发展不平衡、加快改善农村面貌的重要手段，发展城乡共建是改变当前城乡发展不平衡、加快农村民生改善的重要机制。但在具体实践中，这种基本机制往往局限于从城市到乡村的分散的、短期的、单级的、非制度化的救助，有针对性的、有指导性的、多元化的、制度化的城乡文明协调建设格局还没有构建。

为充分发挥城市对农村的辐射带动作用，促进乡风文明，2005 年以来，浙江省积极动员社会力量参与新农村建设，开展了以万个文明单位和万个行政村为内容的"双万结对共建文明"活动，农村的整体面貌发生了明显变化。"双万结对共建文明"单位将充分发挥资源优势，重点帮助结对乡村实现"六个有"，即有一个强有力的村级领导班子、有一系列提高农民素质的长效机制、有一个能基本满足村民需求的图书阅览室、有一个基本满足农村文化生活需要的文体活动场所、有一支村级文体骨干队伍、有一系列管理有序的组织制度。针对农民在文化、知识和技能方面的实际需求，结对单位将组织技能培训，主要是对科学常识、农业技术实践和职业技术实践等方面的培训。同时，把培育乡村文明新风作为双联建设的重要内容，组织参与"国风评议"主题活动，围绕移风易俗，帮助双联行政村评议村内大字报等不良风气，并将国风评议结果修改为文明守则和村规民约。活动在实施重点、方法、组织指导、资金投入、评估监督、宣传教育等方面形成了较为完整的体系。村庄道德治理取得了很大进展，许多行政村如期实现了文明村的创建目标，许多文明单位提高了自身的创建水平，产生了良好的社会效应。

此外，江苏省深入开展了"帮发展经济、促兴业富民，帮改善环境、促村容整洁，帮培训农民、促素质提高，帮繁荣文化、促成果共享，帮依法治村、促社会和谐，帮深化创建、促乡风文明"的城乡结对共建活动。南京、张家港、无锡、苏州等乡村文明建设工作也颇具成效，如张家港城乡一体文明建设的经验就走在全国前列。张家港市十几年前就是全国文明城市的典型，2005年全面小康达标后就把重点放在加快乡村文明与城市文明的互动对接上，结合经济社会总体进入"以工促农，以城带乡"发展阶段的实际，坚持"以城市的标准建农村，以市民的理念育农民"，用统筹城乡的思路和办法推进乡村文明，推动城乡文明的联动与对接，形成张家港城乡一体文明的鲜明特色。

由此可见，乡村文明风尚的推进必须按照健全城乡发展一体化体制的机制要求，从中观、宏观视角制度化地统筹以城带乡、城乡共建的内容、形式与方法，全方位发挥城市在资源、人才、技术、信息、服务等方面的优势，在更高层次、更广领域谋求乡村文明建设的长远发展。

推进乡村文明建设，按照完善城乡发展一体化体制机制的要求，从中观和宏观上将城乡、城乡共建的内容、形式和方法制度化，充分发挥城市的资源、人才、技术、信息和服务优势，使乡村文明建设在更先进、更广泛的领域寻求长期发展。

在漫长的中国历史中，学校教育长期与乡村德治发生着千丝万缕的联系，传统的乡村教育深度遵循乡村社会的运转逻辑，这种天然的紧密关系使得乡村学校与村落社会共同构筑为某种文化共同体，相互滋养、相互依存。但在城乡二元的发展模式下，乡村学校在乡村德治体系中的地位并未得到足够重视，其重要作用也未得到有效发挥。与此同时，乡村学校本身亦面临着传统与现代文化的激烈冲突，在时代的裹挟下充满迷茫与困惑。

第四章　乡村振兴战略背景下的农村社会环境治理路径研究

第一节　乡村振兴战略背景下发展村民自治

一、乡村振兴战略引领村民自治的意义

（一）乡村振兴战略是当前村民自治全方位发展的强大动力

我国的村民自治制度在实际工作中经过了长期的发展，在这么多年的基层实践和探索发展的过程中，其制度在经过实际的反馈后逐渐得到了发展和完善。我国正处于一个重要的发展时期，农村地区需要全新的发展方式，这种发展方式就是在制度不断完善的过程中，能够结合遇到的实际情况进行有针对性的修改和完善，回应实际。乡村振兴战略是党中央做出的一项重要战略部署，事关乡村发展的前途与未来发展方向，是乡村发展的纲领性文件。同时，村民自治是乡村振兴中的重要部分，它需要纲领性文件的推动，而乡村振兴战略就是这一强大的推动力量，这一纲领性文件会促使村民自治制度不断适应在新时代出现的各种新情况，在这个过程中村民自治制度不断得到完善，村治内容也更加全面和更加具有时代性，农村社会也会逐渐得到全方位发展。农村社会亟须解决这些村民自治过程中出现的复杂问题，而乡村振兴战略是解决村民自治中复杂问题的强大动力。党的十八大以来，在党的坚强领导下，各方面工作都取得了长足的进步，尤其是习近平总书记曾长期在农村工作生活的经历，让他对"三农"工作尤其关心。脱贫攻坚工作主要是解决农村地区的贫困。就实际情况而言，近年来全国粮食的生产能力不断提高，农民的收入连年增加，农村地区的

基础设施以及各项民生事业均有较大改观，尤其农村地区的脱贫攻坚工作取得了显著进展，一直以来较为忽视的农村地区的生态文明建设也得到重视，让获得感从农民心里油然而生，农村发生了巨大变化，取得了前所未有的成就，为社会的进步和国家的良好发展局面做出了重要贡献，这也将会进一步推动乡村振兴战略发挥长久作用①。

（二）乡村振兴战略是解决当前村治问题的有效途径

当前村民自治在实施过程当中出现了一些新问题，解决这些问题的关键就在于村民自治自身制度的不断完善，更为关键的一点就是乡村振兴的有效实施。相关的制度建设不是一朝一夕的事情，需要有较长周期的完善，但是村民自治出现的问题较为棘手，需要尽快解决，乡村振兴战略的实施可以最大限度地解决在相关法律制度完善之前村民自治的各种问题。乡村振兴战略是促进乡村持续发展的整体政策指导，它包含的内容非常广阔，其中包括对于农村基层组织建设等各方面的措施。《乡村振兴战略规划（2018—2022 年）》（以下简称《规划》）第八篇"健全现代乡村治理体系"中，第二十六章"促进自治法治德治有机结合"的第一节讲述了深化村民自治实践。其中提到，农村群众性自治组织的组织建设是非常关键的要素，一定要加强。面对村民自治中出现的问题，要完善相关的制度，规范村民自治的程序，充分利用农村的各种村民会议和议事会议等形式形成多层次的协商格局。同时在符合相关法律程序的基础上大胆创新，建立新的议事形式，确保村民的知情权和决策权得到落实。对于当前基层矛盾中的重要源头之一的村务不公开的问题，要完善制度建设和相关组织建设，建立村务监督委员会，将监督落实，确保村务公开，村民能够有知情权和监督权，也能够在一定程度上减少基层村民自治中出现的种种因村务不公开形成的难以化解的矛盾，村务公开需要有制度保障作为坚强的后盾，尤其在实际的运行过程中要想办法加大监督检查的力度。

乡村振兴战略对现有的村民自治进行了完善和补充，但不是仅限于此，它在实施过程中还有推进村级治理进度的作用。其中提到，要持续开展以村民小组或者自然村为基本单元的村民自治试点工作，当前存在的村一级建制是为了便于实际的管理而形成的行政村，但是自然村或者村民小组的发展历史更久，联系也更加紧密，相对而言推进村民自治的阻力较

---

① 费孝通. 乡土中国生育制度 [M]. 北京：北京大学出版社，1998：8-13.

小，这是为了适应当前村民自治中实际存在的问题，同时也是一种创新和改进，是对实践的总结和探索。要发挥村规乡约在乡村中的道德约束作用，不断改进和完善现有的村规乡约，能够促进乡村的乡风文明进一步提高。村民委员会是基层的自治组织，但就实际情况而言，还存在村干部受教育水平、思想道德水平普遍较低的一些情况，导致基层腐败的产生和蔓延。《规划》中特别提到要加强基层纪委监委对村民委员会的联系和指导，治理当前存在的基层腐败，形成村级治理中风清气正的良好氛围。

（三）乡村振兴战略是领导未来村民自治发展方向的战略导航

乡村振兴战略在2020年取得重要进展，这是乡村振兴战略发展过程中的重要节点。在2020年，乡村振兴战略的制度要搭建好，体系要完善，政策要加强。根据《规划》，2035年乡村振兴战略要在实际工作中取得决定性进展，基本实现农业农村的发展要求，加快推进农业农村现代化进程，2050年全面乡村振兴要能够见到成效。实施乡村振兴战略，是党中央根据乡村发展的阶段情况，结合新时代乡村发展要求，站在党和国家事业发展的角度，更是站在广大人民群众的角度，顺应时代要求，顺应农民群众对美好生活的追求向往，对"三农"工作做出符合实际发展的重要决策和部署，是当前全面建成小康社会进入关键时期，全面建设社会主义现代化国家重大的历史要求。乡村振兴战略是在解决"三农"问题的重大方略，这是党中央根据实际情况做出的决定，是我们党的"三农"工作成功在新时期的实践的继承和发展。《规划》对实施乡村振兴战略做出阶段性谋划，细化实化工作重点和政策措施，是指导各地区各部门分类有序推进乡村振兴的总则和细则，全党要准确把握农村工作新的历史方位，领会落实好党中央决策部署，要把农业农村优先发展作为农业农村现代化建设的一项重大原则，把乡振兴作为实现中华民族伟大复兴的一个重大历史任务，让乡村振兴成为全党全社会全体民众的共同行动，推动乡村振兴战略在实际发展过程中不断取得新成效。

（四）乡村振兴战略是实现农村地区巩固拓展脱贫攻坚成果的有效举措

打赢脱贫攻坚战是过去各级党委政府工作的重中之重。2020年年底，我国迎来了脱贫攻坚战的全面胜利，也迎来了乡村振兴新的发展阶段，在此阶段如何巩固、拓展脱贫攻坚成果，消除再度返贫风险已成为社会各界关注的问题。2021年3月，《中共中央 国务院关于实现巩固拓展脱贫攻坚成果同乡村振兴有效衔接的意见》中，进一步强调了加强五年过渡期内已脱贫的地区在领导机制、体制，总体发展规划，工作举措实施，考核政策制定等方面有效衔接；同时，中央农村工作领导小组、西部各省市县也发布了两者衔接的实施意见，这充分表明巩固拓展脱贫攻坚成果同乡村振兴的有机衔接进入部署落实阶段。"十四五"期间，我国农村发展的重点任务是实现巩固拓展脱贫攻坚成果的巩固同乡村振兴战略有效衔接。要完成这一目标任务，必须将防止再度返贫、稳定脱贫作为各项政策的出发点和落脚点。现阶段，巩固和拓展脱贫攻坚成果与乡村振兴战略有效衔接，具有十分重要的意义。据统计，在全国范围内，部分农村地区相对贫困问题仍然存在，有些问题还没有得以根本解决，需要进一步巩固拓展脱贫攻坚的成果，有力发挥乡村振兴战略助推农村地区脱贫攻坚成果的积极作用。

乡村振兴战略中明确提出，脱贫不脱政策、脱贫不脱责任、脱贫不脱帮扶、脱贫不脱监管。具体来说，建立健全防返贫监测预警和帮扶机制等，及时化解生活生产风险，确保稳定脱贫不返贫。激发已脱贫人口内生动力、开展扶贫与扶志、扶智行动，建立健全返贫风险防控长效机制，做好产业规划布局，尤其是通过产业扶贫来巩固拓展脱贫攻坚成果等相关措施。通过提升扶贫产业现代化水平获取产业竞争优势，发挥特色资源和制度优势，推进产业结构优化升级；打造地区特色产业，提升脱贫致富的持久力，切实巩固拓展脱贫攻坚成果，获得持续性发展，变外部"输血"为自身"造血"；对已脱贫的地区要进行实地深入考察，结合当地特色资源和产业现状，选择适合本地区的特色产业，避免产业同质化。乡村振兴战略中对基层党组织和基层政权的建设也对巩固拓展农村地区脱贫攻坚成果起到积极的领导作用。在党和政府的领导下，将发展农业产业促进农业现代化作为农村地区的重点工作，加快农业结构调整，发挥科技在农业发展中的重要作用，实现"互联网+"现代农业，提高农作物的产量和质量，利用先进的网络技术，进行农产品的网上销售等，牢固树立品牌意识，实现农业的现代化，不断提升农民使用先进科技的频率，助推农村发展，稳定致富。结合当地的特色农产品等，延长农产品的加工链条，增加深度转化，提高附加值，发展农业特色旅游，等等。这些措施都能够有效地巩固脱贫攻坚取得的成果，而不致返贫。

当前，对于已脱贫地区来说，迫切需要把防止再度返贫问题放在首要位置，在积极开展扶贫与扶志与扶智行动，建立健全返贫风险防控长效机制，创新产业规划布局等有效措施及时防范和化解再度返贫、致贫风险的同时，更要做好巩固拓展脱贫成果与乡村振兴战略的有效衔接，持续推进返贫困治理工作向纵深发展，通过乡村振兴战略的实施确保脱贫攻坚成果牢固和坚实。现阶段，党和政府最关心的依然是相对贫困和已脱贫的广大农民，这是从人民的最根本最实际利益的角度出发。实施乡村振兴战略，有效巩固拓展脱贫攻坚取得的成果是一项艰巨的工程，各个地方基层要与政府二者保持合理科学的衔接，尤其是在公共服务和惠民工程的落实方面，这是一个相互促进、相互衔接的过程，如果只由政府去开展农村的工作，那么村民自治意义就不存在，所以在党的领导下各地农村必须要根据不同的情况来进行真正意义上的村民自治，加快实施乡村振兴战略，实现人民群众对美好生活的追求向往。

（五）乡村振兴战略有力地推动了我国农村地区的现代化进程

我们要实现的现代化是全面的现代化，即包括领域的全面现代化，人口的全面现代化以及区域的全面现代化，只有实现了农村地区的现代化，我国才能称为全面现代化的国家。乡村振兴战略是实现农村现代化的发展战略，是我们党进行"三农"工作的相关方针政策的延续和创新的体现，是"两个一百年"奋斗目标要实现的题中应有之义，是实现农村发展农业变强农民致富的重要方式。进入新时代以来，我国社会主要矛盾随着社会的发展发生了新的变化，尤其在广大的农村地区，这种矛盾也存在。在全面建成小康社会的过程中，最关键的点就是在农村，农村发展过程中存在的问题较多，任务较重，但是也就意味着农村地区的发展更有效果、更容易实现目标，因此必须实现乡村振兴战略，推动村民自治进程发展，才能进一步实现农村地区的全面小康和现代化发展。

二、村民自治中的问题及成因

乡村振兴战略的提出，是当前和今后一段时间内乡村发展的主要遵循。笔者通过对陕西省J村的考察，以J村在乡村振兴战略的实施过程中存在的一些问题和不足为例，结合当前村民自治的实际情况，对村民自治过程中出现的问题及原因进行了剖析。村民自治过程中出现的一系列问题，其形成是复杂的，包括农村地区经济薄弱、相关法律法规缺失、治理体系不完善以及村民政治参与程度不够等因素。正因为此，在乡村振兴战略这一新的农村发展背景之下研究村民自治，用新的研究视角和方法，对村民自治有着一定的价值。

（一）陕西省 J 村的村民自治概况

为了更加真实准确地了解研究对象 J 村，笔者进行了实地考察、访谈以及问卷调查，由于自身实际条件有限，调查和访谈的样本数量还不够多，典型性可能不够明显。但是，通过对陕西省 J 村进行实地考察、问卷调查和访谈，以及对邻近几个村的村民进行访谈得出来的结论，对本书的研究能够起到一定的积极作用。J 村作为陕西农村地区的一个缩影，可以反映出来一些真实的具有时代特征的村治问题①。

1. 陕西省 J 村基本概况

陕西省 J 村位于某县城西面的城镇郊区，距离县城 3 千米，向南靠近黄河河畔，向北环山，具备依山傍水的自然居住条件。占地面积 3 平方千米，其建设用地约 380 亩，国有土地 30 亩，耕地类型主要分为水地和山地，耕地土壤较为肥沃，农作物主要有土豆、玉米、豆类等；主要水果作物是红枣，基本可以满足农村生活的日常需求。

J 村是一个隶属于乡镇的较大的行政村，包括三个小的自然村，分别是一村、二村、三村，按照村民习惯称之为一队、二队、三队。其中，二队由两个自然村组成。一村 152 户、454 人，二村 78 户、233 人，三村 76户、243 人，共计 306 户、930 人，60 岁以上人口 130 人，占 J 村总人口的 14.0%，未成年人 239 人，占 J 村总人口的 25.7%。男女性别的人数和常年外出打工的人数在村委会的资料中并没有记录。一村的人口相比较于二村、三村的人口较多，经济实力普遍较好一些；三村较为拔尖的政治精英和经济精英比前两者要多，但普通村民占绝大多数。在 2005 年之前，村民们主要以务农为主，外出打工的人屈指可数，村民的收入偏低，但是整体的乡村风貌较为和谐。2005 年之后，由于其优越的地理位置，村集体开始对农村集体土地进行开发。现在村子里部分土地已经用作商业（商业门面出租以及住宅小区等为主），但是村民们并没有因为土地开发而得到足够的土地补偿款来保持较高的农村生活水平，反倒因为相关的土地补偿款费用不够并且分配不均引起众多矛盾和纠纷。现在村民基本上都不务农，有一小部分村民的固定生活收入来源并不是很充分。但是关于村里集体土地开发的具体情况只有较为年长的人才知道，村里的年轻人根本无从知晓，村里的宣传栏也不公开村里土地开发的相关情况。

---

① 李翔，宗祖盼. 数字文化产业：一种乡村经济振兴的产业模式与路径 [J]. 深圳大学学报：人文社会科学版，2020 (2)：74-81.

与此同时，关于村民选举和投票方面，根据"一事一议"的村民自治的民主原则，在面临重大事件决策的时候必须要召开村民大会进行投票。可是 J 村年轻人基本不参与村里的投票活动，这不仅是因为年轻人的积极性不高，还因为村里的相关干部根本不会把年轻人的想法和意见当回事，即便是年长的村民进行投票，投票的结果也和预设的如出一辙。在与本村部分村民的访谈中得知，"投票就是个形式，谁当或者不当都是提前说好的，村里谁家势力大就得选谁""不愿意去投票，投不投结果都一样""有的时候村民大会上就直接开始谩骂和厮打了"。通过访谈得知，投票和选举基本上当选的人都是家族人数较多，或者在村里有威望，或者在当地社会上有地位的人。关于重大事件的真正决定权也不在村民手中，村干部会想方设法让事情的进度按照他们的规划步骤发展。

2. 实地考察

实地考察主要针对村里的公共基础设施方面，村里公共基础设施落后，并没有路灯设备，对于村民夜里出行很不方便；没有污水排放的专用管道，村民的生活污水只能随便排放，不仅污染空气，也导致路面泥泞不堪；村里没有公共厕所，没有相应的休闲娱乐和体育健身的基础设施，村民日常的休闲娱乐主要是集中于村口闲谈和打牌。村子的路基几乎没有道路硬化，每到雨雪天气，村民步行都是问题；村子绿化面积不够，很少有科学合理的绿植种植；村里众多的流浪狗也是村庄公共安全的一个隐患。

3. 问卷调查

（1）问卷和访谈内容的构思。

本书以陕西省 J 村作为研究对象，为了更加真实地反映出一些村子现实生活中存在的问题，笔者在 J 村找了 50 名村民作为问卷调查对象和 20 名村民作为访谈对象。问卷调查和访谈都以匿名的形式开展，一方面是为了保护村民的隐私，另一方面是考虑到一些不识字和学历水平较低的村民能够较好地进行配合。首先，问卷内容分为三个部分，主要以选择题和问答题呈现。访谈和问卷涉及的主要问题有：我国的现任国家主席是谁、国家的最高权力机关是什么、J 村的村长和村党支部书记是谁、是否了解村民民主选举权利、是否知道民主监督和民主管理的程序和内容、是否参与 J 村村务管理、通过怎样的途径合法维权，以及村民对 J 村如今的利益表达等。

（2）对问卷调查和访谈结果的整理。

在实际进行问卷调查的时候发现，J 村村民整体上对于问卷调查工作不是很支持，经过询问得知村民们主要是他们担心填写一些真实的内容会惹祸上身；还有部分村民是完全对这种调查访问的事情不热心，或者村民承认自己没有足够的文化水平去完成问卷。针对三个自然村的人口分布，本打算完成 100 份的调查问卷，但是实际操作起来并没有那么简单，只完成了 50 份问卷。问卷基本上平均分配给了三个自然村的村民，分别是一村 19 份、二村 14 份、三村 17 份，所占比例分别为 38%、28%、34%。问卷调查对象的男女性别比例不悬殊，分别为 21 名女性村民、29 名男性村民，所占比例分别为 42%、58%。其中村干部两名、普通村民 48 名，所占比例分别为 4%、96%。其中，大学生 12 名、具有小学学历的村民 31 名、具有高中学历的村民 7 名，所占比例分别为 24%、62%、14%。问卷结果显示，在选择题的答案中，50 个村民全部明确知道我国的现任国家主席；26 人知道全国人民代表大会是我国最高的国家权力机关；34 人知道村长和村党支部书记的名字；只有 10 个人知道村委会成立的具体时间；48 人知道自己拥有民主选举权利；18 人知道和了解一点关于民主监督和管理的程序；29 人认为参与村务大会是为了本村的发展；19 人偶尔参与村务大会，22 人从不参与，9 人经常参与；33 位村民倾向于向乡政府等有关部门反映问题，只有 14 人倾向于向村干部反映问题，3 人表示并不知道。在简答题的答案中，23 人认为 J 村最应该做的事情是发展本村经济，9 人认为应该完善村里的基础设施，3 人认为应保障村民民主权利，4 人认为必须保障村民的土地权益，11 人对本村长远发展没有明确的自我规划。综上，经过对这些问卷的整理得出以下 4 点关于 J 村村民自治情况的结论：①村民整体对国家的基层民主制度的设计和村民自治的相关内容尚不了解；②村民对于选举出真正好的村干部有很高的期待，针对本村现状，村民更希望从实际生活出发完善村里的公共基础设施建设，提高集体经济的发展水平，从而提高自身的生活水平；③针对本村的集体住房问题，村民希望能够早日得到解决；④有见识和有较高知识水平的村民更希望完成村里的土地确权工作以及将村民的民主选举权真正落到实处。

与问卷调查工作相比，面对面访谈就较为顺利，为更多地获取关于 J 村的实际村治情况，访谈对象不与问卷调查对象重合，访谈主要针对不愿意填写问卷或者不方便填写问卷以及不识字的村民。首先，是与村干部、村民的对话，按照正常的访谈程序应该是与村支书就村里的现状进行交流，但 J 村的村支书有自己的公司要运营，一个星期只有一天时间甚至几乎不在村委会上班，所以本次访谈未能见到他。其次，是与村长的对话，J 村的村长是一个年近 60 岁，具有小学学历的人。在与村长的对话中得知，J 村村委会的发展历程，基本跟国家当时对于农村地区的政策安排一致，没有大的出入。现今 J 村作为一个整体的行政村主要是听从新区管委会的领导，这是一个和镇政府处于平级的管理部门；村党支部一共有 38 名党员，其中 6 名为女性党员，基本上每年会发展 1 名党员；村长今年对村民最大的贡献是将集体高层住宅楼平均分配给了村民，使得闲置了近 10 年的住宅楼终于迎来了村民的搬迁；当问到关于村里未来的发展规划时，村长显然没有办法回答，这也在一定程度上体现出村长由于个人因素对于 J 村的长远发展并没有很上心。最后通过与村民的对话得知，J 村村民的学历水平普遍不高，小部分村民具有一些生产手艺，收入水平中等偏低。其实对于村子的发展，村民还是希望能够具体落实到切身利益和日常生活中，尤其是关于集体土地和集体住房的确权和分配问题，以及村里的基础设施建设等；村民一方面对村干部感到不满意，另一方面对自己无力改变村里的现状而感到失落。但这与前不久的一次关于村民对村干部满意度的调查结果不符，当时有与会村民 32 名，村干部 5 名，乡镇干部 3 名，调查结果满意度高达 80%，调查结果为合格。

最后，笔者也询问了相邻的几个村子的大概情况。G 村位于 J 村的东边，也靠近城镇建设区，村里也是将集体土地开发，在村干部领导下，不仅土地补偿款数额巨大，村民们在分得资金后，生活水平有了明显的提高，而且村里的基础设施建设得到了很好的改善。由于 G 村村民的生活水平整体偏高，村里的精英派系众多，所以在重大利益协商的过程中没有出现特别明显的偏差，并且村子的整体发展较为和谐，在整个县城都很有名气。N 村和 Y 村位于 J 村的西边，且两者相邻，它们是地理位置上很不占优势的村子，距离县城较远，农民也是以务农为主，生活并不富裕。但因为变卖村里的集体土地获得了巨额土地分配款，而且还统一给村民修建起了小别墅，所以村民的生活面貌整体上来讲发生了明显的变化。

同时，笔者也和其他村的村民进行了简短的交流，从交流中得知，在乡村振兴的大背景下，部分惠农政策得到了具体落实，如农村的"厕所革命"在一些农村地区起到了很好的作用，村民对此很满意；村干部自从有了正式的工资薪酬，也愿意给村民办事了，对事情也开始负责了；村民除了务农时节外，也都处于悠闲状态，村里的发展相对比较和谐。

（二）J村村民自治中存在的问题

现代化转型过程中的村民自治似乎进入了瓶颈期，村民自治的形式不够灵活多样、适应性不强，村民自身的自治能力达不到与村民自治制度所要求的理想状态相匹配的水平，在这种情况下，村民自治就很难取得很好的自治效果。进一步讲，村民自治的水平在很大程度上会影响农村地区的社会秩序稳定，所以，我们必须客观正确地了解村民自治的问题所在才能顺利推进我国基层社会民主政治的发展和进步。

1. 农村集体经济产业发展受到局限

J村的集体经济产业主要集中于将集体土地和集体商业店铺门面租赁给开发商，包括外来开发商和本村开发商。通过签订商业合同的形式得到一定数额的集体收入，然后定期按照村民人口数量进行分红。分红的数额并不高，不能作为足够维持日常生活的开支，除此之外也没有其他的集体经济产业。根据J村现在的发展情况，村民很少进行农地耕作。一方面，因为村集体将部分土地进行了变相的商业性开发，所剩的土地面积并不能满足每家每户的农业生产；另一方面，从古至今延续下来的农耕精神和农作习惯形成的小农经济的生活思维和耕作生产模式在大部分农民心里已经根深蒂固，自给自足成为农民进行农地耕作的最终生产目标，所以村民并不相互合作形成产业规模，也没有很强的意愿去发展集体经济。此外，J村人口的大量流失和空心化现象还在持续，使得农村本身的劳动力人口和从事农业生产的农户数量不够，从而影响了农村产业的发展。

2. 村民自治法治化意识偏低

从J村的实际情况来看，一是村干部应该是向村民宣传党和国家大政方针、政策路线的主力，但是由于村干部自身文化知识水平有限，并不能很好地向村民传达关于村民自治的相关法律法规和会议精神等。二是大部分村民对于国家法律法规、政策制定等方面不够了解，自身的法律意识薄弱，对于如何行使民主权利的合法途径和具体程序并不清楚，村民最倾向于维权的政府部门是当地的基层政府，而且村民对村务进行监督的内容和程序也缺乏相应的了解。三是村民委员会并不经常组织正规的村民自治的民主活动，如村民大会以及村务监督会议等，导致村民越来越漠视自己手中的民主权利，而且村委会缺少严格的规章制度，没有赏罚分明的日常运作机制，导致村干部产生可作为可不作为的惯性心理。

3. 村级党建工作不够完善

J村党支部并不经常定期举行党员大会或者党小组会议，没有及时领会党的各种会议精神，也没有及时给村民宣传党的相关文件内容。同时，J村发展党员的程序相对混乱，没有按照正确的入党规定进行，而是流于形式。村里的年轻党员占党员总数比例很小，缺少组织活力。总之，村党支部并没有对村民自治起到很好的领导作用，没有激发村民在具体实践中的自主性、积极性。再加上J村党支部书记自身的事业繁忙没有足够的精力去顾及村务管理，导致其对村庄业务十分不熟悉，村民很少能见到支部书记本人，也没有干部到村民家里去了解民情民意，对村里的一些基本的公共需求置之不理，没有服务群众的意识和行动，脱离了群众，造成两者之间的相互不信任和疏离。因此，J村党支部并没有足够的公信力和良好的形象。

4. 村庄发展的现代化水平低

农村地区的现代化水平低，最突出、最具体的表现在农村的经济发展水平、医疗卫生、教育水平、社会保障等方面。具体来说，J村缺少集体经济产业的支撑，没有长久的集体收入作为发展本村的基本条件。缺少科学和专业的经济发展规划，本应该起到领导作用的党支部和村委会并没有发挥应有的引领作用；J村拥有两所卫生所，但是缺少高水平的医生和比较高端医疗设备，村民看病还是倾向于去县城和市里的医院。村里有一所小学，但由于教学水平和教学硬件的竞争力不强而处于没落的状态。村里缺少休闲健身娱乐的基础设施，听村民讲，村里的基础设施（健身器材）其实是有的，但从未在村里安装过，即使有这样的现象存在村民也不去村委会过问。再者，村里的有较高知识水平和能力的村民并不关心村务，也没有精力参与村务的管理和监督，因为这样的人大多是年轻人，村干部并不重视这样的新鲜血液。而村干部的年龄大都在50岁以上，有的思想观念落后，并且没有开阔的眼界和足够的领导力，这就导致村子的发展方向偏航甚至错失发展良机。

（三）村民自治过程中存在的问题

任何形式的民主进程都要经历坎坷，没有一蹴而就的民主。民主在任何时代都是复杂的发展主题，村民自治作为基层民主的发展形式也不例外，村民自治在发展过程中也会出现各种各样的问题。我们虽然要关注问题，但找到问题出现的原因才是重点，所以找到村民自治中出现问题的真正原因是解决问题的关键。

1. 农村地区经济基础薄弱

第一，从土地制度层面来讲，我国进行土地改革，对关于土地制度的法律制定和多次修改的过程其实是将土地所有权性质从私有变为国有再变为农村集体所有的历程。土地是农村集体所有，这样的所有权性质会让农民产生"人人有份"的想法，因此为了公平起见，就必须按照以户为单位或者以人口为单位进行土地的平均分配，即便农村人口数量和结构都发生了变化，但出于稳定农村社会秩序的根本目的依然会实行带有强烈公平性质土地政策。特别是《中华人民共和国农村土地承包法》（以下简称《农村土地承包法》）正式实行后，越来越多的农民开始认可和接受"增人不增地，减人不减地"政策，并且一直按照这个基本原则平均分配土地。这样就必然会使土地耕种面积分散，农民经营的土地规模变小，生产效益低下，不利于农业集中规模生产和集约化经营，农业生产的效率和产量都受到很大的影响。总之，这虽是为了稳定农村土地承包关系，但也体现出农村集体的人口数量、结构发生变化与产生调整土地需求之间的矛盾，更是农村经济发展效率与农村社会秩序稳定两者之间的张力关系。

第二，从农村分布的地理位置来讲，我国地大物博，农村的数量众多，占我国总人口的绝大多数，我国东部、西部、南部、北部以及中部的农村很大程度上因为地理位置不同而产生地域性差异。所以，在不同农作物生产、交通物流运输、农业生产能力水平、农产品种类等方面会对农村集体经济产业产生很大的影响。地域不占优势的农村地区很难形成农村集体经济产业，再加上这些农村地区的科学技术水平不发达，尤其是农业生产技术水平不高，产量和质量不能同时兼备，这对于很多农产品的集约生产是一个难题。

2. 村民自治的相关法律法规不完善

法律法规的欠缺主要体现在村民自治的具体实践中。比如，召开村民代表大会、村干部选举、村里重大事项的决策、村务公开监督的具体操作办法和正规流程尚不完善，以及根据村里的传统形成一些文字性的乡规民约的欠缺，等等。这些相关的流程和制度没有得到相应的制定和完善，就会影响村民进行正常的村务管理和村务监督。

3. 农村地区现代化治理体系不完善

城乡二元体制的存在和由此产生的壁垒是导致我国农村地区长期落后的根本原因；基层地区建立健全制度管权管事管人的进度缓慢，缺少科学有效的决策、执行、监督的权力运行体系，缺少完备的权力制约和协调机制。因此，在没有形成完备的现代化法治体系和现代化治理体系的时候，农村的民主权利运行就会缺少硬性的法律制度约束，从而出现权力真空地带，产生村民的民主权利和利益遭到损害的现象。

4. 村民的政治参与程度不高

2013 年，民政部基层政权和社区建设司、中国社会科学院政治学研究所、中国社会科学院调查与数据信息中心联合进行的"中国社区建设与基层群众自治问卷调查"的结果显示，我国农村居民的村民自治参与度偏低，对村民自治的重视程度也偏低。这反映出，我国农村村民自治中的主体性缺失，村民对于政治参与的意识不够强烈，村民对于自己的主人翁意识较为薄弱，因此村民没有掌握实行村民自治的实质。人的意识对行为进行指导，只有当村民认识到自己才是村民自治的真正主体，才能更好地发挥村民自治的民主作用。

随着我国现代化进程的加快，虽然农村社会曾有的"熟人社会"和费孝通先生提出的"差序格局"所表达的乡村人情社会和等级观念有所淡化，但是从根本上完全消除较为落后陈旧的思想观念在短时期内是不可能的，农村的人口代际更替总会继承和发展乡村社会的思想烙印和人情关系。费孝通先生将传统的乡村社会称为乡土社会，这个社会中的最大特点就是有村民公认一致的规矩，即"地方性共识"，其中包含价值观念与具体行为规范，是村民行为依据的主要逻辑，这种行为逻辑被学者贺雪峰称为"乡土逻辑"。在这样的乡土逻辑指导下，村民在解决一些事情时只是凭借着约定俗成的习惯以及人情，从而很自然地忽视了法治程序和相关规定。这样的情况反映出的事实是农村地区在进行现代化建设和发展的同时，人们的受教育水平、思想文化水平、法治化思维并没有得到相应的提升。

三、乡村振兴战略对村民自治的要求

乡村振兴战略的提出就是为了解决当前农村发展过程中存在的种种问题。通过上文的实地考察和分析，结合乡村振兴战略的具体内容，本部分

提出具体的应对之策，在便于解决实际问题同时又具备可操作性。通过构建现代农业产业体系、生产体系等实现农村产业的快速发展和创新。要乡村振兴首先是要让农民拥有长期稳定的收入，对于 J 村亦是如此，发展经济成为其第一任务。

（一）必须坚持党的领导

办好农村的事情，关键在党。在我国，党领导一切，实现乡村振兴是党和国家的一个发展战略，是在农村地区实现全面建成小康社会的长久发展计划。农村党支部是党在农村地区引领农村发展起到重要作用的党组织，因此必须发挥农村党组织的作用，由党组织带领村民发展乡村。

1. 基层党组织对村民自治的领导

乡村振兴战略作为党和国家的重大决策部署，体现出对"三农"工作的重视，是党不忘初心，始终将人民群众的利益摆在首位的体现，因此全党将努力实现乡村振兴作为共同意志、共同行动，要引领好村民自治，各基层党组织也要时刻和党中央保持认识统一、步调一致，共同致力于振兴乡村。要真正早日实现 J 村的长远发展就必须坚持党的坚强领导，并发挥好村党支部的作用，才有可能见到长期成效。以党管农村工作领导体制机制和党内法规为领导村民自治的合法依托，也是为村党组织开展农村工作提供的坚强有力的政治保障，这是确保党组织在农村工作中始终处于坚强的①领导地位。

2. 加强农村地区基层党建工作

各级党委和政府要坚持工业、农业一起抓，城市、乡村一起抓，把农业农村优先发展原则体现到党的工作的方方面面。建立实施乡村振兴战略领导责任制，做到有权必有责，违权必追责，对于在村民自治中出现的贪污腐败现象要坚决遏制。基层党委农村工作部门的建设，包括党的具体农村工作职能部门和工作人员的设置必须严格按照《中国共产党工作机关条例（试行）》的规定进行，履行好农村工作的职能，保证对农村工作的决策、协调、指导的准确性和可实施性。根据省、市、县行政等级落实权力监督的工作机制，不仅要严格落实五级书记的责任，而且要拓宽村民的监督渠道和保障村民的监督权利。J 村作为当地县城较有名气的村子，可以将 J 村乡村振兴战略的实施进度和质量的考核作为对村党支部领导干部考

---

① 赵霞. 乡村文化的秩序转型与价值重建 [M]. 石家庄：河北人民出版社，2013：16-17.

核的标准之一，也可以作为当地县党政领导班子和政府领导干部的实绩、政绩的考核内容，并将考核结果作为对领导干部选拔任用的重要依据。这样才能使领导干部尤其是县及县级以下的领导干部增强对基层工作的责任意识和权力意识，加强各部门之间合作，凝聚基层党组织的力量，做好乡村振兴方面和村民自治的相关工作，做到真心真意为人民服务。

（二）坚持乡村振兴战略的总体要求

乡村振兴战略的总要求，即"产业兴旺、生态宜居、乡风文明、治理有效、生活富裕"，它是对我国农村地区整体发展的一个宏观指导和方向性规划。也就是说，农村地区的发展必须要在实际发展现状的基础上以乡村振兴战略的总要求为长远发展目标，因地制宜地找到适合本村产业的发展模式，壮大集体经济的实力，夯实村子的经济基础。在提高农村经济发展水平的前提下，才能更好地去保护生态环境，提升村子的文明水平，优化村子治理结构，最终实现村民生活水平的全面提升。

1. 因地制宜发展乡村经济产业

第一，提高农业生产能力。农村地区是我国现代化发展的"蓄水池"，是最安全的粮食保障区，党和政府始终强调要严守 18 亿亩耕地红线，将粮食播种面积稳定在 16.5 亿亩，确保永久基本农田保持在 15.46 亿亩以上，以此来确保国家整体粮食安全。但是随着人口的持续增加，人们对粮食的需求量也不断上涨，再加上城市化过程中建设面积不断扩大导致农村土地面积减少。这种情况下就必须通过提高农业方面的自主创新能力，提高农业科学技术水平的方式来提高粮食生产率从而进一步缓解城市、农村两者土地面积增减的矛盾。2019 年，全国"两会"提到，抓好农业，在推进乡村建设方面，要新增高标准农田 8 000 万亩以上，提高 6 000 万农村人口供水保障水平。

针对 J 村的实际耕地条件，根据国家的农业生产规定和惠农政策，可将闲置耕地合理利用，山地和水地相结合，以村集体共同经营的形式进行农业生产、销售，最后以村集体的共同收入在村民中间进行合理分配。或者考虑到一些农民不愿意将土地以集体名义进行经营，村委会也应鼓励这部分村民以农户为个体单位从事农业生产，减少耕地资源的浪费。

第二，充分挖掘农村特色产业。考虑到农村地域性差异，根据乡村分类的构想，以发展现状、区位条件、资源禀赋等为标准，将村庄进行分类，对于有着天然资源的村庄可以考虑发展和壮大最适合当地的优势产业，尤其是拥有特色农业产品的村庄。当地乡镇和本村村委会应该加大对新型农业经营主体的支持力度，严格把控产品质量和安全，促成规模化的流水线生产，增强区分产品的种类、包装和销售能力，突出农业产品的特色，提高农产品的品牌效益。例如，江苏省溧阳市将当地品牌"天目湖"打造成"金招牌"，形成品牌效应，以此为依托，形成了较为强大的农业生产经济链。

J村所在的县城有一种口感和味道都很独特的水果，既可以直接食用也可以制成果脯和饮品。其中，以果脯和饮品最受欢迎，两者的销量都很可观，尤其是在节日期间，此种饮品在当地处于供不应求的状态。但是由于生长环境的独特以及种植面积不足等原因，造成好品质的原料严重供应不足。J村拥有肥沃的水地和连片的山地，灌溉水源充足，劳动力充足，交通便利快捷，具备种植条件，因此可以以村集体的名义引进这样一个原料生产的商机，在村干部的带领下引领村民进行科学合理的生产，从而增加村民的收入。

第三，促进农村地区物流现代化。物流行业是商业性经营，首先考虑的是盈利，对较为偏远的农村或者利润较少的地方不予重视，这个时候就需要政府的支持和集体企业的帮助，设置物流收发点，搭建现代化运输平台，同时吸引各种网络销售的服务点进入农村，加强农村与电商的长期合作。举例来讲，湖南省新化县扩大特色农产品规模，拓宽销路，并将电商成功纳入销售领域。而J村的物流接收点集中在村民居住楼，只设置了接收快递的临时点并没有专门的收发点，而且有的物流并不提供配送的服务，村民接收快递很不方便。因此，乡镇政府和村委会应该帮助村民解决问题，以村集体名义和物流公司进行沟通设置收发点或者提供配送服务。

第四，促进农村生态产业化。根据农村地区的生态环境特点和优势，合理地将生态价值转变为可持续发展经济的价值。提供绿色生态产品和服务，打造绿色生态旅游风景区，运用现代化科技和管理手段提高农村休闲旅游的基础设施完备性以及场所安全性，同时鼓励农民积极发展农家乐、生态疗养院、特色民宿、山水小镇等经济旅游项目。此外，为保证经营者和消费者的合法权益，有关部门应该加大对此方面协调管理的力度和推进与执法相关的规章制度的制定工作。比如，四川省乐至县与四川省林科院合作启动了川中林业科技示范园建设，采用先进技术改进树种，为西南地区供应优质苗木，院县合作带来了诸多技术创新。如今，川中林业科技示范园已建成核心区面积1万亩，开发花卉种植产业和珍贵植物的种植，打造了优良的生态环境，并且以此为依托发展旅游业，实现旅游收入1.2亿元。

J村有一片集体山地，从山的顶端俯瞰可以看到整个县城的全貌，以及对面仅隔一条黄河的临县风景，山上植被葱郁，交通便利。现在山地被外来开发商开发成山地公园，修建了滑雪场、游乐场、住宿、餐饮和野外生存体验区等。开发商和村集体签订了相关租地合同，村集体定期将租地收入分给村民。村干部和村民应该学习相关开发乡村旅游的知识和经验，吸引更多投资或者将村集体的公共资金用于乡村旅游开发，将其作为村集体真正的经济产业，这样才能保持产业经济的长远发展。

第五，提升农村地区金融服务水平。国家加大对"三农"领域的资金支持，其中关键的一环是地方政府和基层政府的落实，不仅要将国家惠农政策真正落实到农村，还应该鼓励社会资本对农村产业进行投资，形成多元化的社会资金来源结构。完善农村地区的信贷服务体系，加大相关的农业金融机构为农民从事农业生产提供资金支持的力度，提供其信贷服务的水平。例如，对农户进行小额信贷支持，加强村民对银行等金融机构的相关扶农政策和具体操作办法的了解，增强村民的信用意识，同时提高资金使用的精准率和效率。

距离J村不远的农村信用社给村民提供了日常的经济服务，但大多是存取款和信贷服务，由于村民大都从事普通的职业或者个体经营，没有形成较大规模的农业产业，所以关于扶持农户进行产业经营的信贷还不多。所以，乡镇政府和村干部应该带领村民把握好国家的相关惠农政策，将惠农资金作为发展村子经济的一种合理投资而利用起来。

2. 提高农民的收入水平

发展农村经济的最终目的是增加村民的收入，提高村民生活水平。针对村民主要以农户为单位从事农业生产的现状，提高其收入水平就必须着重提高农业生产率。只有这样，才能在不改变我国基本农地制度的前提下，争取做到高效率生产。

J村的耕地面积达不到大农场生产经营的规模，但仍然有不少的闲置耕地，如果将闲置的土地和没有稳定工作的村民相结合去实现农业生产现代化也不是完全没有可能的，况且小规模农地也可以实现现代化农业生产。例如，韩国忠南道洪城郡洪东面文堂里的4个自然村，是韩国代表性环保村，村子只有 80 户农户、200 多名村民，在人口数量和耕地面积都不占优势的情况下村子引进鸭子种田法，就是典型的小规模生产，高效率产出。再加上当地政府和社区乡村的管理机构对相关农业生产制度、经营制度和组织制度等进行完善和创新，同时在农业灾害保险方面投入资金，以此让农户放心地进行农业生产。因此，J 村可以在当地政府和村委会的支持下学习先进的耕种技术，利用好气候、土地、水源等优势条件发展当地特色的农产品，如小米、绿豆等五谷杂粮。当地政府应为农民提供多渠道就业机会，提高就业质量，扩大农民群体中等收入者范围。在这方面，J 村的经济精英发挥了作用，他们在当地县城拥有大规模的能源生产企业，这些有乡村情怀的乡贤也愿意给村民提供就业机会，在某种程度上缓解了 J 村村民的就业压力。

3. 保护农村地区生态环境

良好的生态环境是最能表现村容村貌的因素之一，乡村振兴需要一个良好生态环境作为乡村发展的资本和优势。国家大力实行"退耕还林"、保护天然林、水域生态等政策，不仅增加了整体绿化面积，更是为乡村的可持续发展奠定了坚实的生态环境基础。所以，农村地区的生态环境保护更是不容忽视的。为保护 J 村的生态环境，首先要让 J 村村干部和村民都意识到生态环境的保护是本村长远发展必不可少的因素，将环保意识转变成实际行动，尤其要注重农业种植过程中的环境污染问题，村委会应该号召村民多使用绿色有机肥、绿色栽培种植，高效处理动物排泄物，综合利用农作物秸秆，防止农用塑料的滥用，加大防治农业病虫害工作等先进农业生产理念的宣传力度，为更加高效地落实这些理念，要及时设立本村的环保奖惩规则并严格执行，让环保行为成为 J 村村民的生活常态。

4. 加强农村乡风文明建设

乡风是一种能够潜移默化指导村民进行具体实践的思想理念，积极的乡村氛围是实现乡村振兴的必要条件之一。对于村民个人来讲，乡风就是民风；对于家庭来讲，乡风是家风；而对于村子整体来讲，这就是乡风。因此，加强乡风文明建设，可以从以下三个方面来构建农村层面的和谐社会。

在 J 村，首先，村"两委"班子成员应该带头学习和践行社会主义核心价值观、社会主义荣辱观，不断培养村民的政治意识、大局意识、核心意识、看齐意识。其次，带领村民继承和发扬村子的优秀传统文化，充分开发村里积极的文化因素，结合现代化文明成果找到适合本村实际情况的文化发展模式，更好地为本村的发展服务。发展农村文化必须有相应的公共文化基础设施。努力完善村子文化设备，可将城市文化资源合理地与乡村地区进行共享，向乡村地区提供文化产品和文化服务，如邀请农村发展方面的学者专家举办讲座；向村民发放一些乡村振兴的宣传小册子；在村民的公共微信群宣传党和国家的相关农业政策理念；在村务公开栏里张贴模范村民的宣传海报等。

5. 推进我国城乡融合

城乡发展的差距在农村主要体现在居民人均可支配收入上，而且差距可能会随着经济的发展愈发明显。同时，社会公共设施、社会保障、社会公共福利在城乡之间的差距也很大，具体表现在住房条件、教育水平、卫生医疗条件等方面。加快城乡融合发展，重点在于释放农村地区的内在需求，激发其内生发展动力和发展潜力，将城镇的发展和农村发展融为一体，形成较为平等的城乡关系。与此同时，农村地区要注重实现以人为本的发展理念，提升村民自身的综合素质和就业竞争力，这样是为了更好地实现各种生产要素自由顺利地流通，促进城乡经济的长远发展。因此，要创造更多的农民就业机会，使农民不仅从身份上转变为真正的城市居民，更要在思想观念上转变为城市居民。农村地区有其生产和投资回报率低的弱点而导致其吸引外资能力不足的现实情况，因此当地政府应该针对乡村采取相关的配套措施，鼓励城市的生产要素和资金向农村地区流动，扶持农村发展集体经济产业，这样才能进一步缩小城乡之间的发展差距。再者，城乡两者公共服务和公共基础设施分配方面更要注意公平，当地政府自然要承担起此方面的行政主体责任，完善农村的公共基础设施，提高环境的宜居质量，具体包括道路设施、水电燃气的供应、网络覆盖、电子物流、垃圾污水处理等方面。扩大和提高农村地区的基础设施覆盖面积和质量是缩小城乡差距的途径之一，所以要逐步实现城乡基础设施的互联互通。

第二节 乡村振兴战略背景下农村产业建设发展

一、乡村振兴战略背景下农村产业建设发展现状

此处，笔者以 Y 市农村产业建设发展现状为例。

（一）Y市乡村概况

1. Y市乡村地理位置分布

Y市乡村主要分布于Y市下辖的2区、11县之中，其地理位置位于陕西省北部，地处黄河中游，属黄土高原的中南地区。介于北纬35.21度~37.31度，东经10.41度~110.31度，总面积为37 037平方千米，属黄土高原、丘陵沟壑区。

2. Y市乡村产业发展优势

（1）自然资源优势。

Y市乡村属暖温带半干旱大陆性季风气候区，四季分明，全年光照充足、温度适宜、昼夜温差大，有利于果实糖分的积累。加之土层深厚、土壤肥沃、依傍黄河，是苹果、酥梨、大枣、红薯、小米、核桃等农作物及经济作物的理想适生区，林果业的发展前景十分广阔。此外，Y市矿产资源也十分丰富，发展能源化工业具备坚实的资源基础。截至2021年8月底，Y市已探明矿产资源16种，其中煤炭储量115亿吨，石油13.8亿吨，天然气2 000亿~3 000亿立方米，紫砂陶土5 000多万吨。石油产区伴生有天然气，已控制油气区30多平方千米，储量33亿立方米，此外还有泥灰岩、陶土、墨玉等稀有矿产资源。

（2）历史文化优势。

作为中华民族重要的发祥地，这里的历史文化悠久，人文旅游资源独具特色，除以海外中华儿女祭祖圣地黄帝陵、红色革命景区宝塔山、气势恢宏的黄河壶口瀑布、独具民俗特色的黄土风情文化等为代表性的旅游资源驰名中外，陕北民歌、陕北秧歌、陕北说书、安塞腰鼓、洛川农民画、剪纸等民间艺术也久负盛名，是我国西部地区独具魅力的旅游胜地。市内有历史遗迹5 808处，革命旧址445处，珍藏文物近7万件，有着"中国革命博物馆城"的美誉。Y市更是享誉国内外的著名红色革命圣地，是全国爱国主义、革命传统和延安精神三大教育基地。毛泽东、周恩来等老一辈革命家在这里生活战斗了13个春秋，领导了抗日战争和解放战争，培育了延安精神。可以说，Y市有着不同于其他城市的独特历史文化资源优势，这就为Y市乡村挖掘红色旅游产业价值提供了良好的先天条件[①]。

---

① 沈费伟. 传统乡村文化重构：实现乡村文化振兴的路径选择 [J]. 人文杂志，2020（4）：121-128.

（二）Y 市乡村产业建设概况

1. Y 市乡村传统农业产业建设状况

一直以来，Y 市乡村依托本土优越的地理气候环境与丰富的自然资源优势，聚力发展以苹果产业为重点的果业，以生猪、肉牛、肉羊为补充的畜牧业，以设施蔬菜、设施水果为重点的特色种植业。同时，Y 市因地制宜发展壮大核桃、红枣、小米、杂粮等一批陕北特色产业，传统农业产业发展总体势头良好，发展潜力较大。尤其是苹果产业现已成为 Y 市农村经济的支柱产业和国民经济的特色优势产业，是 Y 市特色农业产业发展的标志。作为世界公认的苹果最佳优生区之一，Y 市苹果种植历史悠久，面积和产量规模逐年扩大，品牌优势不断凸显，对促进 Y 市农民增收致富和乡村经济的发展起到了巨大的带动作用。以 Y 市洛川县旧县镇洛阳村为例，该村现有果园面积 1 820 亩，其中 1 100 亩被评为"国家级标准示范园"，村里种植的苹果果形漂亮、口感绝佳、品质优良，先后被指定为北京奥运会、上海世博会、广州亚运会的专供苹果，苹果远销海内外。此外，该村的一部分果园还被世界 500 强企业认领，品牌优势与市场发展前景颇为乐观。据统计，2017 年 Y 市洛阳村村民的人均纯收入达 1.6 万元，并呈现逐年增长的良好发展趋势。Y 市富县张家湾镇黑水寺村、小山子村，结合本乡镇农业农村工作实际，大力发展中蜂养殖、富硒大米、菌草种植等特色产业，充分利用当地的自然资源优势，以村党支部为引领成立专业合作社，推行"支部+合作社+农户"模式，创新乡村产业发展观念，提高农产品质量效益，推动村集体经济发展壮大。

然而，在当今我国大力倡导质量兴农、绿色兴农、品牌强农，加快构建现代化农业产业体系的政策背景下，Y 市传统农业产业正面临着产业形态单一、规模发展不足、产业链延伸困难、农民职业化、组织化和农业产业化、现代化程度不高等实际问题，一定程度上阻碍了 Y 市传统农业产业的突破性发展。例如，Y 市乡村苹果产业在发展中存在着品种结构不合理、深加工能力不足、品牌优势未打响、社会化服务组织建设滞后等实际问题；小米杂粮等传统农业产业正面临种植规模不断缩小、技术资金投入不够、产品生产仍停留在初加工阶段等亟待解决的问题。据了解，Y 市每年有 60%~70% 的苹果是通过果商在田间地头收购，不经过任何产业化加工程序直接进入初级市场，这种操作下的产品附加值较低，产业优势未能很好地转化为经济优势。"延川红枣""黄龙核桃""吴起荞麦醋""甘泉豆腐""富县直罗贡米""延长红薯"等一批优势特色农产品产业化水平偏低、生产规模偏小、品牌宣传力度不够，未能真正形成具有市场竞争力的陕北特色农产品优势。总体来说，Y市乡村传统农业产业发展水平较低，与我国现代农业产业的发展要求还有着较大差距。

2. Y市乡村现代特色产业发展状况

以休闲农业、观光农业、农村电商、红色旅游业为代表性的现代特色产业作为乡村振兴的一项项新兴产业，作为支持Y市本地乡村经济快速增长的重要产业，正逐步迈入快速发展的轨道。乡村农民思想意识的解放使其逐渐摆脱传统小农经济的旧观念束缚，将传统农业与现代服务业相结合、最大限度地发挥农业的附加值效益，并依托互联网技术开设网店、微店，拓宽销售渠道，加强与市场主体的联系。同时，依托Y市积淀丰厚的历史文化资源，旅游业作为Y市乡村经济增长的新亮点，近年来也逐步由接待事业型向经济产业型转变。

3. Y市乡村能源资源产业发展状况

Y市属典型的资源型城市，依托丰富的能源资源优势以及国家特殊的能源政策支持，Y市的能源资源型产业得到了蓬勃发展，现已成为国家能源重要战略接续区。目前，以延长石油集团公司和中国石油天然气集团公司长庆分公司为龙头的资源型企业极大地拉动了地方财政收入、稳定了就业，推动了Y市地区经济的高速发展。然而，资源产业繁荣发展的背后，也暴露出诸如环境污染严重、产业结构单一、产品精深加工不足等一系列突出问题。

二、乡村产业建设发展的问题及成因

（一）Y市乡村产业振兴面临的主要问题

1. 乡村产业规模结构不合理

Y市乡村地区产业分类主要表现为以苹果、薯类、杂粮、肉羊、家禽等养业为主的第一产业，以石油、煤炭、副食品加工为辅的第一、第二产业，以乡村旅游、休闲观光、电商物流为补充的第三产业。从2012—2017年Y市三次产业占国内生产总值（GDP）的比重来看，第一产业占比最小，其中2012—2015年第一产业占GDP的比重呈持续增长趋势，2016—2017年第一产业比重呈下降趋势。第二、第三产业占比较大，其中第二产业比重从2012—2015年呈持续下降趋势，2016—2017年又呈增长趋势；

第三产业比重总体呈现增长趋势，2017年略有下降。总体来看，Y市三次产业当中，第一产业对经济增长贡献率始终较小，第二、第三产业对经济增长贡献率较大，其中第三产业对经济增长的贡献率逐年增加。从2018年Y市的GDP增速来看，第一产业增加值为138.07亿元，增长2.9%，位居全省第九位，增速分别低于全国、全省平均水平0.6个、0.3个百分点；第二产业增加值为925.97亿元，增长9.8%，增速分别高于全国、全省平均水平4.0个、1.1个百分点，增速位居全省第三位；第三产业增加值为494.88亿元，增长9.8%，增速位居全省第二位。从以上数据可以看出，第一产业对于Y市地区经济发展的贡献率较低，Y市经济增长主要依靠第二、第三产业的带动。而作为以第一产业发展为主的Y市乡村地区，如何优化调整产业规模结构，实现以种养业为主的第一产业对乡村经济的发展带动显得尤为迫切与重要。

纵观Y市乡村产业规模结构，截至2017年年底，全市粮食播种面积为301.92万亩，同比下降0.6%；粮食总产量76.71万吨，同比下降1.7%。粮食作物种植中，小米杂粮种植面积仅占粮食播种面积的23%；全市苹果新品种及矮化栽培优质果园面积32.2万亩，仅占苹果种植总面积的8.5%，Y市北部各县区乡村山地苹果种植规模较小，还有待进一步发展扩大；Y市乡村畜牧业产值占农业总产值的比重仅为15%，低于全国30%的平均水平，全市肉羊存栏量62.11万只，相比于Y市饲草资源和养殖环境相似的L市，仅占其总量的8.7%；奶业发展缓慢，鲜奶用量的75%依靠从外调入，每年缺口达3万余吨。Y市很多乡村都发展苹果产业，苹果的主要栽种品种多以红富士、秦冠等晚熟品种为主，种植面积大约占到总面积的90%，而早熟的一些新品种种植规模则相对较小，品种结构与多元化的市场需求脱节，这反映了以苹果产业为代表的乡村农业产业品种结构单一、种植比例失调，不能满足现代多元化的市场需求。再如，Y市各个乡村虽同属一个市域范围内，但各个乡村的自然资源、环境基础、民俗文化等都有所不同，因此在其产业规模和结构的选择上也应不同，然而当前Y市的大多数乡村普遍都是以苹果产业发展为主，农民生产方式相对落后、科学管理水平低下、靠天吃饭的情况依然比较突出，不能很好地利用当地的独特资源优势发展副食品加工业、物流电商业、民俗文化旅游业等现代新兴产业，也成为阻碍当地农民增收致富、实现乡村振兴目标的主要原因之一[1]。

2. 乡村产业特色品牌优势未建立

品牌是产品取得市场竞争力的有力保障，品牌的知晓率高代表着产品的价值高、质量好、市场竞争优势大。目前，Y市乡村产业大多仍处于家庭式的分散经营模式，品牌意识淡薄、市场发展滞后。近年来，虽也创出了以"洛川苹果"为代表的具有一定市场影响力和竞争力的知名产品品牌，但也仅仅带动了个别区县苹果产业的发展，产品宣传推广力度还不够大，难以推动"Y市苹果"这个大品牌真正走出去，难以树立"Y市苹果"的优质品牌形象。Y市的红薯、红枣、小米、杂粮、核桃、花椒等特色优势农产品更是产业化程度低下、生产规模偏小、产品包装简陋、销售方式落后，有的通过农民骑着三轮车载着几箱产品摆放在路边摊点销售，有的甚至直接堆放在地上，用大塑料袋装起来销售给顾客，绝大多数农民缺乏现代营销观念与品牌意识，没有认识到品牌对于产品市场的开拓与产业发展的重要性。在市场建设和营销方面，专业化市场建设进展缓慢，缺乏大型农产品综合批发市场与大型龙头企业的带动引领，没有形成系统化、规模化的营销网络，产品多以原材料的初级产品形式就地直接出售，未形成强大稳定的市场竞争优势。

3. 乡村产业产品深加工体系尚未形成

近年来，Y市乡村产业产品加工业虽有所发展，但仍然停留在水平较低的初级加工阶段，产业链条短小、加工工艺单一、加工规模不足、产品附加值效益低下。以Y市苹果产业加工业为例，2010年苹果生产总量为221.5万吨，而Y市的苹果加工量约为10万吨，苹果加工量仅占苹果总产量的4.5%，且大多数苹果都是用来加工生产浓缩果汁，加工产品种类单一、产量低下。苹果酒、苹果醋、苹果脆片等休闲食品虽然也有所发展，但基本仍处于起步阶段，精深加工能力不足，产量十分有限，产品品质也有待进一步提升，无法满足多元化的市场需求。工业产业方面主要以煤、石油、天然气的开采和初加工为主，存在产业链条较短、加工种类单一、创新性不强等突出问题。能源资源产业的发展基本上还处在一种低水平的开发利用阶段，更加完善的产品精深加工体系尚未形成，技术密集型产业

---

① 梁漱溟. 中国文化要义［M］. 上海：学林出版社，1987.

发育迟缓，科技要素还未成为产业发展的重要助推力量，资源优势未能很好地转换为经济优势，从而阻碍了乡村产业的持续性发展。

4. 乡村产业社会化服务组织建设滞后

目前，Y市乡村产业发展的实际情况是：规模较小、投入较少、小农经营，缺乏现代龙头企业、专业合作社等社会化服务组织的带动引领，而这也正是限制乡村产业进一步发展壮大的一大瓶颈。Y市第三次全国农业普查数据显示，2016年，Y市农业经营户共计413 561户，其中规模农业经营户16 841户，农业普查登记的以农业生产经营或服务为主的农民专业合作社共计2 493个。总体来看，以农民专业合作社为代表的社会化服务组织数量依然较少，近年来各地虽也在陆续成立一些农民协会、合作社等专业化服务组织，但是总体实力依然较弱。很多合作组织或因为缺少资金和技术支持而无法开展实质性的活动，或由于没有专业带头人的带动而无法真正发挥其作用，或由于农民的参与积极性不高而无法长期开展。大多数合作组织发挥作用主要集中在生产性服务环节，而为农民提供资金、技术、信息以及产业加工、保鲜、储藏、运输、销售等全方位链条服务的能力仍然不足。因此，很大一部分现存的社会化服务组织实际上形同虚设，并未起到其应该发挥的带动引领作用。此外，一些专业合作组织内部存在运行不规范的现象，组织内部不能很好地建立企业与农民之间的利益联结机制，农民在合作组织中无法获得实实在在的利益，这就极大地挫伤了农民参与社会化服务组织的积极性，使得社会化服务组织不能很好地促进乡村产业的振兴发展。

5. 乡村产业劳动力素质亟待提升

乡村产业可持续发展的主体因素是乡村的劳动力，劳动力素质是提升乡村产业可持续发展能力的潜在要素，是振兴乡村产业和带动农民增收不可替代的关键因素，其群体素质的结构直接以及产业结构的优化调整，以及产业振兴的层次水平。目前，Y市乡村劳动力人口多以中老年为主，文化素质普遍较低。2016年Y市第三次全国农业普查数据显示，Y市农业从业人员当中，55周岁以上占比29.1%，高中以下文化程度占比为88.7%，劳动力人口老龄化、文化程度低下已经成为制约Y市乡村农业产业发展的重要因素。

劳动力中体力劳动者占劳动者总数的绝大多数，并且在产业发展中主要扮演着单一的生产者角色，他们对市场需求变化敏感度不高，一定程度上容易陷入信息封闭、只顾生产、不看市场的小农思维格局中。同时，大部分农村劳动者都缺乏现代管理、营销等专业技能，缺乏抵御市场风险的心理承受能力，严重阻碍了乡村产业结构的优化调整。近年来，各地政府部门也意识到了乡村人才素质与科技推广的重要性，每年多次组织专业技术人员深入乡村开展相关产业技术培训，每年招录大学生村干部、公务员等年轻专业人才服务于广大农村，为乡村产业发展和社会进步做出了很大的贡献，为农村注入了一股新思想、新活力，有力地带动了乡村农民传统思想的解放与综合素质的提高。但同时我们也意识到，一方面，乡村基础设施建设的落后、产业效益的低下是很难吸引人才资源的集聚的，人才资源往往引进难、留不住；另一方面，农村劳动力素质的提升是一个长期的过程，不可能一蹴而就，很多农村老百姓虽然也在慢慢尝试接受新思想、新技术，但仍然存在因循守旧、按部就班、缺乏胆识与创新的旧思想，这在很大程度上阻碍了乡村产业结构调整与优化的进度。

（二）Y 市乡村产业振兴现存问题的原因分析

1. 产业振兴规划不明确，创新性不够

规划是行动的先导，党中央每年都会针对"三农"做出一系列统一的规划部署，每年的中央一号文件都会把解决"三农"问题作为全党工作的重中之重。作为地方，在认真贯彻落实党中央关于"三农"工作各项决策部署的基础上，还需结合地方实际制定有针对性的产业发展规划，如此才能真正促进地方乡村经济的长足发展。近年来，Y 市各级政府虽也出台了地方乡村产业发展规划，但总体来讲，规划的制定仍然缺乏针对性、创新性与可操作性，各个地方在编制产业发展规划过程中往往盲目照搬照抄其他地方的现有成果，不能全面结合本地乡村特色资源禀赋优势，不能因地制宜、实事求是地提出清晰可行的阶段性发展目标，不能在充分实地调研的基础上深入思考、统筹谋划，规划的实施细则不够明确，实际效用发挥不明显。规划的不明确不创新导致其难以为本地乡村产业振兴提供应有的思想引领作用，使得乡村产业的发展失去方向。

2. 产业振兴主体单一化，合力不强

任何一个地方乡村产业的振兴都需要政府、农民、企业、社会组织等多方主体的共同参与，仅依靠一方的力量是远远不够的。反观 Y 市当前乡村产业振兴主体，从表面上看虽也在多方共同参与的良好氛围当中稳步推进，但深入了解发现，当前 Y 市很多乡村产业的发展在很大程度上仍然是依靠政府来主导、农民被动参与的状态下缓慢前行的。目前，农民专业合作社、龙头企业等社会化服务组织基本仍处于起步阶段，相关制度运行还不够规范，自身发展实力较弱，难以为农户提供资金、技术、信息、市场等全方位的服务，难以真正带动 Y 市本地乡村产业的进一步发展。金融企业、社会资本对乡村产业的扶持力度较小，金融信贷、社会保险等不能向农村领域倾斜，使得乡村产业的大规模发展举步维艰。科技人才、大学毕业生、青壮年劳动力等不愿扎根农村、奉献于农村……主体的单一化及主体之间缺乏凝聚力与向心力使得 Y 市乡村产业的发展动力不足，使得政府的产业振兴规划难以得到有效落实，乡村产业的发展如同空中楼阁一般难以取得实实在在的成效。

3. 产业振兴技术更新缓慢，动力不足

"科技是第一生产力"，少了科技的推动，任何地方的经济都将止步不前，对于 Y 市的乡村产业振兴来说更是如此。目前，Y 市乡村产业结构当中，以苹果、红枣、小米杂粮等为代表的第一产业基本上仍处于初级发展阶段，产业链短小、机械化水平偏低，农产品生产过程由于缺乏技术指导使得产品品质难以得到更大提高；加工过程由于缺乏技术指导使得产品的加工种类单一，加工能力不足、难以满足现代多元化的市场需求；包装销售过程由于缺少技术指导使得农产品难以拓宽市场，难以形成品牌效应，难以推动农业产业在"接二连三"中实现全面升级。以石油、煤炭等为代表的第二产业由于产品生产技术、深加工技术更新缓慢，使得丰富的能源资源优势难以转换为更大的经济优势，难以取得可持续性的发展。以红色旅游资源为代表性的第三产业更是由于科技力量的不足难以充分挖掘红色旅游资源背后的经济文化价值，难以发挥出特有的文化资源优势，难以形成规模化的文化产业从而带动地方经济社会的高速发展。由此，科技对于推进 Y 市乡村产业发展的重要性可见一斑。

4. 产业振兴资本投入较少，渠道单一

任何一个地方经济的发展都需要资本来撬动，对于 Y 市乡村产业的振兴来说更是如此，产业的培育需要大量资金的投入。而当前，Y 市乡村产业之所以发展速度较为缓慢，很大一部分原因与资本的投入不足有关。Y 市乡村产业的振兴目前更多的是依靠当地政府争取的专项扶持资金与本地财政收入，而这部分投入近年来都侧重发展了扶贫产业，受益的群体也仅局限于乡村的一部分贫困户，更多的是解决他们的基本生活温饱问题，而对于产业发展真正需要的基础设施投入则稍显不足。例如，Y 市乡村苹果产业在水利灌溉、果树防雹网、冷藏冷链设施、智能选果线建设、大型果品批发交易市场建设等方面的资金投入力度不够，导致苹果产业抵御自然风险、市场风险的能力不足，造成了不必要的经济损失。此外，龙头企业、合作组织、金融机构等出于风险等因素的考虑很少投资于乡村产业，而农民个人的融资能力又十分有限，这就使得乡村产业的持续性发展受阻，产业的经济效益难以发挥显现。

5. 产业振兴制度有待完善，保障不力

当前我国虽然在大力倡导乡村产业振兴，但是相关的制度还不完善，阻碍乡村产业发展的体制机制障碍尚未根除。例如，在土地制度改革方面，土地的经营、流转制度不畅，不能为新型农业经营主体的健康发展提供包容性的制度空间，不能为全社会共同参与乡村振兴建设营造良好的发展环境。据统计，2017 年年底 Y 市土地流转面积 98.19 万亩，占家庭经营承包总面积的 22.39%，低于全国 35.1% 的平均水平。金融资本对于 Y 市乡村产业发展的支持力度不够，金融产品创新能力不足。据中国银监会陕西监管局数据通报，2017 年全省涉农贷款余额 6 594.58 亿元，Y 市涉农贷款余额 370.98 亿元（含各类扶贫贷款），而同期相邻的 L 市与 W 市涉农贷款余额分别达 1 025.83 亿元和 617.87 亿元，Y 市金融企业对于乡村产业的支持力度与兄弟市相比存在着不小的差距。Y 市乡村产业发展过程中政府干预较多，使得市场的平衡杠杆作用无法有效发挥，造成了广大农民市场敏感性不强，一定程度上滋生了其"等、靠、要"的消极被动思想。此外，企业与政府之间、企业与企业之间、企业与农户之间仍缺乏相应的制度保障，农户与现代产业生产体系之间的利益联结机制还不够健全，农民自身利益不能够得到相关制度的有效保护，从而在一定程度上挫伤了农民及社会组织发展产业的积极性，使得乡村产业的持续发展受阻。

三、乡村振兴战略对乡村产业转型发展的要求

（一）坚持质量第一，推进质量兴农、品牌强农

坚持抓产业必须抓质量，抓质量必须树品牌，坚定不移地推进质量兴农、品牌强农，提高农业绿色化、优质化、特色化、品牌化水平。我国将2018 年确定为"农业质量年"，制定和实施国家质量兴农战略规划。

1. 大力推进农业标准化

加快标准制定修订，新制定修订农药残留标准 1 000 项、兽药残留标准 100 项、其他行业标准 200 项。加强农业标准宣传推广和使用指导，大力宣传农兽药、饲料添加剂使用规范，严格落实安全间隔期休药期规定，从源头上减少非法添加、滥用乱用现象。推进规模经营主体按标准规范生产，建立生产记录台账，并将其作为政策支持的重要条件，通过 2~3 年努力，在大城市郊区、"菜篮子"主产县基本实现农业生产标准化、可追溯。

2. 加强农产品质量安全执法监管

严格投入品使用监管，建好用好农兽药基础数据平台，加快推进追溯体系建设。落实新修订的农药管理条例，全面实施农药生产二维码追溯制度，2018 年年底实现兽药经营企业入网全覆盖。严格兽用抗菌药物管理，不批准人用重要抗菌药物等作为兽药生产使用，逐步退出促生长用抗菌药物。

加快国家农产品质量安全追溯平台推广应用，将农产品追溯与项目安排、品牌评定等挂钩，率先将绿色、有机、品牌农产品纳入追溯管理，选择 10 个省份开展追溯示范试点。建立农产品质量安全信用档案和"黑名单"制度，将新型经营主体全部纳入监管名录。再命名 200 个国家农产品质量安全县，鼓励有条件的地方以省（市）为单位整建制创建。开展质量安全乡村万里行活动①。

3. 实施品牌提升行动

将品牌打造与粮食生产功能区、重要农产品生产保护区、特色农产品优势区建设，绿色、有机等产品认证紧密结合，打造一批国家级农产品区域品牌、全国知名企业品牌、大宗农产品品牌和特色农产品品牌，保护地理标志农产品。实施产业兴村强县行动，推进一村一品、一县一业发展。强化品牌质量管控，建立农业品牌目录制度，实行动态管理。办好中国国际农产品交易会、中国国际茶叶博览会等展会。开展绿色食品进超市、进社区、进学校活动。建立健全品牌创建激励保护机制，鼓励媒体宣传推介优质品牌。

4. 推进现代种业提档升级

实施现代种业提升工程，建立以企业为主体的商业化育种创新体系，

---

① 孙育红，张志勇．生态技术创新：概念界定及路径选择 [J]．社会科学战线，2011（8）：245-247．

提升农作物、畜禽、水产良种质量。强化绿色育种导向，深化玉米、水稻、小麦、大豆良种联合攻关，选育一批节水节肥节药新品种。启动特色作物良种攻关，建立一批区域性特色良种繁育基地。继续实施制种大县奖励，高标准建设国家南繁商种基地，推进国家种质库、甘肃玉米和四川杂交水稻良种繁育基地等重大工程建设。完善国家农作物、地方畜禽遗传资源和海洋渔业种质资源保护体系。探索建立实质性派生品种保护制度，严厉打击种子套牌侵权行为和非法转基因种子生产销售。加快建设种业大数据平台和国家综合性检验测试设施。鼓励企业在国外申请品种权和专利。继续实施转基因生物新品种培育重大专项。

5. 提高设施农业发展水平

实施园艺产品提质增效工程，推动设施装备升级，优良品种推广，技术集成创新。加强设施蔬菜连作障碍综合治理，推广轮作倒茬、深翻改土、高温闷棚、增施有机肥等技术，改善产地环境。引导优势区加快老果茶园改造，集成推广优质果树无病毒良种苗木和茶树无性系良种苗木。集中打造一批设施标准、管理规范、特色鲜明的中药材生产基地。加快实施马铃薯主食开发，完善主食产品配方及工艺流程。

6. 加强动物疫病净化防控

继续抓好重大动物疫病和人畜共患病防控。启动动物疫病净化工作，逐步推动全国规模养殖场率先净化。强化动物疫病区域化管理，有序推动东北4省区无疫区建设，鼓励具备条件的省份建设无疫区和无疫小区。探索建立动物移动监管制度，降低动物疫病传播风险。强化屠宰行业管理，加大生猪屠宰资格审核清理力度，组织开展屠宰专项整治行动，严厉打击屠宰环节违法违规行为。持续推进病死畜禽无害化处理体系建设，提升集中处理比例。推进执业兽医队伍建设，加强官方兽医培训，引导和扶持兽医社会化服务组织发展。

（二）坚持效益优先，促进农业竞争力不断提升和农民收入稳定增长

效益决定收入，效益决定投入，效益决定竞争力。建设现代农业，要把提升效益放在优先位置，通过降低生产成本，促进第一、第二、第三产业融合发展，拓展农业功能，推进适度规模经营等多种途径提高农业效益、增加农民收入。

1. 加快推进农业机械化

推动制定出台加快农业机械化和农机装备产业转型升级的文件，推进

"机器换人"。深入实施粮棉油糖等 9 大主要作物生产全程机械化推进行动，加快选育适于机械化作业、轻简化栽培的新品种，着力破解玉米、油菜机收，甘蔗机播机收，棉花机采等瓶颈制约，再创建 100 个率先基本实现全程机械化示范县，支持引导基础较好地区整市整省推进。开展果菜茶、养殖业、农产品初加工、特色优势产品等关键机械化技术试点示范，加强丘陵山区农机装备供给，推动全面机械化。优先保证粮食等主要农产品生产所需机具和畜禽粪污资源化利用等支持农业绿色发展机具的补贴需要。

2. 实施农产品加工业提升行动

加快修订发布农产品初加工目录，制定出台促进农产品精深加工的意见，推进农产品加工技术集成科研基地建设，推动科企对接、银企对接。支持合作社等新型经营主体发展保鲜、储藏、分级、包装等初加工设施，推动初加工、精深加工、主食加工和综合利用加工协调发展，鼓励企业兼并重组，淘汰落后产能，支持主产区农产品就地就近加工转化增值。加强规划和政策引导，推动农产品加工产能向主产区、"三区三园" 聚集发展，推进农村第一、第二、第三产业融合发展，建设一批农产品精深加工示范基地，创建 100 个产值超 50 亿元的农产品加工示范园区、10 个产值超 100 亿元的国际农产品加工园区，打造一批产业融合发展先导区、示范园。引导和促进农产品及加工副产物资源化循环高值梯次利用。

3. 实施休闲农业和乡村旅游精品工程

大力发展休闲农业，支持盘活闲置农房等农村闲置资产资源发展乡村旅游，加强公共服务设施建设，推进农业与旅游、文化、教育、康养、体育等深度融合，建设一批设施完备、功能多样的休闲观光园区、康养基地、乡村民宿等，推动农村 "厕所革命"。积极推进农民体育健身事业发展。培育一批美丽，休闲乡村，开展休闲农业和乡村旅游精品发布推介，鼓励各地因地制宜开展农业嘉年华、休闲农业特色村镇、农事节庆等形式多样的品牌创建和推介活动，办好第二届全国休闲农业和乡村旅游大会。开展第五批中国重要农业文化遗产发掘保护工作。

4. 大力推进农村创业创新

推动落实金融服务、财政税收、用地用电等扶持政策。实施乡村就业创业促进行动，大力发展文化、科技、旅游、生态等乡村特色产业，振兴传统工艺，高标准创建 100 个农村双创示范园区（基地）。开展农垦特色农场创建。鼓励支持各类返乡下乡人员到农村发展分享农场、共享农庄、创意农业、特色文化产业，培育一批家庭工厂、手工作坊、乡村车间。

5. 实施新型经营主体培育工程，促进多种形式适度规模经营发展

实施新型经营主体培育工程，培育发展示范家庭农场、合作社、龙头企业、社会化服务组织和农业产业化联合体，加快建设知识型、技能型、创新型农业经营者队伍。全面推广应用新型农业经营主体信息直报系统。鼓励新型经营主体通过土地流转、土地互换、土地入股等形式，扩大经营规模；支持各类服务组织开展土地托管、联耕联种、代耕代种、统防统治等直接面向农户的农业生产托管，扩大服务规模，集中连片推广绿色高效农业生产方式。推进农业生产托管服务标准建设，规范服务行为和服务市场。贯彻落实新修订的农民专业合作社法，开展国家农民合作社示范社评定。

6. 促进小农户与现代农业发展有机衔接

统筹兼顾培育新型农业经营主体和扶持小农户，研究创设支持小农户发展的政策。把对新型经营主体的政策扶持力度与其带动小农户数量挂钩，鼓励将政府补贴量化到小农户、折股到合作社，支持合作社通过统一服务带动小农户应用先进品种技术，引导推动龙头企业等与合作社、小农户建立紧密利益联结关系，通过保底分红、股份合作、利润返还等方式，实现农民分享农业全产业链增值收益，大力提升生产性服务业对小农户的服务覆盖率。发展多样化的联合与合作，提升小农户组织化程度，扶持小农户发展生态农业、设施农业、体验农业、定制农业，改善小农户生产设施条件，提升小农户抗风险能力。

7. 切实抓好农业产业扶贫

加强规划指导、技术服务、经验推广，引导贫困地区确立、发展好主导产业。推动各类支农措施向"三区三州"等深度贫困地区倾斜，重点支持西藏及涉藏工作重点省建设高原特色农产品基地，大力发展青稞、牦牛、藏羊等特色产业；支持南疆地区发展节水农业、设施农业；支持四川凉山、云南怒江、甘肃临夏发展蔬菜、水果、中药材等产业，以及休闲农业和乡村旅游。落实定点扶贫帮扶责任，持续打造环京津农业扶贫"百村示范"，统筹推进大兴安岭南麓片区扶贫、援疆、援藏及支持革命老区、民族地区、边境地区等工作，开展好对口支援。深入实施定点扶贫和联系地区产业发展带头人轮训计划。

（三）坚持绿色导向，提高农业可持续发展水平

大力推行农业绿色生产方式，开展农业绿色发展行动，发展资源节约型、环境友好型农业，实现投入品减量化、生产清洁化、废弃物资源化、产业模式生态化，逐步把农业资源环境压力降下来，把农业面源污染加重的趋势缓下来。

1. 持续推进农业投入品减量

深入实施化肥、农药使用量零增长行动，加快高效缓释肥料、水溶肥料、低毒低残留农药推广运用。选择 100 个果菜茶生产大县大市开展有机肥替代化肥试点，集中连片、整体推进，积极探索有机肥大面积推广使用的有效途径。选择 150 个县开展果菜茶病虫全程绿色防控试点，推广绿色防控技术，力争主要农作物病虫绿色防控覆盖率提高 2 个百分点。组织开展兽用抗菌药减量使用示范创建。通过政府购买服务等形式，支持新型经营主体、社会化服务组织、国有农场开展化肥统配统施、病虫统防统治等服务。

2. 加快推进农业废弃物资源化利用

开展畜牧业绿色发展示范县和现代化示范牧场创建活动，合理布局畜禽养殖，推进种养结合、农牧循环发展。支持 200 头生猪、奶牛。肉牛养殖大县整建制推进畜禽粪污资源化利用。推动落实沼气发电上网、生物天然气并网政策，推进沼渣沼液有机肥利用，打通种养循环通道。以东北、华北地区为重点，在 150 个县开展秸秆综合利用试点，推广秸秆农用十大模式和秸秆打捆直燃集中供热等技术。以西北地区、西南地区为重点开展农膜回收，建设 100 个地膜治理示范县，加快推进加厚地膜推广应用，对生产和使用不符合标准的地膜，政策上不予支持。

3. 加强农业资源保护

大力实施耕地质量保护与提升行动，将优质的黑土耕地划为永久基本农田，选择一批重点县开展黑土地保护整建制推进试点。强化土壤污染管控和修复，开展耕地土壤环境质量类别划分试点，划定农产品禁止生产区，继续实施湖南重金属污染耕地修复治理试点。轮作休耕试点规模扩大到 2 400 万亩。深松深耕整地面积达到 1.5 亿亩以上。深入开展大美草原守护行动，组织实施新一轮草原资源清查，落实和完善草原生态保护补助奖励政策，推进退牧还草、退耕还林还草等重大生态工程建设，严厉打击破坏草原的违法行为。以华北地区、西北地区为重点，推广节水小麦品种

和水肥一体化等高效节水技术。做好第二次全国农业污染源普查，建立完善耕地等重要农业资源台账制度。

4. 大力开展以长江为重点的水生生物保护行动

科学划定江河湖海禁捕、限捕区域。长江流域水生生物保护区实行全面禁捕，实施中华鲟、长江江豚拯救行动计划，实施珍稀濒危物种关键栖息地生态修复工程，修复水域生态环境。完善海洋伏季休渔制度，启动实施黄河禁渔期制度。全面实施海洋渔业资源总量管理制度，进一步压减内陆水域捕捞，加快捕捞渔民减船转产，实现捕捞产量负增长。持续开展"绝户网"清理整治和涉渔"三无"船舶取缔行动，严厉打击电鱼行为。推进现代化海洋牧场建设，合理规划空间布局，新创建国家级海洋牧场示范区 20 个以上。加快实施国家海洋渔业生物种质资源库、3 000 吨级渔业资源调查等重大工程。

第三节　乡村振兴战略背景下完善农村人居环境治理

一、相关概念及理论基础

（一）相关概念

1. 乡村振兴战略

乡村振兴战略是党的十九大作出的重大决策部署，是对农村全面发展的全新定位，对我国建设社会主义现代化新农村提出了新的更高的要求。随后，习近平总书记又提出走中国特色社会主义乡村振兴道路。从内涵看，实施乡村振兴战略需要坚持"产业兴旺、生态宜居、乡风文明、治理有效、生活富裕"的总要求。按照"三步走"的时间表来实施，到 2020年，乡村振兴取得重要进展，制度框架和政策体系基本形成；到 2035 年，乡村振兴取得决定性进展，农业农村现代化基本实现；到 2050 年，乡村全面振兴，农业强、农村美、农民富全面实现。从外延看，乡村振兴战略是在传统发展理念的基础上对农村地区发展的一种创新，它是实现农村地区产业转型升级、生态可持续发展、文化全面发展、农民生活水平全面提升、社区治理模式和治理能力现代化的一种新型发展模式。乡村振兴战略具体包含三个要点：一是拓宽农村地区经济社会发展的概念，将单一的经济发展融入经济社会文化生态全面的重要起点，指经济、社会、生态三者之间相互制约相互促进的发展；二是转变社会治理模式，改变了以往约定俗成的发展模式和发展观，把实现经济、社会和环境的统筹协调发展纳入社会治理中；三是更加注重发展的质量、水平和群众的获得感、收获感，实现乡村振兴的总目标。

就农村人居环境治理而言，生态宜居是乡村振兴战略在人居环境治理方面的其中要义，这就要求农村人居环境发展必须坚持绿色、环保、可持续的基本原则，必须坚持以人为本、人与自然和谐发展的基本要求，必须坚持"绿水青山就是金山银山"发展观，满足农村人民对美丽家园、美好生活的向往，最终实现农业强、农村美、农民富[①]。

2. 农村人居环境治理

农村人居环境是一个广泛的概念，一般主要包括以气候条件、自然资源、区位特征为基本要素的生态环境和以经济发展、基础设施、治理模式为主的社会环境，农村人居环境对农村地区经济、社会、文化的综合发展以及区域间的协调发展具有重要意义。

就管理学的含义而言，环境治理是指对旨在改变与环境相关的激励、知识、系统、决策和行为的一系列干预措施。依照理论看，农村人居环境治理是指农村地区负有职能的政府、乡村、企业和社会组织等利益相关者依照法律法规和国家方针政策和当地的发展规划，在遵循自然科学规律和人类社会发展规律的前提下，对不利因素进行干预和改善，对有利因素进行优化和提升，推进农村人居环境可持续发展，最终达到人与自然的共存共生、和谐发展。基于对衡水市T区的走访和研究发现，目前T区对于农村人居环境的治理侧重生活垃圾处理、道路硬化、污水处理、农村"厕所革命"、村容村貌改造提升、基础设施建设等方面。这些是农村人居环境治理工作的难点，也是本书研究的重点。

为此，依据衡水市T区当地的传统风土人情、地方特色和村居风貌以及经济社会发展现状，找出人居环境治理工作中存在的共性问题，并深刻剖析其产生的原因，探索适合T区农村人居环境治理措施和方法，建立完善的组织机构和环境改善长效机制，以美丽新农村建设为依托，助推绿色的农业现代化，促进农村和谐发展，提高农民的幸福感和获得感。

---

① 费孝通. 乡土中国 [M]. 北京：北京大学出版社，2016：5.

（二）理论基础

1. 可持续发展理论

可持续发展理论是党中央提出的旨在解决人与自然和谐共生的发展理念，是关系人民福祉、民族未来的战略决策，事关"两个一百年"奋斗目标和中华民族伟大复兴中国梦的长远大计。站在新的历史起点上，可持续发展理论不仅仅是要长期坚持生态文明建设的基本国策，更要处理好自然、资源的稀缺性和人类经济社会发展的长期性之间的矛盾，正确处理经济发展与环境保护关系，做好保护环境、节约资源、修复生态等工作，把生态文明建设融入政治、经济、文化、社会生活的方方面面，着力解决损害群众健康的突出环境问题，完善生态文明建设制度体系，努力实现人与自然的和谐发展，实现中华民族永续发展。

可持续发展从本质上来说就是改变过去粗放的经济发展模式和生产生活方式，尊重自然规律，顺应自然发展，实现对自然的新认识，实现对自然资源的可持续开发利用，构建人与自然的生命共同体，从根本上解决社会经济发展和生态环境之间的冲突和矛盾，建设生态宜居的自然环境和经济社会良性发展。

2. 公共治理理论

公共治理理论强调，社会治理是在公民社会走向成熟，政府、社会和私人之间的互信、合作关系不断加强的前提下，在政府不断进行自我调整和重新定位的基础上，公共管理权力在各种社会组织间重新分配，形成政府主导、个人和各种经济社会组织协同参与社会公共事务的管理过程。

公共治理是现代治理理念的一个方面，是把治理理念的基本观点引入政府行政职能转变和公众参与公共事务有效管理的各个环节和全部过程。乡村治理更需要以政府行政治理为主导，鼓励社会组织、公民积极参与的共同治理模式，具体包括基层组织建设体系、村民自治管理体系、信法守法行为体系、崇德向善民风体系、乡村公共保障体系以及乡村产业发展体系。乡村治理可以解决乡村社会问题。乡村治理体系是公共治理的一个方面，是推进国家治理体系现代化的重要方式之一，主要可以通过加强农村基层党组织建设、增强基层民主自治能力、提高乡村治理法治化水平、发挥德治教化作用。

3. 公共池塘理论

公共治理学科中，埃莉诺·奥斯特罗姆基于公地悲剧、集体行动逻辑提出了公共池塘模型。她认为,公共产品或公共服务大部分属于可能产生公地悲剧的资源,而每个个体对公共资源利用的理性会促成集体的非理性,即使个人不为公共资源的生产和供应付出成本也能为自己带来收益,这样的现象就会导致公共资源的浪费,甚至导致公共资源面临种种困境。在使用公共资源的群体内部采取自治,但是每一个使用者在选择自己的行为时,必须考虑其他人的利益,并建立内部之间相互约定协议、外在机构进行监督的机制,达到内部人员相互制约的效果。这一设想很好地解决了公共资源的种种问题。农村人居环境就是这样一种公共资源,不论是农村生态环境还是生产生活环境都具有公共资源的属性,农村人居环境治理本质上与奥斯特罗姆的"公共池塘"理论具有高度的契合性。

二、农村人居环境治理举措及成效

(一) T 区概况

T 区总面积 591 平方千米,城区面积 45.8 平方千米,辖区内有 3 镇 1 乡、4 个办事处,共有 221 个行政村、52 个社区。2020 年,T 区常住人口 47.3 万,城镇化率为 83.1%,农村人口 8.4 万;全年一般公共预算收入 15.01 亿元,同比增长 3.7%,城镇居民人均可支配收入同比增长 8.5%,农村居民人均可支配收入同比增长 9.5。T 区农村人居环境治理兼具一般性和特殊性。T 区于 1996 年成立,由此改县设区,因此城市发展起点比较晚,加上政治、经济以及区位等因素,主城区城市基础优先发展,而且发展比较迅速,边缘农村地区发展相对落后,部分以农业为主的传统农村尤其缓慢,导致 T 区整体发展不平衡。因此,T 区传统农村发展亟须加快,党的十八大以后,党中央提出乡村振兴战略,T 区政府抢抓机遇、积极作为,以发展相对落后的农村为重点开展全区的农村改革,农村人居环境治理就首当其冲。目前,全区共有 221 个农村,其中,包括旧城改造村、工业搬迁村、集体经济强村、环衡水湖生态村、现代农业村等多种特色农村,可研究性极强。作为衡水市唯一的主城区,是衡水市政府所在地,经济、文化、社会发展较为成熟,城区内各种基础设施完备、性能良好,部分农村紧邻衡水湖、自然资源丰富、环境可塑性强,拥有其他县市区无法企及的政治位置和地理位置,具有得天独厚的优越性。T 区的农村人居环境治理是衡水市农村人居环境治理的先行者,其成功经验可以在衡水市内进行复制推广。

（二）T 区农村人居环境举措及成效

党的十八大以后，党中央提出美丽乡村建设、乡村振兴战略，支持有条件的农村地区发展绿色产业，建设生态宜居的美丽乡村。T 区委、区政府敏锐地认识到这是推进农村全面发展的重大机遇，高度重视农村人居环境治理工作，认真贯彻执行党中央要求，深入学习省市区相关文件精神，结合各镇区位优势和产业特色，在全区范围内大力推进村容村貌整治、"厕所革命"、生活垃圾、生活污水治理等农村人居环境治理专项行动。通过几年的努力，T 区部分农村人居环境问题得到了有效遏制，村容村貌也发生了巨大变化，农民生活环境得到显著改善，人民群众的幸福感、获得感不断增强。

1. 实施村容村貌改造提升工程

2018 年以来，T 区委、区政府贯彻落实省级、市级农村改造提升文件精神，借助全国开展美丽乡村建设的大好契机，整合政府、社会、村民各类资源，对农村村容村貌进行集中整治，设计整体规划方案、实施各村专项方案，实施全区农村村容村貌改造提升工程，打造绿色、宜居、美丽新农村。此次村容村貌改造提升通过试点先行，带动推广等模式，选取了 4个乡镇的 21 个农村先行先试，前期目标要建成 1 个省级旅游示范村、3 个市级示范精品村；其余农村作为先行示范村利用两年的时间全部实现村庄整洁、环境改善①。在示范村中大力推进"五改四美"，即改房、改水、改路、改厕、改厨，做到环境美、产业美、精神美、生态美，实施 12 个专项行动，聘请有资质、水平高的规划单位和设计人员，以区域镇村体系总体规划为遵循，对所涉及村庄进行总体规划，科学编制专项规划。T 区成立了由主要领导任组长的容村貌改造提升领导小组，指导改造提升全面工作，并建立了四级责任制体系，即区领导包村制，驻村工作队帮扶制，镇、村主体责任制等体制机制，确保工作强力推进，执行有力。建立群众反映信息直通车制度，广泛征求群众意见，自觉接受群众监督，依靠群众的力量和智慧为村容村貌改造提升提供意见和建议。截至 2021 年，T 区采取五个方面具体措施充分发挥政府、乡村干部群众等多方面的作用，凝聚村容村貌改造提升的合力，形成全民共建美丽宜居村庄的浓厚氛围。

一是对示范村道路进行硬化，补齐人民出行的短板。截至 2019 年年

---

① 沈费伟，刘祖云. 村庄重建的实践逻辑与运作模式：以湖州市荻港村为例 [J]. 南京农业大学学报：社会科学版，2017（2）：19-29.

底，完成硬化连村道路 66 178 平方米，村内主街道 41 060 平方米，村内巷道 175 697 平方米。二是采取乔灌花结合、高低错落方式对村庄环境进行美化、绿化，基本实现了四季常青、三季开花。目前，已投入财政资金 350 万元，种植柳树、毛白杨、白蜡、金叶榆、红叶李等 2 056 棵，种植秋葵 2 400 平方米。三是通过绘制文化墙对村庄整体面貌进行改造，提升村子形象，宣传了村容村貌改造提升工作，使村民感受到整齐划一的家乡印象。四是完善农村公共基础设施，修建孔颖达公园、萧何健身广场、设立乡镇农家书屋等为村民提供运动健身、文体娱乐场所。截至 2019 年年底，共新建文化广场 11 个、文体器材 100 余件，入村标识 10 个。五是建设"四好农村路"，加速乡村路网改造提升。截至 2019 年年底，完成邓庄 15 千米旅游路网建设，修建 6 条 11.2 千米农村公路，改造 2 座。

2. 推动农村"厕所革命"

农村改厕工作是一项民生工程，也是改善农村人居环境的一大措施。厕所问题，不仅是与人民日常生活息息相关的问题，更反映了一个国家、一个民族的社会文明程度。自 2019 年以来，T 区积极响应上级部门关于农村改厕的号召，严格落实《全国爱卫会关于印发全国城乡环境卫生整治行动方案的通知》文件精神要求，把改厕工作作为提升人民获得感、幸福感的重要抓手，实施无害化卫生厕所改造专项行动，区委成立改厕工作领导小组，抽调全区精干人员组成领导小组办公室，设在卫生健康局，在全镇范围内全力推进"厕所革命"。由各个镇政府聘请专家因地制宜设计改厕总体方案，引导农户在具有完整上下水道系统和污水处理设施的地方修建户内卫生间，并推广使用双瓮式厕所和三格化粪池式厕所。严格按照标准和流程对厕所进行改造，确保产品质量和施工质量，合理解决厕所有异味、用水量大等技术难题。利用社会力量组建服务队伍，每百户配备 1 台废液运输车，逐步建立村民缴费、专业公司清理的市场机制，多措并举，狠抓落实，确保新建（改建）无害化卫生户厕实现全覆盖。

据深入 T 区陈家村走访了解，此次陈家村的改厕是由政府出资，将村民家中的旱厕改为双瓮式的水冲厕，每个厕所的补贴标准为 800 元。"尽管是免费改厕，但刚开始时，村干部在发动过程中还是遇到了难题。有的村民由于家中厕所面积比较大，所用的材料和人工多，需要自己补差额改造厕所；有的村民担心使用后维修等后续问题，等等。为了打消村民的顾虑，由村干部先带头改，先做出样板来让村民参观，通过示范带动使村民认识到农村改厕是改善生存环境、提高健康水平的重要措施，是一项利村利己的工程。在 T 区政府的指导下，陈家村坚持因地制宜、经济实用原则，从农户实际出发，既使农民承受得了，又达到卫生要求；积极做好项目跟踪、检查验收工作。及时进行技术指导，认真整改落实，激发农民改厕积极性，确保改厕质量。截至 2019 年年底，该村 476 户全部完成厕所改造，检查验收通过率超过 99%，新建旅游厕所 10 座，全村的卫生条件得到明显改善，群众生活质量明显提升，村容村貌焕然一新。

3. 实施农村生活垃圾清理整治工作

在推进乡村振兴工作中，习近平总书记多次强调，"农村环境整治这个事，不管是发达地区还是欠发达地区，标准可以有高有低，但最起码要给农民一个干净整洁的生活环境"。为营造"干净、整洁、舒适、优美"的农村人居环境，针对农村生活垃圾乱象，T 区委、区政府高度重视，召开专题会议进行安排部署，按照上级农村生活垃圾集中治理行动工作安排狠抓落实，以"村容整洁"为目标，完善农村生活垃圾处理设备，建立环境卫生治理长效机。动员辖区内 221 个村村"两委"委员、党员干部对本村道路沿线、旅游景点、村内垃圾、废弃物、杂草等杂物等 36 处垃圾积存点进行全方位、彻底清理，共出动 427 车次、300 人次，清理垃圾 4 万余立方米。各村内街道、胡同由保洁员负责清理，已购买垃圾清运车 12 辆，定制垃圾箱 730 个，全部投入使用。同时，聘请专业公司对大宗垃圾以及河渠垃圾进行打捞，其中，出动 2 只小船集中清理河渠垃圾、大宗垃圾省道附近垃圾 1 万余立方米。此次农村生活垃圾清理整治推进了 T 区农村环境综合整治工作、对积存已久垃圾进行了彻底清理，得到了人民群众的好评。

4. 制定农村整体规划

为全面推进乡村振兴战略，建设生态宜居的现代化农村，T 区制定农村整体规划即打造三个主体功能区，不仅改善了农村环境，还壮大了乡村经济，推动了乡村振兴战略的贯彻落实。T 区坚持因地制宜、规划先行的原则，针对各个村庄的地理位置、资源优势、发展方向进行规划，依托郊区农村打造兼具农业观光、果品采摘、休闲旅游等多种功能的现代农业区。立足于村庄现有的交通、人文、历史等资源优势，围绕村庄特色、农宅特点，结合湖区、镇区规划，在充分调研的基础上，由北京创景天下规划设计公司完成乡村旅游概况，上海筑景规划设计公司编制完成项目一期控制性详规，呈现"一村一品一魂""一村一景一韵"的现代农业整体格局。依托衡水湖打造以娱乐、休闲、养生为主的高品质休闲娱乐度假区。聘请高资质设计团队和专家，做好各村规划设计工作。邀请高资质的天友（天津）建筑设计股份有限公司重点做好村庄整体规划和一家一户的专项规划，针对各村承担职责和地理区位不同，聘请河北和恒城市规划设计有限公司对湖区马拉松赛道旁的绳头、段村、南李庄三个重点村进行了详细规划，对其他 12 个村进行一般规划设计。在产业发展上实施"强一退二进三"战略，针对紧邻衡水湖的 6 个乡村（前韩、后韩、崔庄、绳头、段村、南李庄）的区位优势，结合各村村内实际情况，完善了各村基础设施，发展小型农家院、农家乐等项目。近城打造集酒店、高档写字楼和住宅、高端商业于一体的高档商贸区。在绳头庄村谋划了农宅合作社项目，由村里成立合作社，租赁村内的闲置农宅，引进工商资本，进行旅游项目开发，与北京宋庄艺术促进会达成合作计划。目前已拆除 23 处空宅，面积 3 500 平方米；拆除断壁残垣 900 米；完成棚亭改造 5 个；拆除养鸡场 2 处 138 平方米；针对传统农业村（邓庄村、陈村、道口、前埔村、邵庄），一方面发展现代农业，建设农业采摘园区，吸引游客来此观光、体验、采摘；另一方面，借助衡水湖大开发这一有利时机，在餐饮住宿、旅游接待上重点下功夫，建成了一批特色酒店和特色小吃等大型旅游接待综合体，努力做好来衡水湖旅游人群的服务接待工作。

经过一系列专项整治行动，T 区农村人居环境治理体制机制不断顺畅，人居环境明显改善，农民生活质量不断提升，生活成就感越来越强烈。

三、农村人居环境治理存在的问题及原因分析

（一）T 区农村人居环境治理存在的问题

自农村人居环境治理行动开展以来，虽然各村取得一定成效，但是农村环境治理仍然存在一些问题。笔者先后走访绳头庄、骑河王村、北苏闸村、邓庄村、速流村、前埔村、陈家村、旧城、陈张高、张庄、英庄、南沼、刘高、盐堤口、王阁庄、韩家庄、东明村、三杜庄村、大马村、何庄村、柳林铺村 21 个村庄，开展调查问卷，主要征集了受访者对当前农村人居环境存在的问题、意见和建议，结合乡村振兴战略中有关农村生态宜居的内容进行归纳概括和此次问卷调查，现将 T 区农村人居环境治理存在的问题归纳为以下四个方面：一是村庄规划不合理，乱建乱拆现象严重；二是体制机制不完善、政府部门间协调不力；三是资金不足、基础设施利用率不高、后期维修不及时；四是村民环保意识差，参与积极性不高，村民自治效果不理想等问题。

1. 村庄规划不合理，乱建乱拆现象严重

（1）村庄整体规划千篇一律。农村人居环境治理应该因地制宜，符合各村的特点。T区虽然在全区整体规划上计划建设北方生态宜居滨湖片区，冀中南区域中心城市片区和京广、京九重要的交通枢纽片区，但是在具体各村规划中，一些乡镇政府只是为了尽量完成上级部署的工作，采用一个模板，一味生搬硬套，基本上按照白灰、暖黄等为主基调规划村庄建设，不关注农村的特色，不关注农村人居环境治理是否达到预期效果以及实现治理的可持续性，甚至盲目搞"一刀切"，各村规相似性极高，容易造成千村一面的局面。在城郊的一些村庄中，农村随意修建房屋，新房旧房互相交错，私搭乱建现象也相对较多，造成村内布局杂乱，对村容村貌造成了一定的影响。

（2）村庄专题规划随意任性。由于规划不完善，有时会出现前期先修路，后期又要铺设污水处理管道等，只能将铺好的道路毁坏，造成村庄长期施工，更加脏乱。在污水处理方面，污水处理设施的建设主要集中在乡镇驻地，多数农村地区排污设施建设还是空白，个别村建设了排污水管网，但没有对污水进行处理，无法有效解决污水污染问题。垃圾治理方面，有些村垃圾收集点少，设置不合理，村民怕麻烦，乱扔乱倒现象尚未杜绝。

2. 政府部门之间协同治理合力不足

部门之间多头管理、职责不清晰。目前，T区人居环境治理工作仍然处于一推一动、不推不动的状态，人居环境治理工作主要靠乡镇政府和农村基层自治组织推动。由于乡镇人员较少、精力有限，对环境治理整体的推进工作缺乏长效监管机制，各部门之间沟通协调不顺畅，加上部门之间多头管理和职能重叠，很难实现对跨行业、跨区域的环境问题有效执法监督，且执法力量薄弱、执法方法简单粗暴，致使破坏人居环境问题不断发生。比如，衡水湖周边村庄的人居环境治理问题就是农业农村局、水利局、环保局等多部门管理，各部门根据各自工作重点对湖区所在村庄进行不同侧重的规划、管理，没有建立对衡水湖湖区村庄统一管理的协调机制，导致管理碎片化、分散化，不利于湖区村庄的人居环境的整体管理和长远发展。

3. 资金投入不足、基础设施利用率低且损坏严重

据官网公布，2020 年 T 区政府在着力改善农村人居环境方面，安排资金 1.5 亿元，主要用于农村"厕所革命"、农村人居环境整治、村容村貌改善等；2019 年安排资金 1 亿元用于乡村基础设施建设和人居环境改善。尽管 T 区政府对农村人居环境治理的资金投入不断加大，但仍难以满足需要。

（1）资金投入不足。此次走访调查了解到，T 区共有 221 个农村，在 2017 年"美丽乡村"建设中，部分条件优越、位置较好的村庄，通过政府、企业的帮扶、村集体收入等，涌入大量的资金，兴建了农村排水设施、垃圾处理中转站、新式厕所等，农村人居环境明显改善。但是，后续基础设施的维持以及大面积的全区推广进展缓慢，甚至陷入僵局。就拿生活垃圾清运来说，按照每条街道至少设置一套垃圾桶，每个垃圾桶每天至少清运一次，每次需要的人力、物力，前期投入、正常运转、后期维护等各环节都需要资金来保证，全区 221 个农村，每个村需要 100 名环卫工人，每人按照 2019 年度衡水市最低工资标准 1 590 元/月来计算，单是环卫工人的工资就需要上千万元。再加上设备日常损耗、维修、项目资金等，这都是一笔不容小觑的资金，区级财政可用财力十分有限，各村享受政策性资金扶持变少，加上村集体收入较低，逐渐出现垃圾清运不及时、不到位，以及村庄美化绿化亮化水平较低等问题。补齐基础设施建设短板所面临的资金缺口较大，导致农村人居环境整治资金远不能满足实际需要，农村净化、绿化、美化、亮化等各方面的工作进展缓慢、后劲不足、难以维持。

在与村民座谈中，村民普遍反映缺少农村人居环境整治方面的资金，当被问到"您是否愿意为改善农村人居环境出资"时，65.5%的村民认为资金应该由政府财政投入，11.4%的村民明确表示不愿意为改善村里环境的措施承担任何费用，还有 23.1%的村民没有明确表态。在填写了调查问卷的 276 名受访者中，仅有 69 名受访者表示愿意为打扫村内公共区域卫生、统一处理垃圾等改善村居环境的服务付费，占全部访问对象的 25%。在愿意付费的 69 名村民中，愿意为改善村里环境承担 50 元以下的 50 人，占 70.7%；愿意承担 50~100 元的有 14 人，占 20.9%；选每年 100 元以上的有 5 人，占 9.1%。这意味着农村人居环境治理的投入资金绝大部分需要依靠政府投资，导致投资渠道单一，农村人居环境治理成效难以持续。

（2）基础设施利用率不高。在此次的调研问卷中，我们发现许多农村人居环境治理基础设施差，治理措施利用率不高。在农村人居环境治理过程中，农村基础设施的投入不少，由于后期运行维护不及时，实际取得的效果与预期相差很大。由于配套设备的不完善和后期维护不健全，很多已经投入使用的设施，不断出现各种问题，对农村人居环境治理的质量和效率造成了严重的影响。例如，在农村"厕所革命"中，区政府根据各种规范标准购置安装了不同的设施，花费大量财政专项资金用于修建农村厕所和自来水网络，以确保公众的饮用水安全和居民区的卫生环境，尽管政府已根据规划对厕所和自来水进行了改造，但是全区各个农村的实际情况和村民的接受程度能力不同，目前，实际的使用效用并未达到预期。而作为农村三大革命之一的"厕所革命"，虽然对农村环境进行了极大的改善，但仍然存在许多问题。根据政府初期的建造意图，"厕所革命"是为了提高村民的生活质量，减轻环境污染。然而实际情况却是村民们更倾向于使用原本的旱厕，让政府花费巨额资金改造的新厕所成了摆设甚至是废物储藏间。怎样提高设施的使用率，让建设好的设施起到应有的作用，并从根本上改善村民的生活，这也是后期主要面临的问题。

4. 村民参与程度低，自治效果不理想

部分村民仍抱有"等、靠"思想，存在事不关己高高挂起的看客思想，对其严重性和紧迫性意识不足，很多村都是政府部门天天催着干，村民却在一旁冷眼旁观。据村干部反映，村内像垃圾清运、生活污水处理、"三清一拆"等工作基本上全靠政府推着走，村民很少主动参与进来，大部分村民都有等待政府来解决的思想。甚至在整个环境整治过程中如稍有涉及村民个人利益的情况出现，此项工作就很难开展。在与村民座谈中了解到，受访村民对改善农村人居环境均有迫切需求，但仍存在只享受环境改善成果，不愿意为之付出劳动，感觉是替别人在做事的想法。调查显示，有31.7%的受访村民愿意主动参与农村人居环境治理工作，有27%的受访村民表示不会参与更没有时间参与，村民参加公益性劳动的积极性不高，没有报酬的劳动。

生活方式随意，生活垃圾和生活污水乱排乱放。据调查了解，T区有很多农村的生产生活方式仍然按照原有不科学的方式进行。例如，骑河王村、韩家庄等属于T区经济基础较差的村庄，生产生活方式比较传统，村民除了小部分农业种植以外，部分村民家中散养着猪、羊、鸡鸭等牲畜，粪便随处排泄造成对人居生活环境造的严重污染；邓庄村、前埔村等村庄经济一般，村民外出务工较多，导致村内闲置老旧房屋坍塌荒芜，无人清理，部分农家将收集的旧纸箱、旧电器等堆置在房前屋后。受调查的村庄几乎都在沿街道路、街巷设有垃圾桶和垃圾箱，但是大部分作用不明显，有的长期满满的，垃圾桶旁边堆满垃圾，甚至有的村民直接将垃圾堆放在路边，日用塑料袋、废旧电池以及其他各种生活垃圾乱堆乱放，既影响交通又污染环境。

（二）T 区农村人居环境存在问题的原因分析

造成当前 T 区农村人居环境现状的原因是多方面的，既有来自历史和现在不同背景冲突的原因，也有政府和村民作为不同主体导致的原因，是多方面共同作用的结果。本书结合 T 区的现有情况，主要从村庄规划布局、体制机制完善、资金投入、政府宣传、基础设施保障、村民思想意识等方面着手，深入分析造成当前 T 区农村人居环境治理所存在问题的原因。

1. 村庄规划缺乏科学论证，治理方式方法单一

千年大计，规划先行。村庄的持续发展，必须制定科学合理的村庄发展规划。T 区农村人居环境治理出现的问题就在于村庄没有适合的、长远的发展规划，或者发展规划设置不合理。村庄整体规划单调、缺乏特色，没有对农村人居环境治理涉及的村容村貌、农村厕所改造、道路硬化、基础设施建设、产业发展等各方面、各层次的要素进行统筹规划，可能是单个治理主体从单一要素出发，本应是各部门统筹协作的事情，未经过科学论证，单方面实施，导致九龙治水的乱象。根据公共治理理论，政府应该重视各类主体及社会组织间的平等对话与协商合作，引导多主体共同参与治理。农村发展规划的制定不是一个或者几个部门单独完成的任务，而是需要多个部门明确分工、协调配合，共同推进完成的任务。当前，T 区的农村人居环境治理仍是以各职能部门主导推动、乡镇政府组织实施为主，从某种程度上来说，大部分农村发展规划很大程度上都要靠政府的强制性命令，通过层层传导压力、定期督查问责抓落实抓整改。此外，政府在村庄规划方面缺乏长远性，各村村庄规划没有经过认真研究、科学论证，没能根据各村特点因地制宜制定的规划，缺乏可操作性，更没有征求村民意见，得不到村民的支持和贯彻执行。

2. 部门协调机制不顺畅，缺乏长效监管

依据社会治理体系原理，政府各职能机构在各专项行动中职责和任务不同，需要明确牵头单位和责任单位，完善议事协调机构、建立联席会议制度等健全社会治理体系。T区虽然成立了专门的人居环境专项整治工作领导小组，但是在实际开展工作的过程中，各个机构对村内环境进行监督和管理分散，各部门沟通协调不顺畅，缺乏统一的长效监管机制，部分人员工作积极性不高、责任意识较差，在治理工作中经常就是"做样子"，导致一些村的环保工作进展缓慢。另外，对于人居环境治理整体考核工作，组织部门、纪检部门、环境保护部门、乡镇政府没有建立统一管理、统一考核、统一评价机制，对各个工作流程中的相关责任人的奖惩考核制度不衔接、不完善，对治理工作的参与者没有做到合理激励和有效制约，不能有效对工作进行评估和监督①。

3. 资金来源渠道单一

通过我们对现有问题的全面深入研究，不难发现"钱是一切问题的根源"，因为农村环境治理的过程中所遇到的各种问题，如基础设施建设、后期设备维护等都是需要充足的资金支持才可以完成的。然而目前的情况是农村地区经济实力较差，农村集体经济收入单一，而农村环境治理是一项长期工程，除了财政拨款所需资金仍有很大缺口。同时，当前政府对农村环境整治的资金更多的是一种撒网式、平均式的投入，这种方式很容易造成基础设施数量的不足和质量的低劣，难以达到期望的治理效果。特别是后期维护资金的不足，无法保证整治效果的长期保持。当前T区农村环境治理的资金主要由区和乡镇两级财政共同负担，而T区绝大部分乡镇都是传统的农业乡镇，没有足够的乡镇企业税收来充盈乡镇财政，也没有实力雄厚的乡镇企业，政府部门更加无法投入足够的资金到农村环境治理中。从T区现有状况来看，农村环境治理资金所需的缺口，仅依靠政府财政来填补是远远不够的。

政府工作人员宣传、培训力度不够。在实地调查及与村民的交流中得知，一方面，乡政府和村委会等对人居环境治理宣传不到位，乡、村干部工作缺乏主动性，政策执行简单粗暴，千篇一律采用张贴宣传口号、大喇叭广播，甚至是行政命令的方式进行，不能很好地激发村民参与人居环境

---

① 苏华宇. 三重视角下农村人居环境整治研究 [D]. 济南：山东大学，2020.

治理的热情，丧失了村民这一庞大的治理主体对人居环境改善的生力军力量。另一方面，村里人居环境整治工作改造投入了资金，建立了垃圾分类设施、垃圾集中处理设备，增加污水处理设备等公共基础，但是村委会或者村干部没有对这些专业设施的使用以及后期的运行维护需要进行培训讲解，导致设施、设备利用率不高，闲置甚至毁损，前期投入沦为"盆景"或者摆设，村民依然按照原有的生活方式进行。

4. 村民主体意识差，环保意识淡薄

就社会治理理论而言，治理主体是治理成效的重要因素之一。乡村振兴战略提出要尊重农民群众的主体地位，发挥其主体作用。农村人居环境治理最终的受益对象是居住在本村的村民，村民作为既得利益者，理应成为治理主体，更应该积极参与到相关工作中。然而，在现实中，村民没有形成环境治理的主人翁意识，对农村人居环境治理工作积极性不高，绝大部分农村人居环境治理过度依赖政府。通过对调查问卷的梳理汇总，笔者发现造成以上问题的原因主要有以下三点：一是农村人口年龄结构不合理。农村普遍存在青壮年外出工作、求学，只有中老年人和儿童在村务农的情况，农村劳动力缺乏，村中人口年龄偏大或者偏小，其本身身体素质较差，加上长期以来的生活习惯，导致村民不愿意多费力气和工夫去维持人居环境的整洁。二是文化水平较低。农村人口整体文化水平较低，受多年传统老旧思想和生活方式的影响较深，生产生活方式传统、落后，卫生健康习惯较差，对一些基本的公共卫生意识都没有了解，环保意识较为薄弱，思想观念陈旧，许多村民在日常生活中往往只把自己的切身利益放到第一位，不会从大局出发注重对人居环境的保护，认为只要自己生活方便，自己的生活质量就提高了，因此在生活垃圾丢弃、污水排放、厕所改造等方面比较随意。三是农民对人居环境治理认识不到位。农民对国家关于乡村振兴、美丽乡村建设等政策认识不到位，村民对政策不够理解，不能了解农村人居环境治理能给他们带来怎样的好处，甚至有很多村民认为农村人居环境整治更多只是一个政府用来"做样子"的工程，并没有从心里真正意识到其与自身生活利益息息相关，因此他们的生产、生活方式难以迅速改变。

四、国内外农村人居环境治理成功经验

他山之石，可以攻玉。国内外农村在人居环境治理方面已经有不少的成功经验，我们可以在学习借鉴的基础上，结合实际，分阶段、有步骤地加以运用。

（一）浙江省平湖市人居环境改造提升经验

1. 浙江省平湖市简介

2003 年，浙江省开始探索农村人居环境治理路径，开辟了"千村示范、万村整治"的浙江模式，并取得不错的成效，在全国得到推广。平湖市是全国综合实力百强县，是浙江省综合实力 20 强县市之一，隶属于嘉兴市，位于东海之滨，地处浙江省东北部，是"沪、杭、苏、甬"四大城市菱形对角线的交汇点，北接上海市，南濒杭州湾，是江南著名的"鱼米之乡、瓜灯之城、文化之邦"，素有"金平湖"之美誉。为深入做好"千村示范、万村整治"工程，2018 年平湖市开始全面启动农村人居环境提升三年行动计划，使农村人居环境整治融入美丽乡村建设元素，构建美丽乡村发展新格局，形成了独特的"平湖模式"。

2. 平湖模式

（1）强化组织领导，平湖市上下联动。全面推行"政府引导、村级主体、社会参与、统筹推进"的建设模式，形成上下协调、齐抓共管市镇村三级创建组织领导格局图。在市级层面，成立由分管副市长任组长、相关部门分管负责人为成员的美丽宜居乡村示范工作领导小组，统筹推进全市美丽宜居示范村建设。在镇街道层面，成立相应的美丽宜居示范村创建领导小组，全力支持美丽宜居示范村创建工作，在资金和人员上积极向示范村建设予以倾斜。在村级层面，强化示范村创建主体地位，各示范村配齐人力、物力，严格确保责任落实到人，工作落实到位。

（2）坚持规划先行，梯次推进。平湖市编制《平湖市域乡村建设规划》《平湖市村庄布点总体规划》《平湖市农村生活污水治理专项规划》《平湖市高水平推进农房建设试点工作打造"金平湖江南水乡民居"典范实施方案》等，为农村区域生态环境的持续好转与传统村落的发展保驾护航。同时，强化专项设计，组织专业设计单位现场踏勘，深入发掘当地优秀历史文化传统、村庄产业优势，彰显村庄个性特色，做到一村一品、一片一韵①。

---

① 田春燕. 乡村振兴背景下衡水市 T 区农村人居环境治理研究 [D]. 石家庄：河北师范大学，2021.

（3）鼓励资金叠加，形成合力。强化农村人居环境治理工作过程中的资金保障，严格执行《浙江省人民政府办公厅关于实施农村人居环境改造提升建设示范村工程的意见》。同时，在省级拨款补助的基础上，结合平湖市乡村振兴、美丽乡村、优美庭院等项目建设，鼓励村民、企业等多方主体众筹资金，形成叠加效应，保障工作顺利开展。

（4）广泛宣传发动，营造氛围。平湖市充分利用微信、微博、抖音等线上媒体开展农村人居环境治理建设宣传工作，扩大村民知晓面和社会参与面，调动村民参与环境整治的积极性，形成全民共建、全民共享的良好氛围。同时，通过召开村民代表大会、征求村民意见建议等形式，让村民成为环境整治的主体，形成"全社会共治"的治理模式。

（二）山西省介休市人居环境治理经验

1. 山西省介休市简介

介休市位于山西省中南部，汾河横过境北，绵山屹立境南，总面积744平方千米。介休现辖1区、7镇、3乡、230个行政村，5个街道办事处、26个社区，总人口43.6万；介休历史悠久，公元前514年建制，距今已有2 500多年的历史。这里历史上有春秋时期割股奉君的介子推、东汉时期博通典籍的郭林宗、北宋时期出将入相五十载的文彦博，素有"三贤故里"之称。

2. 介休市人居环境治理成功经验

为改善农村人居环境，加快"一山一村一城一市"景区建设，打造全省最宜居的县级城市。介休市通过"环境整治、宜居示范、完善提质"三大工程建设，持续改善农村生产生活生态条件，加快建设美丽宜居乡村。

（1）环境整治工程。以农村污水治理、垃圾治理为重点，兼顾农业面源污染治理，加快实施农村环境综合整治，推进垃圾统一收集、污水处理设施完备、排放符合环境标准，村庄环境整洁人居环境整治工程。实施乡村污水治理，以万人以上镇区、千人以上建制村、农民安居工程集中安置地和美丽宜居示范村为重点，开展农村生活污水防治工程调研工作，完成农村生活污水防治试点任务。深入推进乡村清洁工程，进一步规范农村环卫队伍建设，建立"四定一包两监管"的乡村环卫作业管理模式，因地制宜、全面推进农村垃圾统筹处置规划和建设管理工作。筹建压缩式垃圾中转站，启动农村垃圾卫生填埋场建设，按照"乡建市补"的方式，在达标示范村建设 1 000 个煤泥集中存储池，解决煤泥乱堆乱放问题，各乡镇对农村现有设施设备进行摸底排查，对破损、毁坏的垃圾池、垃圾桶等设施设备要及时进行修复、更换、完善。

（2）宜居示范工程。继续做好美丽宜居示范村三级联创活动，打造一批"家园美、田园美、生态美、生活美，宜居、宜业"的美丽宜居示范村，从更高层次上引领全市改善农村人居环境工作。按照分级创建、分类示范、分批实施的方式，重点打造一批工矿一体示范村、历史文化和特色文化示范村、绿色生态示范村、休闲旅游示范村。省、市、县（市）三级联动，制订创建方案，完善推进措施，建立激励机制，形成相互衔接、相互促进的工作格局。根据不同的自然条件、发展水平、人文条件，选择不同类型、有条件的村，树立典型、抓好示范，引领创建分类示范工作。坚持完成一批，增补一批，持续滚动实施，并通过推广实施使更多村庄成为美丽宜居示范村。重视"人的新农村"建设，加强农村精神文明建设，将美丽宜居示范村"三级联创"与文明村镇创建相结合。

（3）完善提质工程。围绕加强农村基础设施建设和提升农村公共服务水平，加快推进路、水、电、气等基础设施完善和农村文化教育、医疗卫生、社会保障等公共服务水平提升等重点领域。全面实施六大工程，推进县乡公路改造、撤并建制村通硬化路、农村公路窄路基路面拓宽工程，推动饮水安全巩固提升工程，推动农村电网改造工程，加大天然气、煤层气、焦炉煤气等清洁能源的开发利用，全面推进燃气管网向村镇延伸。加快推进农村学校标准化建设，改善农村学校师生生活环境，并将其纳入改善农村人居环境目标责任制考核。全面提升医疗服务质量，改善乡镇卫生院、社区卫生服务中心中医诊疗环境等。

五、完善农村人居环境问题治理对策

（一）鼓励农民转变生产生活方式

1. 推广农村垃圾分类处理

按照可回收利用和有毒有害、可焚烧发电和需填埋建筑垃圾等不同标准，开展农村垃圾分类处理工作，最终实现可利用垃圾资源化、不可利用垃圾无害化的垃圾处理目标。家禽动物粪污及生活污水集中收集、沉降分解后作为沼液沼渣用于农业生产，人类粪污可以通过改变农民生活方式，改造农村厕所，引导农村向城市化发展转变。实行户清理、组清运、村处理的一体化模式，一方面，由村委会根据实际情况为农户配置垃圾桶，聘请环卫工人分片区负责清运每家每户垃圾清运，统一倒入垃圾池再转运到市垃圾处理厂进行集中无害化处理。另一方面，要注重各种环卫设备的后期维护管理，尤其是对于统一发放的垃圾桶安排专人定期巡查，发现问题，及时修理、及时更新，实行分片负责、定期巡查制度，由环卫工人对公共场所的街道、广场、集市的清扫工作以及各站点垃圾桶、垃圾箱、垃圾车等环卫设施进行清理和养护。

2. 梯次推进农村生活污水治理

根据村庄地理位置、经济发展情况、人口聚集程度、污水产生量等因素，因地制宜采取不同的处理措施。对南水北调工程输水沿线、集中式饮用水水源地、衡水湖自然保护区等环境敏感区域的村庄，严禁在水源地保护区内设置排污口，严禁未经处理的污水排入河道；对经济发展条件较好、人口聚集度较高的村庄，先行建成集中或分散的生活污水处理设施；乡（镇）近郊的村庄，生活污水就近纳入城市污水收集管网集中统一处理；对居住分散、人口较少且不位于湖区周边的村庄，优先结合农村改厕工作采用三格式化粪池或净化沼气池等污水处理系统进行处理，继续实施农村安全饮水改造提升、水毁水利修复工程①。

（二）拓宽投入渠道，实现多元治理

1. 积极争取各级财政支持

T区政府每年拿出固定的财政资金用于农村环境改造提升工程，在保证本级财政资金的基础上，积极争取省级、市级涉农专项资金支持，如农村危房改造资金、美丽乡村建设资金等，这些专项资金都既保证专项建设，又能有效改善农村人居环境。具体可采取以下措施：一是在政策允许的条件下，各级涉农财政资金分配向人居环境整治工作倾斜，发挥财政奖补资金引导作用；二是实行整体策划、分口包装，积极向国家和省、市申报建设项目专项资金；三是规划与农村人居环境相关的项目立项工作，以项目带动上级资金的支持、投入。

---

① 李玉婷. 雨洪韧性视角下的乡村规划研究［M］. 北京：北京交通大学，2021.

2. 发挥村集体收入的补贴作用

在经济条件较好、有村集体收入的村庄，用好村集体补贴、"一事一议"奖补、村民合理付费等措施，通过自筹自建部分公共设施，自行承担部分保洁经费，减轻财政负担。先行先试逐步探索农村人居环境治理合理缴费机制，采取乡镇政府补贴一点、村里自筹一点、村民上缴一点的办法，综合考虑村民经济承受能力和意愿等因素，合理确定缴费水平和标准，充分发挥村民主体作用，提升农村人居环境治理能力。

3. 运用市场机制吸引社会资金参与

可采取降低税收、降低银行贷款利率和财政补贴等各种优惠政策，通过"以奖促治""以奖代补"等措施，积极引导企业或社会资本参与农村人居环境治理中来，通过 PPP、BOT 等方式引入第三方治理机制。支持环保设备生产企业、第三方环保服务公司等市场主体投资建设农村卫生基础设施，并通过"认养、托管、建养一体"等模式开展后期管护，保障设施可持续运转。通过投资补助、担保补贴、贷款贴息等方式，吸引社会资本、社会力量参与。从 T 区农村人居环境治理现状看，应多方拓展资金来源渠道，将政府、市场与社会组织融合到一起，进而形成一种政府、市场与社会共治的模式。

（三）广泛宣传动员，多方配合治理

宣传引导是提升人居环境治理成效的重要手段之一，要增强农民的绿色发展的意识，改善农村人居环境的现状，调动全体村民主动参与，就必须通过多种途径宣传和贯彻绿色发展理念。

1. 发挥村党支部宣传主体作用

基层支部要定期组织召开支部委员会研究农村人居环境治理的宣讲办法，经常组织党员大会、村民代表大会听取群众意见，组织发动村民积极出资、建言献计、投工投劳，依靠群众的力量，激发村民自愿参与农村人居环境治理的内在动力。利用村公示栏、宣传栏、走村入户等方式，村"两委"成员带头宣讲树立绿色发展理念、人居环境治理的重要性，特别是要做好对农村厕所改造、垃圾处理、生活污水处理等解释、引导工作，对人居环境治理工作中不好推进的事项从自身带头做起，从党员入手，逐户做工作、讲政策，充分发挥党员的引领带动作用。

2. 转变方式，利用直播等新媒体广泛宣传

通过利用村民易于接受的宣传方式，对农村人居环境整治的相关内容和意义进行大力宣传，统一干部和农民群众的思想认识。充分利用广播、电视、报纸等传统媒体和微信、微博、抖音等网络新媒体以及农村大喇叭等特色媒介宣传村民注意事项，鼓励全民参与垃圾处理、污水处理，主动改变落后的生产生活方式，追求更高的生活质量，使人居环境治理工作深入人心、家喻户晓，努力营造全社会关心、支持人居环境的社会氛围。

3. 合理设置受众，有针对性地宣传推广

要把农村老人、留守小孩和学生作为重点的宣传教育对象，使他们养成爱卫生、懂卫生、注意卫生的良好习惯，让他们去影响身边的人。宣传内容上要具体细化，让村民在日常生活中感受人居环境治理的点滴，如主动清理屋边杂物、拆除破旧闲杂房、整治卫生死角。在宣传形式上要易于接受，不能是强制性的命令口吻、教科书式的宣读，要用农民的话说农民的事，让农民主动变"要我干"为"我要干"，村民亲身感受村庄整治的变化和好处，激发广大村民内生动力。

（四）完善基础设施建设，实现村庄生态宜居

1. 科学合理编制村庄整体规划

按照实用性原则，实行全区农村整体编制、统筹规划，乡镇连片推进，村庄整体实施，为农村人居环境整治工作提供规划指导。村庄规划要通俗易懂，符合农村实际、满足农民需要、体现乡村特色，纳入村规民约，保护传统村落民居和历史文化名村名镇。村内规划要突出实用性，每个村庄要明确整治重点，加大对其住宅建设、沿街商铺的规划管控和对绿地公园、休闲广场等村内公共设施的规划建设，满足村民生活生产需要。加强对农房建设规划管控、土地规划管理，生产生活空间合理分离，实现村庄规划管理基本覆盖。

2. 分类施策，因村制宜完善专项规划

农村人居环境治理是一项为提高人民生活满意度的重大民生工程，也是一项并非一朝一夕就能完成的长期工程。乡村振兴战略要求，加快补齐农村基础设施短板，推动农村基础设施提档升级。持续加强垃圾处理、污水治理、厕所改革等基础设施建设。对于生活垃圾、生活污水处理设施要坚持"建好、管好、护好、运营好"的原则，高标准设计规划污水管网铺

设、垃圾站和卫生站等设施建设，并安排专门人员做好各种设施的后期维护及管理。同时，可以先在一些地方试行政府购买社会服务的方式，聘用专业环卫公司，负责垃圾污水处理流程的各个环节，根据实际效果再逐步改进向并其他地区覆盖。针对农村地区垃圾多具有易降解性、易转化性的特点，可以探讨使用新技术将收集的粪便进行加工形成新能源，将农业生产过程中产生的秸秆加工成肥料等。这样，既能减少垃圾污水产生的环境污染，还能降低环境治理成本。对以发展乡村旅游为主的村落，要加大休闲文化设施的建设力度。村内要实施道路硬化，实现水泥路村村互通设置交通标识标线，引导车辆、行人规范行驶，道路两旁实行高标准绿化，用完善的基础设施和服务项目吸引游客。

第五章　乡村振兴战略背景下农村基础资源建设路径研究

第一节　乡村振兴战略背景下完善农村人力资源管理体系

一、相关概念与理论基础

（一）人力资源的概念阐释

1. 人力资源

人力资源是指能够推动经济和社会发展的劳动力的能力，即已经投入经济建设和社会发展活动但尚未投入经济和社会发展活动的人口的能力。人力资源概念有广义和狭义区分。从广义上讲，人力资源是指一个国家或地区的人口总量，它决定着该国家或地区劳动力资源的数量及其变动情况；从狭义上讲，人力资源是指具有劳动能力人口的总和，即通常意义上的劳动力资源，或是总人口在经济上可供利用的最高人口。

2. 人力资本

人力资本的概念最早是由被誉为"人力资本之父"的舒尔茨提出来的。舒尔茨认为，人力资本是通过对人的投资形成的，主要指凝聚在人身上的知识、技能、体力（健康状况）、经历、经验和熟练程度所构成的资本。在货币形态上表现为提高人口质量、劳动者时间价值时所支付的各种费用。一般意义上，人力资本是指劳动者受到教育、培训、迁移、保健等方面的投资而获得的知识和技能的积累。由于这种知识与技能可以为其所有者带来工资等收益，因而形成了一种特定的资本，具体到农村人力资本主要包括农民的知识水平、健康状况和农业生产技能等。

3. 人力资本与经济增长的关系

对人力资本进行投资不仅能使自身的收益递增，而且可以使其他投入要素的收益递增，从而使经济增长得到强化。20世纪80年代，罗默、卢卡斯、斯科特等人针对新古典增长模型的缺陷，提出将人力资本内生化的新增长理论，说明技术进步和人力资本对经济增长具有重要意义。1988年，罗伯特·卢卡斯在《论经济发展的机制》一文中提出了"专业化人力资本积累增长模式"，他认为，人力资本与经济增长的关系密切，对人力资本进行投资不仅能使自身的收益递增，而且可以使其他投入要素的收益递增，从而使经济增长得到强化。其后，经济学家利用新增长模型，对技术进步、人力资本的总量及分配与经济增长之间的关系做了经验研究，一些研究表明人力资本与经济增长确实存在明显的正相关性。

（二）人力资源的内涵

1. 人力资源的性质和结构

从人力资源的性质上来划分，人力资源由数量和质量两个方面构成，是人口数量与质量的统一。从人力资源的结构来看，人力资源可分为人口资源、劳动力资源和人才资源三类。人口资源是一个国家或地区的人口总和，是一个最基本的底数，基本上是一个数量概念；劳动力资源是一个国家或地区有劳动能力并在"劳动年龄"范围之内的人口，偏重数量；人才资源是一个国家或地区具有较强的管理能力、研究能力、创造能力和专门技术能力的人们的总称，它重点强调质量方面。由此可见，人口资源与劳动力资源突出了人和劳动者的数量，人才资源主要突出人的质量，而人力资源则包含质量、数量两个方面。人才资源包含人力资源，人力资源包含劳动力资源，劳动力资源包含人口资源。从"质量内涵"方面去考察，人口资源仅仅是一个数量概念；而劳动力资源的最低要求是具有初级劳动能力的适龄人口；人力资源虽然明确提出了质量要求，但这种质量是有高低之分的，按照人力资本积累程度和整合效应状况，人力资源可以分为初级人力资源和高级人力资源。其中，初级人力资源的质量是一种原始的、本能的质量，是遗传得来的低层次的质量；高级人力资源的质量与人才资源的质量内涵是一致的。人才资源重点强调的是质量，是通过人力资本投资形成的质量，这种质量可以释放出巨大的能量，是创造性劳动的主力军。

2. 人力资源的特点

（1）人力资源的生物性。生物性是指人力资源存在于人体之中，是一种活的资源。

（2）人力资源的能动性。能动性是人力资源区别于其他资源的最根本的特征。与其他资源相比，人力资源是唯一能起到创造作用的资源，人力资源能够积极主动地、有意识、有目的地认识世界和利用其他资源去改造世界，推动社会和经济的发展，因而在社会发展和经济建设中起着积极和主导的作用。人力资源的能动性具体体现在人能够接受教育或主动学习以丰富自己的知识、提高自己的技能，能够自主地选择职业，更重要的是人力资源能够发挥主观能动性，有目的、有意识地利用其他资源进行生产，能够不断地创造新工具、新技术，推动社会和经济的发展，推动人类文明进步①。

（3）人力资源的时效性。时效性可以从两个方面来理解：一方面，人的生命需要经历婴幼儿期、少年期、青壮年期再到老年期这些自然的时期，不同时期的人力资源的可利用程度不同。从个体成长的角度来看，对人力资源的使用也要经历培训期、试用期、最佳使用期和淘汰期的过程。另一方面，人力资源所拥有的知识、技能等要素相对于环境和时间来讲是有时效性的，如果不及时更新就难以满足不断变化的要求。人拥有的知识技能如果得不到使用和发挥，也可能过时，或者使人的积极性降低。人力资源管理过程要尊重人力资源的时效性特征。

（4）人力资源的再生性。再生性是指只要使用得当，人力资源可以不断得到恢复和补充，并可以不断地使用。如体力的恢复、疾病的康复和知识技能的更新和学习。人力资源能够实现自我补偿、自我更新、持续开发。人力资源的自然磨损是不可抗拒的，但是人们可以通过医疗、保健和锻炼等各种途径来减缓这种自然磨损的进程。人力资源的无形磨损是可以积极防范甚至在某种程度上予以避免的，人们可以通过不断学习、积极进取、经验积累和培训开发等途径不断更新和丰富自己的知识、技能、经验以消除或避免无形磨损。这些都要求人力资源管理重视员工培训与开发以及医疗保健等方面的工作。这一特征还要求人力资源的再生产必须与社会再生产的其他方面协调一致，如我们的作息时间与单位的工作时间或农业

---

① 王震，姜福斌. 人力资源管理计划、实施与感知的差异研究个整合模型［J］. 经济管理，2021，43（10）：83-98.

的生产时间相一致。我们所补充、更新的知识应是当前社会所需要的，随着社会的不断发展，终身学习也越来越受到重视。

（5）人力资源的社会性。人力资源不同于其他资源的显著特征之一就是其具有社会性。人力资源的社会性是指人是社会人。从宏观层面上看，人力资源的获取与配置要依赖社会，人力资源的配置与使用从属于社会分工体系。从微观层面看，人类的劳动是社会性劳动，不同的个体参与社会经济活动中的社会分工。这些构成了人力资源社会性的客观基础。同时，人生活在社会与群体之中，每个群体或民族都有自身的文化特征和价值取向，这些都会通过群体中的个人表现出来。个体不同的价值观会影响到个体在社会活动中的行为。另外，因为人是社会人，除了追求经济利益外，还要追求包括社会地位、声誉、精神享受以及自我价值实现等多重目标的实现。在实现这些目标的过程中，人的能力和潜能的发挥不仅会带来生产力的提高和社会经济的发展，而且会产生社会性的外部效应，如人的素质的提高会提高社会文明程度、能够使人有意识地保护并改善自然环境等。因此，从本质上说，人力资源是一种社会性资源。

3. 人力资源开发

人力资源开发包含的基本含义有两方面，即人力资源的利用和发展。人力资源的利用是指人力资源存量转化为现实生产要素、经济要素的过程，人力资源的发展是指在人力资源某种存量的基础上进行的潜力的挖掘、内涵的充实、禀赋的提高。人力资源开发主要是对人力资源数量和质量的全面和全过程开发。它是指以发掘、培养、发展和利用人力资源为主要内容的一系列有计划的活动和过程。人力资源开发以人力资本投资为前提，包括人力资源的教育、培训、管理以及人才的发现、培养、使用与调剂等环节，通过政策、法规、制度和科学的运用，提高人的素质和能力，挖掘人的潜力。

二、乡村振兴战略下农村人力资源现状及面临的挑战

（一）我国农村人力资源发展状况

1. 中国农村人力资源基本状况

（1）农村人力资源的数量巨大。农村人口在我国总人口中占很大比重，农村人力资源总量丰富，增长速度快，人力资源开发任务十分艰巨。《国务院关于开展第六次全国人口普查的通知》表明，截至 2019 年年底，我国居住在城镇的人口为 66 558 万人，占 49.68%；居住在乡村的人口为67 415 万人，占 50.32%。从这个统计数据来看，农村人口仍然占我国总人口的一半。由于我国人口众多，而农村人口比重大，因此无论是从绝对数还是从相对数来看，我国农村人力资源基数都是巨大的。

（2）我国农村劳动力严重剩余。目前农村人力资源就业面临巨大压力，存在大量富余劳动力。《中国农村劳动力就业与流动状况调查分析》结果表明，农村劳动力的剩余率大约为 55.4%，如果用这一剩余率来估算，截至 2019 年年底，全国农村剩余劳动力大约有 2.8 亿人。虽然农村富余劳动力得到了部分转移，但是由于农村人力资源素质低下，其转移能力受到限制。因此，我国仍存在大量的农村富余劳动力。

（3）地区差异明显，分布失衡。就我国农村人力资源地区分布而言，在农村人口和劳动力数量方面，东部地区压力要大大超过中西部地区。而我国农村各地区人力资源质量呈现出的趋势是从东北向西南和西北逐步下降，存在明显的地区差异，分布失衡。我国人力资本总量排在前五位的省份分别是广东、山东、江苏、河南和浙江，后五位分别是甘肃、海南、宁夏、青海和西藏。由于东部地区经济发达，收入水平高，吸引了更多文化层次较高的农村人力资源向其流动，地区结构性失衡现象更为严重。

2. 中国农村人力资源发展的机遇

当前我国社会正处于转型期，随着国家经济实力快速提升以及乡村振兴战略的提出，现代农村发展以及农村人力资源提升面临重大机遇。当前国家提倡的城乡融合发展宗旨是通过发展农村经济进一步缩小城乡之间的差距，其核心是提高农民收入。在纠正当下唯 GDP 论的前提下，提倡低碳和绿色环保，通过增加农村人力资本投资，加快推进我国农村经济社会转型和可持续发展步伐，充分挖掘农村人力资源的潜能。无论是农村公共基础设施建设、农业产业化经营，还是农村综合管理等，都需要"有文化、懂技术、会经营"的新型农民的全力投入。全面建成小康社会，促进社会主义新农村建设和乡村振兴战略目标的实现，就必须优化农村人力资源配置，构建中国特色的农村人力资源开发体系[①]。

从全国来看，农村家庭支出结构转型也为农村人力资源发展提供了机遇。当前，随着我国农村经济发展状况好转给农民生活带来了很大改善，

---

① 吴淼. 乡村振兴背景下小城镇差异化发展模式分析 [J]. 国家治理，2022（8）：42-47.

农村家庭支出结构也逐渐发生转变，农村居民人均教育支出呈上升趋势。农民家庭教育消费中的教育消费是狭义的教育消费，即包括子女教育支出以及为提高自身业务竞争能力的培训及继续教育支出。教育消费有别于其他消费，属于高层次的文化消费，是建立在物质基础之上的，如果居民的温饱都得不到解决，也谈不上教育消费，至少这种高层次的文化精神消费会受到极大的限制。"赋予农民更多财产权"及农村财产性收入制度的提出，对农民家庭来说，将成为提高收入和扩大教育消费新的增长点，将对农村居民家庭教育消费支出有着很大的预期影响，今后，农村居民家庭教育、文化的支出占家庭消费支出的比例会不断上升。

此外，我国的城市化战略加速了农村人口转移，也为农村人力资源的发展提供了机遇。当前我国实现以城镇化为主的劳动力转移是第三次解放农村劳动力、提升农村人力资源素质的时代机遇。突破城乡分割的二元结构的藩篱，形成劳动力转移的加速期，大力发展第三产业，推进具有我国特色的大中城市和小城镇多层次发展的城镇化，逐步建成城镇人口占多数的现代化国家，使农村劳动力彻底地解放。今后一个时期内，我国的农村劳动力还会是很廉价的，使用成本也是较低的，把农村巨大的人口负担变成人力资源的优势，这是时代赋予的开创新的经济发展和农村劳动力转移的黄金时期。近几年国家实行积极的财政政策，采取了加大基础设施投入，综合运用税收、价格、汇率和收入分配等经济杠杆，刺激内需的宏观调控政策，吸收了相当数量的农村劳动力，显示了宏观调控对农村就业所起的重大作用，加上西部大开发等发展性决策，农村劳动力的转移和人力资源的素质得到进一步提升。

（二）我国农村人力资源发展面临的挑战

我国农村人力资源数量大，但总体素质仍相对偏低。"数量大"说明了我国的农村人力资源具有巨大的潜在生产力，有着极大的开发潜力；但"素质低"则是我国农村人力资源的软肋。经济增长方式的转变一般指由数量型增长方式向质量型增长方式的转变，而当前我国现有农村人力资源无法适应这种转变，这使我国农村人力资源开发利用面临很大挑战。

1. 农村人力资源总体水平低，发展不均衡

我国农村人力资本存量少，分布不均。这主要表现为：一是农村劳动力文化水平低，二是文化水平地区间差异大；文化水平分布不均，地区间差异因素与差异程度不同；三是农村医疗保健条件和设施落后，农民健康状况日趋下降，等等。

2. 农村人力资本积累速度慢，投资不足

进入 21 世纪以来，国家相继实施了农村义务教育阶段贫困家庭学生就学"两免一补"（免杂费、免书本费、逐步补助寄宿生生活费）、农村义务教育学校教师特设岗位计划和中小学教师国家级培训计划、农村义务教育薄弱学校改造计划、农村义务教育学生营养改善计划等一系列政策，有力地推动了农村地区的教育发展，使我国农村正规教育总体水平有所提高。但当前我国农村教育总体上相对薄弱，发展缓慢；农村职业教育和成人教育发展迅速，但供需缺口大；农村教育经费增加幅度大，但绝对量仍不足；农村私人教育投资增加幅度大，但绝对量少。

3. 长期形成的城乡二元结构，影响着农村人力资源的投入

城乡二元结构一般是指以社会化大生产为主要特点的城市经济和以小生产为主要特点的农村经济并存的经济结构。我国城乡二元经济结构是贫困和落后的重要原因，它是以牺牲农村和农民为代价发展工业，致使中国农村长期得不到应有的投入，农业技术落后、农村基础设施落后，农民靠有限的土地维持基本生存和延续后代。长期的城乡二元结构，严重影响着农村人力资源的投入和农村人力资本质量的提升，当前我国农村人力资本流动呈现一种净流出态势。

4. 农村传统的人力资本管理模式的影响

在我国农村各项管理工作中，对人的管理强调通过"控制"和"服从"来实现人与事相适应，而忽视人的才能发挥，缺乏用现代人力资源管理的理念管理人和事。特别是在用人方面，相当一部分农村的干部培养和聘用基本上是个别或少数人说了算，使人不能尽其才，因而缺乏工作积极性和创造性。目前，在建设社会主义新农村的过程中，一些农村也已开始认识到了人的重要性，并以一定物质奖励吸引人才、留住人才，但在人力资源管理中没有以"人"为本，单一的激励手段不能完全激发农民工的工作激情，农民的使用效益没有达到最大化。

三、农村人力资源存在的问题及成因

（一）当前农村人力资源开发中存在的问题

1. 农村人力资源素质不高，结构不合理

从整体上看，目前农村人力资源素质不高，受教育程度普遍较低。农村人力资源难以满足当前农村经济社会发展的需要，很难承担起为农村地

区的发展提供充足的产品与服务的职责。目前农村人力资源的结构也不够合理。从年龄结构上看，农村人力资源的年龄整体偏大，某些地区与部门存在青黄不接的情况。从专业结构看，党政机关干部中文科出身的较多，理工科出身的较少。在党政机关干部、事业单位管理人员和专业技术人员中，普遍存在所学非所用、专业不对口的现象。从行业分布上看，农村人力资源中专业技术人才主要集中于事业单位与乡镇企业；在事业单位中，又主要集中于教育系统和卫生系统，而农业、林业、畜牧、水利等系统在乡镇一线工作的专业技术人才十分匮乏。从地区分布看，受地区经济社会发展状况以及市场机制作用的影响，人力资源在不同地区间的分布也不均衡。

2. 农村人力资源的作用难以充分发挥

目前，农村人力资源管理基本沿袭计划经济时代的人事管理体系。人力资源管理的各环节难以调动积极性，无法实现有效的激励。在农村人力资源中，专业技术人才作用发挥问题最为严重也最具代表性，这与我国的事业单位管理体制密切相关。目前，农村基层事业单位经过多次改革，同计划经济时代相比已经发生巨大的变化，但其人事管理体制仍未摆脱计划经济时代的传统模式，乡镇机关与乡镇企业的情况大体类似。除此之外，由于上述的所学非所用、专业不对口现象在农村公共部门的存在，人力资源也难以发挥应有的作用。

3. 农村人力资源流失与浪费现象并存

目前，全国农村地区普遍存在人力资源流失的问题。我国大部分农村地区同城镇地区相比，经济社会发展水平较低，在物质生活、文化生活、基础设施、社会事业等方面明显落后于城镇地区。另外，在市场机制竞争的环境下，人力资源向薪酬待遇较高的一些私营部门和经济较为发达的地区流动是不可避免的。同时，农村人力资源还存在着浪费的现象。上述的人才作用无法充分发挥的现象正是人力资源浪费的具体表现。另外，边远地区乡镇机关与事业单位缺人，而城郊地区乡镇机关和事业单位超员，使得人力资源流失、稀缺与闲置浪费的现象并存①。

4. 农村人力资源的相关政策落实不到位

在农村人力资源开发方面，中央与各级地方政府出台了大量相关政

---

① 牛昆仑. 农村公共人力资源开发中的问题、成因及对策 [J]. 理论探索, 2007 (2): 100-102.

策。大部分政策得到了较好的落实并取得了预期效果，但仍有很多政策落实不到位。

5. 农村人力资源培训滞后

目前，我国农村人力资源培训较为滞后，存在很多问题，严重制约了工作的开展。培训主体比较单一，多以本单位和部门为主。虽然在某些情况下，一些行业与部门的培训主体可能较为丰富，但这些培训活动多是由上级布置下来的任务，而不是从单位自身的实际需要出发开展，易于导致培训对象疲于应付，因而效果通常不佳。培训内容重复，缺乏针对性与实效性。从培训对象看，有些地区与部门的培训对象选择机制存在问题，经常是同一批人重复接受培训，而其他人则很少有机会接受培训。从培训方式看，通常是采取书本讲授和课堂灌输的形式，比较单一。从培训成效看，多是流于形式，收效甚微，培训资金使用效率较低。

6. 农村人力资源开发投入不足

农村人力资源开发需要充足的资金投入作为保障。目前，国家已经在这项工作上进行了投入，但是从整体上看，投入仍然不足。投入不足的问题同农村地区的地方财政状况密切相关。很多省份的农村县乡财政困难，处于"吃饭财政"的局面，根本无力对人力资源开发再进行投入。

（二）农村人力资源开发中存在问题的成因

农村人力资源开发中存在的上述问题是多种原因造成的，概括起来，主要有以下四个方面：

1. 农村人力资源开发工作机制不完善

农村人力资源开发工作涉及众多部门与组织，是一项系统工程，需要确立明确有效的工作机制确保各部门在工作中分工合作、彼此配合。在国家层面，目前还没有统一的政策规定这项工作的机制，不同地区工作开展的局面参差不齐，只有少数几个省份确立了比较明确的工作机制。即使在明确了工作机制的省份，有些工作机制也无法真正落实。从整体上看，中央与地方及各部门将相当的资金与人力物力投入这项工作的开展，由于缺乏明确的工作机制，各部门之间的沟通、合作不够，各部门的工作各自为政，彼此重叠，效率也相对较低。

2. 地方财政体制不健全

当前我国农村人力资源开发工作中投入不足的问题同地方财政的紧张状况及财政体制有直接的关系。在农村税费改革之前，很多地区的乡镇财政可以概括为"吃饭财政",一些地区的乡镇政府负债运行。为此,我国不断加大农村税费改革的力度。从 2006 年起,全国农村彻底取消农业税,乡镇财政面临更加困难的局面。乡镇财政的紧张现状同现行财政体制下财权与事权划分不相匹配,以及乡镇财政的自我扩张得不到有效的监督与约束有关。

3. 农村公共产品与公共服务供给体制存在问题

农村公共产品与公共服务的供给水平,影响着农村公共部门人力资源的状况;同时,农村公共产品供给主要通过人力资源来实现。目前,我国农村公共产品与公共服务中存在问题的后果已经比较充分地表现出来,如基础教育和公共医疗卫生体系的弱化直接影响了农村人力资源的开发与人力资本的积累。目前,在农村公共产品与公共服务供给中存在的问题主要有有效供给不足、公共产品供给主体单一、供给方式带有强制性、中央与地方政府在供给中责任分配不合理等。

4. 农村教育发展落后

农村人力资源主要源于农村当地的劳动力,因而农村教育发展水平对于农村人力资源的素质与开发工作具有基础性的作用。农村教育主要分为基础教育(义务教育)和职业技术教育。从基础教育的角度看,农村相对于城市,长期处于劣势地位。义务教育是一项重要的公共产品,是农村最大的公共事业,对于人力资源开发具有基础性的作用。目前,农村义务教育供给不足,而且质量低下,这给农村人力资源的开发带来了一定的困难。农村教育制度中的另一个重要部分是职业技术教育。职业技术教育对于技能型人才的培养具有重要的作用。从全国范围看,农村地区的职业教育较为落后,还远远无法满足当前农村经济社会发展的需要。

四、完善乡村人力资源管理机制及体系

习近平总书记指出,实现乡村人才振兴,要把人力资本开发放在首要位置。这既充分说明人力资本是乡村振兴的关键要素之一,也为我们破解人才瓶颈制约,释放乡村振兴发展潜力提供了重要遵循。实施乡村振兴战略必须构建党政人才"把方向"、新型农民"挑大梁"、专技人才"作保障"、乡土人才"作支撑"的乡村振兴人才队伍体系。必须要以习近平新时代中国特色社会主义思想为指导,坚持党管人才原则,努力培养造就一支懂农业、爱农村、爱农民的农业农村人才队伍。

（一）转变观念，增强农村吸引力

一要增强职业吸引力。要切实转变观念，使人们认识到农民已是一种职业，而非一种身份。中央明确提出，乡村振兴要让农民成为有吸引力的职业，农业成为有奔头的产业，农村成为安居乐业的美丽家园，这为破解农业农村人力资源问题提供了难得的时代机遇。而增强职业吸引力，收入是关键，公平是根本。因此，实现乡村振兴需要继续破除制度藩篱、加快改革，实现城乡人口自由流动、公共资源统一配置，在文化教育、医疗卫生、社会福利等方面迈出更大步伐，让农民也能够享受到和城市居民一样的公平待遇。

二要增强事业吸引力。改革开放以来，我国大量农村劳动力涌向城镇或非农产业就业，致使农村空心化，这是现代化发展的必然结果。改变这一状况，必须要树立"事业留人"的理念，通过定政策、建机制，打造宜居宜业的新乡村，让愿意留在乡村、建设家乡的人留得安心，让愿意上山下乡、回报乡村的人更有信心。激励各类人才在农村广阔天地大施所能、大展才华、大显身手，形成人才汇聚、环境优化、产业发展的良性循环，实现更高质量的城乡融合、乡村振兴。

三要增强环境吸引力。农村的田园风光、诗意山水、民俗风情、农耕文明和难以割舍的乡情乡愁、与自然和谐相处的乡村慢生活，都是吸引人才、留住人才的最优生态。为此，各县市区必须加大力度净化生态环境，让乡村更加美丽。在此基础上有重点地推动生态旅游项目建设，突出地方特色，增强文化内涵，坚持高起点、高标准、高质量，打造一批吸引力强、品位高、特色浓的生态旅游精品。

（二）抓住关键，增强队伍向心力

一要坚持一线选拔，选好基层领路人。要坚持"从一线选拔"的用人导向，选优配强镇街领导班子。优先考虑长期在镇街工作、政治素质好、业绩突出、群众公认的干部，形成老、中、青相结合的合理年龄结构。

二要坚持动态管理，选好群众贴心人。对镇街部门职能重新整合，按编制名额及时补充镇街各部门工作人员，在全市范围内对镇街编制实行动态管理、调剂使用。新招录人员时注重结构优化，实现由重管理型人才向重服务人才转变。

三要坚持外引内育，培养乡村振兴带头人。采取下派、外引、内育等方式，注重从农村致富带头人、外出务工经商人员、复员退伍军人和乡贤等群体中，选优配强村党组织书记。加强村级干部队伍建设，坚持把讲政治、守规矩、重品行、有本事、敢担当作为村干部的选拔任用标准①。

四要坚持拓宽选拔渠道，培育乡村振兴接班人。拓宽选拔渠道，注重从致富能手、村民小组长、新型农业经营主体负责人和退伍军人等群体中选拔村级后备干部。把农村党员培养成致富能手、把致富能手培养成党员、把党员致富能手培养成村干部、把党员村干部培养成村党组织书记。

（三）突出重点，激发队伍新活力

加强乡村教育、卫生和农技人才队伍建设，提高教育、卫生事业质量，是乡村引得进、留得住人才的重要保障。因此，要想使人才留得住，首先要确保专业技术人才留得下。

一要落实政策红利，让专业技术人才吃下"定心丸"。人才要扎根，政策要生根。要让专业技术人才在基层留得下，就必须把政策红利落到实处。比如，将"定向评价、定向使用"制度扩大到基层所有职称系列，基层职称系列均可设置到正高级，打破乡村人才职业发展"天花板"。实行乡镇专业技术人才直评直聘政策。乡镇专业技术岗位工作人员申报评审职称，可不受所学专业限制，侧重考察工作实绩。

二要加大培训力度，为专业技术人才提供"加油站"。要研究制订基层专业技术人才分类培育计划，坚持"按需培养"的原则，加强实用型、应用型人才培养培训工作。要带着任务"走出去"：选派高级专业技术人才和中青年业务骨干到省内外高校进修充电；选派优秀青年骨干上挂锻炼，提升综合业务能力。要有针对性地"请进来"：聘请专家、教授到基层实施业务技能强化培训。要解决问题"传帮带"：将基层中、初级职称专技人员按部门工作职能进行系统分类，发挥高级专业技术人才的示范引领作用，解决初、中级人才在工作实践中遇到的各类问题。

三要搭建成长平台，为专业技术人才开辟"试验田"。确保专业技术人才留得下，还必须充分激发基层专业技术人才的创新活力，搭建好试验平台。在市镇两级可设立人才培养基金，资助基层优秀人才科研。设置农技项目课题专项资金，鼓励一批创新能力强的基层专业技术人才领办适度规模的科技示范基地。

---

① 王华彪，白明宇．人才服务乡村振兴战略存在的问题及调适路径［J］．广州广播电视大学学报，2022，22（4）：7-14，107.

（四）夯实基础，培养队伍感召力

实现乡村振兴，除了要吸引外来人才外，更重要的是发挥乡土人才的积极性、创造性与感召力，让农民成为乡村振兴的主体。

一要盘活资源，整合乡土人才之力带动农民群众。要通过调查走访、摸底排查，广泛挖掘农村乡土人才，把各类人才统一纳入人才队伍建设管理范围，建立乡土人才信息库。加强动态管理，每年对乡土人才数据库进行调整更新。整合人社、教育、农口、商务等部门培训资源，培育一批种植养殖能手、新型农业经营主体带头人、文化旅游人才、非遗传承人、电商物流经营人才，实现特色农业干起来、群众带起来、乡村富起来的目标。

二要激活政策，发挥乡土人才之能服务农民群众。要充分激发乡土人才造福农村的积极性。以扶贫产业为抓手，通过项目贷款贴息、以奖代补等倾斜优惠政策，给予乡土人才生产信息、生产用地、生产资金、生产品种、生产技术等方面的政策、资金和技术倾斜，鼓励支持乡土人才把企业做大做强；按照"党支部+合作社+农户"的模式，把优秀的乡土人才发展成为党员，充分发挥党员的先锋模范作用。

三要用活形式，发挥乡土人才智慧培训农民群众。要在坚持党管人才原则的基础上，不拘形式用活乡土人才。乡土人才在传播农业技术和发展农村经济方面有不可替代的作用，要充分发挥乡土人才离农民近这一得天独厚的优势，不拘一格"育"人才。

（五）健全机制，激发队伍创新力

一要建立健全更科学的人才激励机制，激发人才创新创业动力。建议出台《关于促进济宁乡村人才振兴的实施方案》，对乡村人才编制、流动、激励和创业资助等方面做出具体规定，构建人才安心乡村、扎根乡村的长效机制，使献身乡村振兴的基层人才在政治上有奔头、经济上有甜头、工作上有干头。

二要建立健全更灵活的人才管理机制，激发人才创新创业活力。探索从引进培养、使用评价、分配激励等重点环节入手深入务实地推进用人制度的市场化改革，力求以市场价值回报人才价值，以财富效应激发聪明才智，让人才通过创新创造价值实现财富和事业共赢。

三要建立健全更务实的人才培训机制，提升人才创新创业能力。要落实中央一号文件精神，进一步加强对农村实用人才队伍的教育培训，充分发挥农校、高职校、农村现代远程教育网络和各种农业技术推广培训机构的作用，实施市镇村实用人才工程和农民教育培训工程，为实现我国乡村振兴培养各类高素质人才。

第二节　乡村振兴战略背景下乡村基础设施建设

一、乡村基础设施建设质量在乡村振兴战略中的地位和作用

（一）农村基础设施建设质量在乡村振兴战略中的地位

1. 实现"产业兴旺"的保障

随着社会经济整体发展水平提升，信息科学技术在农村的发展普及，人们对农村产业的定义已不仅局限于简单的农业生产，而是将农业与其衍生出来的其他产业相结合发展的综合性产业。比如，将农业与服务业结合起来发展的农业文化景观、农业生态环境景观等。农村产业发展呈现出纷繁复杂的发展趋势，国家应制定相应的体制机制支持这种趋势的发展，将各地具有特色的产业发掘出来，联合当地科研院所及农业大学等研发机构，对农产品进行加工、包装，增加其附加值。尽量研制和推广简单易操作的农业机械和相关的科学技术，使其能够应用到综合性的现代化农业生产中，推进农村的产业振兴①。

"产业兴旺"为农村基础设施建设提出了更加硬性的建设要求。农村基础设施的建设完善，农村产业发展所需的相应政策保障，以及与当前农业农村发展相适应的科学技术应用是新时期农村产业发展的强有力保障。事实上，完善配套的基础设施不仅是私人农户有效投入的决定条件，也是影响农村产业延伸发展的客观因素。农民培训教育、科研成果推广使用是现代化农村产业发展的源泉，正日益成长为农村产业发展的内生动力。

2. 实现"生态宜居"的内容

农村人居环境从根本上得到改善，居民生活所需的各项服务设施齐全，生态环境得到综合整治，是"生态宜居"的目标。我国的农村人居生活环境还面临着许多未解决的问题：一是生态环境破坏比较严重，部分地

---

① 叶四方. 陕南巴山地区县城城边村空间布局优化研究 [D]. 西安：西安建筑科技大学，2021.

区的小企业或者居民为了短期利益，将未净化处理的污水或者垃圾随意排放到附近的河流或者空地，对当地的环境、水、土壤造成了污染；二是林区或者牧区居民对林木的乱砍滥伐、对草原的过度开垦等违规行为没有得到完全的控制；三是居民环境保护意识低，垃圾废弃物不经过分类直接随意堆放，部分地区的居民住房与猪舍、鸡舍等牲畜住处相邻，住户区空气污染严重、饮水及厕所等设施建设不健全等问题已然显现。

乡村振兴战略规划的提出为农村生态环境治理提出了更加具体的要求，以硬性的指标值作为当地生态环境治理的考核标准，并用指标值来衡量一个地区农村生态环境治理的发展程度，也可以直接地看出当地与乡村振兴目标的差距。指标的实现是以相配套的基础设施为支撑的，"生态宜居"的实质性内容就是农村基础设施的完善程度，继续将农村基础设施建设摆在农村发展的首要位置，以满足农村居民对基础设施的生产生活需求，从而实现"生态宜居"的目标。

3. 实现"乡风文明"的载体

当前农村居民的文化生活环境受到外来文化的影响比较大，传统的生活习惯和文化娱乐方式已经发生重大改变。城市居民的多种文化活动在农村地区有了普及，但部分地区的经营活动偏离了本来的发展方向，赌博等不良风气盛行，农村的大量生产生活资金流入不良的经营活动中，不仅影响农村经济的发展，更对"乡村文明"建设构成威胁。

"乡风文明"属于农村社会精神文明建设的范畴，它的建设发展需要一定的载体。"乡风文明"不是硬件设施，其建设起来会比硬件设施的建设更加复杂，是在长期的发展过程中累积下来的优良风尚。因此，应该根据各地不同的文化习俗来建设和发展现实需要的载体，促进乡村精神文明建设。如农村文化广场建设、图书室、电影院及文化休息站建设等，通过以上硬件设备的供给来推动农村的"乡风文明"建设。"乡风文明"建设的另一个重要方面是农村居民思想意识的转变和综合素质的提高。完善农村地区的现代化信息基础设施，引进现代化的科技并通过职业培训等方式来给居民传授相应的操作和使用技能，提高农民本身的文化素质和道德观念，从而推进"乡风文明"建设的顺利进行。

4. 促进"治理有效"的基础

"治理有效"是乡村在建设过程中的政治保障，合理有效的治理才能从根本上调动农民发展农业、建设农村的积极性和主动性。"治理有效"

是基层领导与农村居民相互管理、相互监督的一种承上启下的综合管理体系。基层领导通过法规体制对民众相关不合理或者不规范的行为进行管理和约束；民众也要积极发挥主体身份，对领导的越轨行为进行监督举报，由更高一级的管理者进行惩处。通过多种方式激励和号召农民积极发挥其主体性的作用，参与乡村的管理过程。

实现"治理有效"的要求，需要从多方面着手，其中一个重要的渠道就是农村基础设施的供给和完善。农村的发展离不开基础设施的建设，而基础设施的有效供给必须要以乡村政治中的"治理有效"为条件，这样就可以利用推进和实现基础设施的有效供给为突破口，带动和促进乡村民主治理进程的实现。农村基础设施涉及农民的集体利益，因此在建设过程中要征询农民的意见，按需供给。从规划建设到监督考核等一系列步骤都经过合理有效的程序才能合法有序进行，"治理有效"对基础设施的有效供给产生直接的影响。农村基础设施无论是政府还是社会投资建设，都少不了农民的参与，农民对于基础设施的需求更需要一套完善的政治程序来保证其能够传达和重视。保证基础设施的有效供给，合法有效的程序推行以及相关配套工作的展开，会进一步促进和加强农村"治理有效"任务的实现。

5. 实现"生活富裕"的条件

在我国社会经济整体快速发展的大背景下，政府领导开始高度重视农业农村的发展，颁布了多项支农惠农政策，农村的社会经济发展取得了空前的成就，农民的精神和物质生活得到了极大的满足。比较有代表性的是精准扶贫政策的推行，使得农村6 853万贫困人口脱贫，道路、水利等基本的设施在贫困农村地区有了较高的普及率。但是我国城市与农村、农村与农村之间，居民所享有的公共服务设施供给水平还存在较大差异。生活在农村的居民一般要比城市居民付出更多的努力才能享受到与城市居民相当的服务，这对农民来说是极不公平的。

通过对道路桥梁、水利水电等基础设施的投资建设，来极大地完善农业的生产环境、农民的生活环境、农产品的流通环境、农业科技的应用环境。生产生活环境的改善将带动农村各项产业的发展，进而吸引更多的社会资源进入农村，支援农村发展。农民的生活水平提高了，其消费水平也会随之提升，农村整体的经济也将向前迈进一大步。农村基础设施的有效供给是使农民收入增加、生活质量水平提高、农村人居环境大幅改善的必要条件。

（二）农村基础设施建设质量在乡村振兴战略中的作用

1. 对农业增长的作用

农业的快速发展建立在完善的基础设施之上，农村基础设施对农业增长的作用主要体现在预防作用、促进作用和保障作用三个方面。

（1）预防作用。预防作用主要是农村水利、信息、网络等基础设施的建设为农业发展提供的便利，如农业信息服务站及农村气象局等基础设施服务机构对可能发生的自然灾害或农产品可能面临的市场风险做出预测，尽量减少农民的损失。农民进行生产生活的另一个大的阻碍是对理论知识掌握水平低，这就导致了在实际操作技术性的机器时无法最大限度地发挥其应有的水准。他们也对农产品市场环境不了解，更多的是盲目跟风地生产，最后可能会面临农产品滞销等现象，对市场发展趋势及可能存在的风险无法做出专业的判断，在农业生产过程中会面临许多未知的风险。

（2）促进作用。为促进农业的发展，我国在农业生产方面投入了大量促进农业增长的基础设施，使得农业的生产成本降低了不少，也给农民带来了经济效益。例如，农田水利灌溉设施建设、江河治理、农业科技推广及农产品生产和运输过程中提供的一些交易场所、交易设施等基础设施服务。为解决农村居民在储藏和销售方面遇到的问题，政府致力于加大市场信息网络化的覆盖，提供信息化的服务，尽可能地为农产品拓宽交易渠道和流通路径。基础设施的建设完善，避免了农产品在生产、储藏、流通、销售整个过程中可能面临的风险，为农业的增产增收奠定了基础。

（3）保障作用。农村基础设施的保障作用主要是以农业保险、农业信贷、农业补贴及农民教育的形式存在。农民通过为种植风险较大的农产品购买保险及政府联合农村信用社等服务于农村的金融机构为农户提供免息贷款，来保障农民的基本利益。政府为部分地区的农业生产还提供一定的补贴，让农民在发展农业生产过程中有了基本保障，也有效激发了农民的生产热情。通过对农民进行职业技能的培训，帮助其掌握科技化产品的操作技能和发展适合当地农村种植的农作物，提高农民自身发展农业的能力，有效防止可能出现的农民生产能力水平跟不上现代化农业信息科学技术发展的问题。政府还通过与当地的大学、农业科研机构合作，为农民聘请相关领域的农业专家传授适合当地农业发展的种植、养殖技能，帮助农民走上发家致富的道路，为农业发展提供了技术和资源保障。

2. 对农民增收的作用

（1）为农民提供更多的就业机会。随着现代化信息科技在农村的发展普及，城镇化建设的快速发展，为农村劳动力的转移提供了更多的就业机会，劳动力转移成本较以往大幅下降，出现了众多的继续从事农业生产和短期外出打工的农民兼业者和直接放弃农业生产外出从事其他行业的转业者，这有效地提高了农民的收入水平。一方面，基础设施的建设、管理、维护、修整等各个环节对劳动力需求较大，因此，从事这方面职业的农民也较多，他们一般也会有较强的参与意愿，这是他们获得额外收入的有效途径之一。如修建公共设施的建筑人员，维护农村公共设施的养护人员，农村公共设施的管理人员和现代化农业机械的操作人员等。农村基础设施能增加农民收入的另一方面是道路桥梁、水利水电等直接关乎农业生产的基础设施建设，使得在农业的生产过程中减少了损耗，降低了农业的生产成本，这也是增加收入的一种方式。农村合作社、互联网、信息服务站等的建设完善，能最大可能地降低市场信息不对称对农产品产生的影响，以及生产和销售过程中的可预见风险。

（2）对提高农民素质产生积极的影响。教育设施与农民培训设施的完善，直接影响着农村居民的劳动力素质水平。新时期现代化互联网教育、农民专业技术培训、村干部培训等农民教育，基本上已普及全国各个乡镇，每年有大量的农民通过技能培训教育，掌握了适合当地农业、林业、牧业、渔业发展的知识和技术，从而走上发家致富的道路。

我国土地流转制度的改革，使得农村土地集约化生产有了明显的改善，随着乡镇企业发展，农民进城就业，农村土地开始向个人流转。部分农民通过土地流转政策的支持，有了大面积的土地，并且将培训所学得的知识、技术合理运用到农业生产中，充分利用农业合作社、农业信息服务站等设施提供的便利，种植或养殖适合本地区发展的农产品，带领村民发家致富，最终不仅增加了个人收入，而且发展了当地整个农村的经济。

3. 对农村发展的作用

（1）农村基础服务设施条件改善。农村基础服务设施主要包括农村教育、医疗、卫生、文化、体育、通信、日常生活资料供应等基础设施，在乡村振兴战略的影响下，农村基础服务设施均有不同程度的改善。

（2）农村人居环境总体改善。当前，我国农村社会经济的发展与城市差距越来越小，各类基础设施和服务设施日趋完善，垃圾集中分类处理、水土流失和退耕还林治理、污水随意排放治理、秸秆焚烧治理等威胁到农村人居环境和生态环境的各种行为得到有效控制。经过国家在政策方面的补贴和扶持，农民的收入逐年增长，居民的精神生活和物质生活更加丰富。乡村旅游的快速发展，为农村带去了各种资源，农村居民的生活越来越充裕。

二、我国农村基础设施建设的现状与问题

（一）农村基础设施建设的现状

我国农村基础设施的建设相较于发达国家来说发展历程较短，城乡间建设水平差距明显，农村的设施供给水平明显落后于城市。但经过我国支农惠农政策的推行，基础设施的供给日益完善。新时期面对新的农村社会经济发展环境，中共中央、国务院印发了应对乡村发展得相对完善的《规划》，主要概括了关于加强农村基础设施建设的五大方面。

1. 公路设施

公路是农村最基本的设施类型，它的建设完善直接影响着农村各项事务的顺利开展。在《规划》中，将公路建设作为我国农村基础设施建设重大工程的一个方面，将具备条件的建制村道路的硬化率达100%作为约束性指标，为我国农村道路的建设完善提供了参考依据。我国农村公路的修建已取得了相当可观的成就，乡镇通公路的普及率达到99.99%，具备条件的建制村普及率达到99.98%，我国农村公路建设在具备建设条件的建制村基本上已普及。公路的建设完善是农村其他生产活动顺利开展的基础和保障，在新时期，建设出真正能为农民生产生活带来便利、带来经济效益的道路是农村公路建设的目标。

2. 交通物流基础设施

随着互联网在农村的建设普及和国家对农村互联网等信息网络设施投资力度的不断加大，农村居民对互联网的接受能力和使用水平越来越高，带动了各种网络购物的发展。网络购物提供的便利和优惠，为农村地区其他类设施的建设完善提供了发展动力，尤其是交通物流设施的建设发展。国家也出台了一系列优惠政策，积极支持物流公司在农村的入驻和电子商务在农村的发展，这也为农村营销市场的发展创造了良好的条件，带动了农村物流业的快速发展[①]。

3. 水利基础设施

通过查阅水利部的相关统计数据，近年来我国农村地区的水利设施建设成效显著，尤其对贫困地区的水利设施进行了新建或重建，共使得农村贫困地区 1.1 亿人口的饮用水安全问题得到解决，饮用水普及率和农业设施灌溉率分别达到 70% 和 75% 以上，农业灌溉新增面积 1 300 多万亩。通过对老化、多年失修的水利设施进行修理，总共解决和改善了 400 多个贫困县区的水土治理和河道修筑工程，面积约为 4.1 万平方千米；集中供水和节水灌溉等大型工程 115 项在建，分别分布在贫困区和一般区；在洪水和旱涝易发地区兴建了 7 700 多座防洪加固等设施。为改善我国农村河道污染严重问题，共解决了 1.36 万千米大中小支流及河流的水污染问题，在旱区共修筑 167 座水库，尽可能为旱区农作物及居民提供支援。水利设施的建设完善为农村居民的生命财产安全提供了基础保障。

4. 能源基础设施

能源是社会发展运作的基础物质条件，能源的合理配置使用是关乎国家乃至全人类命运的发展。我国一直都积极提倡新能源的使用，在保护生态环境和生存环境方面做出了巨大的贡献。自 2017 年开始，国务院明确提出我国农村要发展以沼气和天然气为主要生产生活原料的指导思想。为了鼓励农民的生产热情，政府推行了许多补贴政策，如购买农机具补贴、养殖补贴、农村能源使用价格补贴、沼气池免费投资建设等，这为农村能源基础设施的建设完善提供了充裕的资金支持和政策保障。

5. 新一代信息网络设施

我国 95% 的行政村已通宽带。近几年，我国将农村信息网络设施建设的重点放在了边远地区及贫困县区的网络通达和 4G 网络建设上面，而对于比较发达地区的农村主要是电子商务的普及和促进农村营销市场发展的农村淘宝等的建设和引进。统计局公开数据资料显示，截至 2018 年 4 月底，全国范围累计共建成并开始运营的村级信息社 19.9 万个，总共培训结业人员 62.6 万人次，为助力农村发展和提高农民生产生活水平提供服务 8 177 万人次，开展便民服务 2.78 亿人次，农村电子商务营业额突破了 175 亿元。新一代信息网络设施建设是未来农村基础设施建设需要重点关注的

---

① 陈宗胜，朱琳. 论完善传统基础设施与乡村振兴的关系 [J]. 兰州大学学报（社会科学版），2021，49（5）：28-39.

方向，虽然当前我国农村地区对云计算、高性能计算机等新一代科技化产业工程的应用水平不高、普及率不大，但经过未来几年的建设完善以及人才引进等政策的支持，农村新一代信息网络发展不仅是方向也是目标。

（二）农村基础设施建设质量的问题

1. 农村道路质量差覆盖率低

目前，农村公路建设面临的主要问题是质量差、普及率及硬化率未达标。我国各地农村社会经济发展水平差距较大，地方政府的财政能力和民间资本的储存水平不均等，导致在基础设施方面投入的资金差额大，对农村公路建设的技术及质量指标，目前还未形成一套健全的体系进行参考。为了应对国家政策所规定的建设要求，部分地区容易出现监管不严、偷工减料的现象，最终造成公路建设的质量问题。偏远山区或者林区等地由于自然环境条件恶劣，道路的投资建设受限，农村道路"最后一公里"问题还未找到合适的方法解决。

2. 交通物流基础设施不完善

我国农村交通物流基础设施网络建设的总体发展趋势良好，但存在的问题依旧很突出。首先，农村物流站点的普及率较低，区域间分布不均衡，各省地区间、地区内部建设差距较大，部分配套服务设施欠缺更是阻碍了其发展；其次，部分农村地区的公路桥梁等交通设施和发展交通物流所需的配套设施建设还不完善，成为农村物流快速发展的主要障碍；最后，受各地气候、水文等自然因素的影响，自然环境条件受限地区交通网络设施建设发展缓慢。相应地，其交通物流设施的建设也受到很大程度地制约。

3. 水利设施不健全

农村水利设施是密切关乎农村居民日常生产生活的必要设施类型，从整体来看，我国农村饮用水和水利灌溉设施的普及率和覆盖率水平高，发展趋势良好，防洪设施的维修和新建也取得了不错的成果。但还是存在着一些问题，如农村的饮水设施、灌溉设施、防洪设施等的建设水平与乡村振兴规划的指标要求还有一定的差距；部分农村地区的水利设施年久未修，维护缺位，设施设备腐朽老化严重，存在安全隐患；大部分山区及边远地区农村居民的日常饮用水问题尚未解决，"靠天吃饭"的现象依然大范围存在，农民基本的生产生活用水问题仍未得到普遍的解决。以上现象是当前我国农村地区水利设施建设面临的亟待解决的主要问题。

4. 能源设施利用效率低

我国农村地区能源基础设施利用效率低，主要表现在以下四点：一是对煤炭等不可再生能源的使用量仍然较大，这违背美丽乡村人居环境建设的目标；二是秸秆焚烧及冬天取暖的煤炭等的燃烧对农村环境造成了严重污染；三是新能源使用价格较高，阻碍了农村居民使用新能源的热情，农民出于各方面因素的考虑，可能会继续拒绝使用新能源；四是农民的环保意识没有从根本上改变，这也是最重要的制约因素。这些问题的解决最重要的还是要依靠国家政策和资金的支持。

5. 信息网络设施方面的人才缺乏

农村新一代信息网络设施建设存在的问题大致可以归结为以下四类：第一，农村地区信息设施建设及使用方面的人才匮乏；第二，资金需求量非常大，资金投入还未找到合适的筹资渠道；第三，农村地区的自身发展受社会因素与自然环境因素的影响较大，制约新一代信息网络设施的建设普及；第四，农村地区的经济发展水平较低以及相应的配套设施建设不完善，使得现代信息网络在农村发展滞后。

三、完善乡村公共文化基础设施建设的对策

《规划》提出要按照"四有"标准，健全乡村公共文化服务体系。农村公共文化基础设施作为该体系的重要组成部分，要不断地予以完善，不仅要完成硬件设施的建设，更要加快顶层设计，形成系统、科学的农村公共文化基础设施供给体系。本书的农村公共文化基础设施供给体系以供给制度、供给主体和供给内容为主。

（一）完善供给制度建设

在农村公共文化基础设施建设中，制度建设要不断地跟进以作为保障。"公共文化服务体系的制度建设以及其完善程度是衡量一个国家或地区文明程度的主要标志，也能够从侧面反映出公众的幸福水平。"农村公共文化基础设施建设是农村文化建设和发展的基础，是农村开展文化活动及科普教育的重要阵地。因此，要推进农村公共文化基础设施建设的制度化工作，要在建设中不断总结经验、解决问题，并据此制定出符合农村现实的制度规范，让广大群众平等地享受农村公共文化服务，增进人民

福祉①。

近年来，在公共文化服务制度建设上中国政府做了不少努力，先后出台了不少政策为地方文化工作开展提供指导。但在具体实践上，还需要地方政府结合农村实际和未来的发展趋势，制定和完善相应的政策，为促进农村公共文化基础设施建设营造良好的政策环境。文化需求具有多元化、个性化的特点，因此公共文化服务标准化切忌简单粗暴，搞"一刀切"。根据当前存在的问题，政府要及时提出针对性的政策建议，增强工作的科学性和前瞻性。

首先，组建公共文化服务研究的智囊团。构建一支由公共文化机构、研究公共文化服务的专家学者组成的高水平队伍，通过主动参与文化和旅游部的相关课题，撰写相关调研报告，为本地公共文化服务体系建设提供经验，为相关政府决策提供咨询参考。其次，文化部门要充分吸纳制度设计研究取得的成果，通过促进公共文化服务体系建设长效机制的科学化、规范化，完善公共文化服务相关制度，为农村公共文化基础设施建设提供理论支撑和智力保障。

（二）构建多元主体供给模式

多元主体共同参与，这是服务型政府的基本特点，它形成政府主导、社会各方参与、协商和对话的"交互理性"的制度框架。因受公共财政负担大、政府重视度不足等多种因素的影响，以政府为单一主体的供给已经不能满足群众日益多样化的文化需求。为此，打破政府的垄断供给、寻求多元主体的广泛参与成为必然。基本公共文化服务由政府承担和主导，并不排斥市场机制和社会参与，政府与公民、媒体、企业等社会力量在合作、协调等互动过程中实现对公共事务的治理。通过制定相关法律和制度规范，明晰政府和各个文化事业单位部门具体的权力和责任，制定文化管理办法和职责，使文化管理运行机制趋于系统化。因此，要积极顺应社会主义市场经济发展和现代多元治理的要求，改变公共文化服务由政府包揽、唱独角戏的传统，优化资源配置方式，调动各方参与的积极性，充分发挥市场、社会的作用。逐步推动形成多元主体供给模式，将政府"权威型供给"、市场"商业化供给"、社会第三部门"志愿型供给"相结合，提升公共文化服务的协同性。

从经济学的角度看，农村公共文化基础设施的供给无论采取政府主导模式还是市场主体型建设，总是会因信息的不对称而使供给效率相对低下。单纯的政府供给会带来垄断以及供给的低效，由于地方政府财力有限，往往忽视需求主体的个性差异，如年龄、地域、民族等差别，而不是整齐划一的同质供给，从而造成有效供给的不足。与此同时，在供给过程中还会造成"厚此薄彼"的供给不均现象，极大地影响了农村公共文化基础设施建设的均衡发展。而单一的市场供给则会形成不当逐利，对于市场来说，一般把追求经济利益放在首位，而农村公共文化基础设施建设是一个长期性的过程，需要持续性的投入，且变现能力较慢、收益值低。因此，单纯的市场供给也无法提高农村公共文化基础设施供给的有效性。而对于非营利组织来说，它提供的服务是建立在公益性和志愿精神的前提上，组织由具有公益精神的人员组成，可能缺少专业性，而专业化的缺失会造成供给的失灵，甚至会造成公益资源的浪费。政府与社会资本合作模式则在信息共享方面比前两者更有优势，可以形成优势互补，从而更有利于提升公共产品供给效率。多元主体供给将是农村公共文化基础设施供给的必然选择，可以发挥"1+1>2"的效应。

多元主体共治带来了公共文化产品供给的多元化选择，满足了公民急剧增加的差异化与个性化的文化需求，提高了公共产品的供给效率，特别是在一些准公共产品的供给上，其他社会力量发挥着日益重要的作用。对政府而言，它自带权威性以及优先性，可以借助顶层设计，在优化制度安排方面更好地发挥作用，如进行宏观调控，促进公共文化资源配置以及供给的公平性。而市场具有数量多、灵活度高、实力强、注重创新的特点，更能提供差异化的产品和服务，因此，市场供给可以很好地弥补供需不匹配及资金缺口。而非营利组织比市场主体受限更少、行动更灵活快捷，具有更强烈的社会责任感和使命感，更加关注社会发展过程中农村弱势群体的权益，更能维护农民的文化权益，通过多样化的文化资助活动，将极大地缩小城乡之间的文化差距，弥补政府供给的不足。各供给主体在共同准则的约束下充分参与市场竞争，合理地表达自己的利益诉求，促进公共文化基础设施供给领域的大分工，有效地解决供给不足和单一的问题。

因此，要在政府主导下，积极调动企业和社会组织等社会力量参与农村公共文化基础设施供给。一方面，要充分给予激励措施，如税收优惠、补贴等，充分激发其服务热情；另一方面，要加强监督，使其服务更加规范，以提高农村公共文化基础设施的供给质量。总之，多元主体供给能更好地解决农村公共文化基础设施建设过程中供需失衡与供给不足的问题，让政府逐渐从不擅长的领域退出，积极促进职能转变，把工作重心放在顶层设计、行政监管、政策支持等方面，让政府和市场分别做"自己擅长的事"。政府和社会力量之间的良性互动有助于形成对公共文化和文化权利的认同，构建与现代经济相适应的，与农民文化生活需要相符合的现代服务型公共文化体制，有助于推动农村社会文化的繁荣发展，实现乡村的全面振兴。

（三）完善农村公共文化基础设施

《规划》提出，要深入推进文化惠民工程，到农村地区开展更多的惠民演出服务，为农村地区提供更多更好的服务，促进形成"菜单式""订单式"的服务。这就要求不仅要增加农村公共文化基础设施供给的内容，更要注意供给的差异性与针对性。

1. 优化供给内容与形式

建设农村公共文化基础设施是以文化惠民为准则的，但是在农村公共文化基础设施建设过程中，"不管群众欢迎不欢迎，建设什么项目普遍相同，缺少地域特色，因而缺少生命力"，这种千篇一律的共性供给造成了农村公共文化基础设施使用率的相对低下。如果在"四位一体"阵地建设中，设施所提供的服务具有同质性，没有充分考虑不同群体、不同地域的差异化需求，就会导致设施使用率不高，无法真正发挥公共文化基础设施的作用，因此，要进一步完善供给内容和形式。乡（街道）、村（社区）要充分利用已有的设备和配置，提高供给能力，增加供给内容与形式。例如，在留守老人较多的地方，可以在书屋或文化活动室内增设棋牌室、茶室等，这不仅有助于他们进行休闲娱乐活动，还降低了闲置率。而在少数民族地区，农村公共文化基础设施供给要注重民族性，可以在建筑外观、样式等方面带有民族特色，供给的图书也可以多与本民族有关，也可以建设民族文化展览室，这不仅可以促进民族文化的传承与保护，还有助于促进中华文化的大繁荣。在人口较少且居住分散的地方，则可以通过文化大篷车的形式，定期提供流动式的文化服务。随着"互联网+"的兴起，可以借助信息资源共享工程，构建标准统一、互联互通的公共数字文化服务网络，如建设数字博物馆、数字文化馆等，提高公共文化数字化资源供给能力，这不仅能保证农民群众平等享受到公共文化服务，也提高了供给效率。

2. 鼓励群众自办文化

在完善农村公共文化基础设施建设的基础上，要充分利用这些设施开展丰富多彩的文化活动，鼓励群众自办文化。例如，可以在农闲时期设置农村文化活动日，鼓励开展民俗表演、民间艺术表演等群众性活动；也可以在传统节庆日开展文化活动，并积极普及相关礼仪、风俗习惯，以更好地弘扬传统文化的精华。形式多样的文化活动可以让更多的群众参与进来，给他们提供一个展示自我的舞台，更好地激发人民群众的积极性和创造力。广大农村有着极其丰富的民间文化资源，它们被群众接受与认可，甚至成为一种准则，深深地与农民群众的生活融为一体，因此，要不断地挖掘与创新，使其更加适应现代经济社会发展的需求。丰富的文化活动既能满足群众的需求，丰富其精神世界，又能增强农村的凝聚力，促进农村社会的和谐与繁荣。

第三节　乡村振兴战略背景下农村公共服务供给对策研究

一、乡村振兴背景下农村公共服务供给的理论分析

（一）农村公共服务供给的核心概念界定

公共服务、农村公共服务以及农村公共服务供给是贯穿本章研究的几个核心概念。对这些概念进行必要的解析和界定，阐明其基本含义，是深入探讨乡村振兴背景下农村公共服务供给问题的逻辑前提。

1. 公共服务

"公共服务"是指由政府部门、国有企事业单位和相关中介机构，根据法规要求履行职责，向社会提供帮助或者办理有关事务的行为。公共服务是一个综合性的概念，涉及政治、经济、文化、社会、生态等多个领域，为社会公众参与社会活动提供必要保障。学术界大多将公共服务与公共物品概念和内容等同，从公共物品规定性出发解释，公共服务就是政府通过纯粹公共物品、混合性公共物品以及带有生产的弱竞争性和消费的弱选择性的私人物品生产与供给所体现的职责。在实际中，根据各种相关理论运用公共产品时，通常包含公共服务的内容；同样，在使用公共服务的概念时，其中也是包含公共产品的。从公共服务主体角度上分析，公共服

务是以政府为主导的各级公共部门为主体，以不同形式和途径，向全体社会成员提供非排他性和非营利性的公共服务的过程。从公共服务的需求角度而言，公共服务是指基于社会经济发展状况下，由政府主导提供的维持公民生存和发展需求的资源供给。从公共服务的目标分析，公共服务是公共部门为满足社会公众的公共需求，生产、供给、维护公共产品和特殊私人产品的活动、行为和过程。从职能、价值、利益等方面综合分析，公共服务则可以解释为以政府为中心的公共部门和其他治理主体为实现共同利益，整合公共权力和公共资源，并通过各种机制及方式，向社会成员提供物质形态或非物质形态的公共物品和服务的行为总称。

2. 农村公共服务供给

"供给"在汉语语义的解释为，把生活中必需的物资、钱财、资料等给需要的人使用。"农村公共服务供给"是指将上文所说的各项农村公共服务提供给农民的过程。农村公共服务供给可以从四个方面来定义：第一，农村公共服务谁来供给。一般来说，首要和主要的供给主体是政府，但是如果仅依靠政府这一单一主体来供应，那么就会出现政府供给与农村需求在总量、形式上难以匹配的现象，并且带来效率低、质量低等问题，因此就需要除政府以外的其他主体协同和辅助补充提供农村公共服务。第二，农村公共服务提供给哪些客体。想要达到公共服务的利用效率和质量，就需要明确谁来享受，这些享受者有怎样的诉求。农村公共物品供给的对象是农村地区与农民，他们是最直接的需求者。第三，农村公共服务供给些什么。农村公共服务供给的内容要从两个角度进行考量。首先是国家统一政策下对全体农村公共服务项目和类型的投入；其次是根据不同农村地区生产和发展需要具体分析，有选择性地投入。第四，农村公共服务的供给方式是什么。一般来说，主要包括政府供给、市场供给和第三部门供给。政府只提供宏观方面的公共服务，不能满足具体需求。市场供给主要是作为政府供给的辅助，起调节作用，社会组织和社会团体则起到对政府和市场公共服务供给的补充作用。只有这种多元主体协同供给，才能查漏补缺，向农村农民提供更多更好的公共服务。[①]

从特点和属性分析，农村公共服务供给主要是指政府向农民提供的关于生产、生活方方面面，具有非排他性与非竞争性产品与服务的过程。在

---

① 张再生，李希. 科技工作者薪酬设计体系与政策支持系统研究 [J]. 山西财经大学学报，2010，32 (S1)：108-141.

新时期乡村振兴战略背景下，农村公共服务在供给主体、供给方式及供给内容上都有了更新的要求。因此，本书尝试将农村公共服务供给概括为：以政府、市场机制、社会组织及个人为主体，以满足农民生产生活需求、促进农村发展为目标，通过多种供给模式向农村地区提供公共产品或服务的活动。

（二）农村公共服务供给的内容及分类

农村公共服务是公共服务投入农村地区的组成部分。在农村公共服务类型划分上，主要有以下四种：第一，根据内容及形式，可以划分为农村基础公共服务、农村经济公共服务、农村安全公共服务、农村社会公共服务四类，这是最为普遍和通用的划分方式。第二，根据专业属性，可以划分为农村公共设施建设、农村民生建设、农村安居建设、农村法治建设四类。第三，根据作用范围，可以划分为行政性、生产性和社会性公共服务供给三类。第四，基于公民需求角度，可以划分为生存型、发展型和环境创生型三类。在农村公共服务供给内容研究上，农村公共服务供给的内容涵盖范围非常广，学者也根据研究需要做出不同的取舍。

乡村振兴战略对农村各个方面的发展做了具体的部署，并且明确指出了要优先发展农村教育，加强农村安全建设、医疗卫生建设、社会保障建设，促进农村文化发展，各项建设均与农村公共服务供给紧密结合。本书对样本农村公共服务的研究主要涉及基础公共服务、社会公共服务、经济公共服务以及公共安全服务四类，具体包括农村公共教育供给、农村公共医疗供给、农村社会保障供给、农村基础设施供给、农村环境卫生供给以及农村就业、消防、科技文化等内容的供给。这既体现了广大农民最迫切最关心的需求，也体现了农村公共服务供给内容的不断丰富，是依据我国当下农村地区发展的现实状况来界定的。

（三）农村公共服务供给的理论基础

充分的理论阐释是课题研究的前提，新公共服务理论、政府职能理论、协同治理理论与本章研究内容联系最为紧密，笔者以此为基础进行论证，能为强化供给主体、完善供给方式、注重农民需求等角度探索供给途径提供可靠的依据。

1. 新公共服务理论

新公共服务是一种突破传统行政观点，以公民为中心的新管理理念，它主要阐释了公共行政、公共治理与公民三者之间的关系。20 世纪 70 年代，新公共管理模式逐渐暴露矛盾和弊端，遭到了许多学者和实践家的质疑和批判，于是新公共服务理论在批判与反思的基础之上应运而生。新公共服务理论起源于四个基础理论：第一，民主社会公民权理论。亚里士多德在其著作《政治学》中最早对公民权进行了论述，指出公民有从事政治活动的权利。美国总统林肯也在民有、民治、民享"三民政府"建设中提出要重视公民角色。桑德尔则认为政府得以建立就是基于能够根据自身利益而做出选择的公民权利的存在。之后，金和思迪沃斯继续发展了这一观点，提出行政管理者应该寻求公民的有效回应，从而构建与公民之间的信任关系。这些观点构成了新公共服务理论关于公民权利的基础。第二，社区与市民社会模型理论。该理论主张的是公民通过对话和讨论形式参与到市民社会中是社区建设和民主的本质，政府应该努力推进这一过程，体现共商和政府责任。第三，组织人本主义理论。该理论将人本主义视为新公共服务理论的精髓。第四，组织对话理论。这一理论意将公共行政完全形式化，以便确立新公共服务理论。

20世纪80年代末，美国行政学家登哈特夫妇在《新公共服务：服务而不是掌舵》中首次提出新公共服务理论，并探讨了"参与式国家"的政治治理。新公共服务理论是传统行政理论的进步与发展，以人本主义为核心，从七个方面展开探讨。新公共服务突出强调的是服务而非掌舵，政府的作用体现在帮助公民追求和达成共同利益，而不是企图在方向上控制或驾驭社会。在公民积极参与的现代社会中，政府在绝大多数情况下不再是掌控者，而是成为非常重要的参与者，应该增强服务意识，积极倡导民主参与及多方合作，即政府与非政府组织协同行动，寻找解决社区问题的有效方案。新公共管理理论的核心概念在于民主价值、政府责任和公共利益，主张在政府管理中要突显民主权益的"人本"模式，而非效率主义导向的新公共管理模式。政府责任和人本主义的结合是促进公共服务体系转型和升级的关键。新公共服务理论所倡导的是：公共管理者应以满足公共利益为目标，创造公民与政府之间真诚对话的机制与途径，打造基于政府主导、民主治理和公民参与为框架的公共服务管理结构，建立以公共协调和公共利益为基础的公共服务行政。政府应该主动听取公民意见，考虑公民需求，并为其他主体参与提供平台，承担政府职责，体现公共利益。新公共服务理论的提出和发展使公共社会和公共管理实践更加注重民主价值和公共利益，是与现代社会公共服务研究相适应的新的理论选择。

2. 政府职能理论

"政府职能"也称政府公共行政职能，是指政府等行政部门在依法管理国家政治、经济以及社会公共事务时所履行的职责和发挥的功能。政府职能主要可以划分为基本职能和具体职能两大类，其中基本职能是维护国家政治统治和管理国家公共事务的职能，具体职能则包括政治职能、经济职能、文化职能和社会职能。"市民社会"的兴起导致国家与社会分离对立，国家与政府在社会管理中的权力问题成为人们关注和思考的重要问题，进而使政府职能理论的研究具有现实意义。政府职能理论分为西方政府职能基本理论和马克思主义政府职能基本理论。

西方政府职能理论起源较早，从哲学角度解析政府职能，主要依据社会契约精神。从经济学角度大致经历了以下四个时期的政府类型：一是20世纪30年代，自由资本主义时期的"守夜型政府"，此时政府职能理论充分肯定市场，政府只发挥"守夜人"作用；二是20世纪70年代，政府对经济生活进行全面干预，同时将公共事业国有化、充分就业作为追求的目标，成为"划桨型政府"；三是20世纪70年代以后，产生新自由主义，提倡政府利用市场和社会力量提供公共服务，政府转变为管少管好的"掌舵型政府"；四是20世纪90年代之后，演变成适度干预，加强社会责任的"服务型政府"。可见，西方政府职能的演变过程主要是由有限政府职能到干预型政府职能再逐渐向公共管理理论下政府职能的转变。

马克思主义政府职能理论以历史唯物主义和辩证唯物主义为指导。其主要包括四种理论观点：一是政府职能有限论，这一理论认为政府是社会分工的产物，政府职能范围是有限的；二是政府职能两重论，政府发挥诸如对宏观经济管理的社会管理作用和对被统治阶级实行统治的政治统治作用；三是政府职能双向作用论，指政府职能可能产生积极和消极两个方面的效果；四是政府职能权变论，指出政府的职能并非永恒不变的，并且可能会消亡。

在市场经济条件下，政府职能理论在我国本土化，并得到不断的完善和发展。政府能够主动地采取适应经济和社会发展的政策，促进社会的全面进步。第一，履行社会义务职责的"责任型政府职能理论"。这种理论下的政府必须承担各个方面的责任，并对社会和民众的基本要求做出积极回应。第二，规制公民活动、增进公共利益的"治理型政府职能理论"。政府是国家治理的首要机构，需要在各种不同制度关系领域运用合法、公开、有效的权力去引导、强制和规范公民各种行为，以最大限度地增进公共利益，达到善治。第三，主张把竞争机制引入公共服务的"企业型政府职能理论"。旨在把政府某些行政职能社会化、市场化，用企业家精神重塑政府，提高行政效率。第四，强调社会本位，政府治权服从人民主权的"服务型政府职能理论"。"服务型政府以公民利益为核心，肯定权力主体的多元化，倡导改变以政府为中心的行政管理模式，并且鼓励公民个人、市场和社会组织等主体参与公共服务供给。"这种政府类型符合未来政府建设和管理的方向，对当前政府的服务能力建设具有重要指导价值。

3. 协同治理理论

"协同治理"是指政府部门、市场机制、社会组织及个人等主体在开放复杂的环境下，通过分享和合作建立多种有效方式，共同治理公共事务的行为和安排。协同治理理论是"协同"和"治理"理论相融合发展的产物。20世纪70年代，德国物理学家赫尔曼·哈肯提出了协同的概念，他认为协同是系统中各个部分之间交互和协作的联合或集体行为。宇宙就是这样一个整体，无论发生哪种规则、不规则或者平衡、不平衡的变化都是各子系统自身运动和相互作用的现象，最终都会实现协调统一，这种统一所产生的功能会大于简单的系统相加产生的功能。治理理论产生于20世纪90年代，属于多元治理理论体系，强调政府、企业、社会组织和个人共同治理社会公共事务。但是，各个行为主体都要受到相应的制约，因此应该各取所长发挥优势，解决政策差异和利益冲突导致的治理碎片化问题。协同治理不是独立单一的个体，而是"一个不同机制混合而成的整体"，每个机制都具备自身的"四个要素"，即错综复杂的权力和利益；以各种方式而加入的众多参与主体；不同的法规和相互补充的参与规则；守卫者和仲裁人负责保证的程序合法性。协同治理理论的重点在于"协同"，既要求平行治理主体之间的协同性，也要兼顾同一治理系统内部的协调性。协同治理理论的最终目标是使各治理主体间能够互惠共赢，实现公共利益的最大化。这就要求协同治理必须满足三个前提条件：首先，各主体之间的合作必须以共识为导向，保证治理过程顺利进行。其次，要在所有参与主体协商的基础之上，解决相应的问题。最后，要确定多元参与主体的地位是平等的，重点突出协同的要素。除了治理主体的多元性和治理主体的协同性，协同治理理论还体现出以下两个特征：第一，组织结构扁平化。协同治理理论要求突破僵化的组织形式，强化治理主体之间的协作关系，使治理活动效率高、有弹性，达到政府与其他组织在社会治理上的良性合作。第二，系统运行动态化。随着社会的不断发展，各个领域也在发生复杂和快速的变化，一成不变的治理模式并不能解决所有的问题。因此，要促进治理理念和治理方式的交互融合，建设动态的运行系统，明晰权责，使治理体系发挥更大的作用。

在治理公共事务上，协同治理主要是指政府、企业单位以及个体等多元主体以各主体间协调合作形成优于单一主体治理的方式，并通过有序组织和管理提高协同效果，最终实现公共利益的目的。此处涉及的农村公共服务供给的协同治理是指：在农村公共服务供给的过程中，政府、市场、社会组织及个人以农村公共服务需求为参数，以共同的利益或目标为导向，通过供给主体间的相互协调、资源整合形成稳定的协同供给机制，实现公共服务供给效益的最优，最大限度地满足农村居民的公共服务需求。

二、乡村振兴背景下农村公共服务供给的现状分析

为详细了解农村公共服务供给的实际情况，本章以 Y 镇作为特定研究对象，综合运用调查问卷和访谈的形式对 Y 镇农村公共教育、医疗卫生、社会保障、基础设施、人居环境等方面的农村公共服务供给现状进行了调查和分析，以期从总体上把握农村公共服务供给中存在的问题，并解析产生问题的原因。

通过梳理诸多学者对于农村公共服务供给类型及内容的分类，并结合当下乡村振兴关于建设农村公共服务的内容，本书对 Y 镇农村公共服务供给研究范围从公共教育、医疗卫生、社会保障、基础设施、人居环境及其他（就业、科技推广、安全、文化）六个方面展开。

（一）公共教育方面

为加快城乡一体化进程，普及农村义务教育，国家不断加大对农村基本教育和继续教育的投入，新时代乡村振兴战略也提出了优先发展农村教育事业的要求。为了响应国家政策号召，Y 镇对农村教育方面进行了调整，包括学前教育、义务教育。

Y 镇对政府教育资金及资源的使用主要体现在以下方面：在教育设施建设上，对部分年久失修的学校进行了维护，在个别村庄建设了新的学校，并将原有的初级中学合并到寄宿制初级中学 Y 镇中学，以解决学生因距离远而上学不便的问题。截至 2021 年年底，该镇共有幼儿园 2 所、托儿所 1 所，小学 5 所，初级中学 1 所。为了改善教育教学环境，各级学校添加了新的桌椅及多媒体和办公电脑等设施，并加大力度提升校园绿化，创建舒适良好的校园环境。在教师聘任上，为贯彻市政府对扶贫和特岗教师的招聘政策，开展了各种师德师风教育和"优秀班主任""优秀教师"评选表彰活动，吸引和鼓励师资力量，并对各级教师进行定期的培训和考核，提高教学质量。在助学政策上，实行中小学义务教育补助计划、贫困学生补助计划、营养餐计划等，为孩子更好地接受教育创造条件。如今，Y 镇农村办学条件得到了改善，师资队伍建设不断加强，教育的现代化、信息化步伐也稍有加快。

通过调查和访谈我们了解到，很多村民对于当前农村教育状况并不满意，认为农村公共教育状况仍存在很多问题，包括学校数量不足、教师能力低下、教学设备匮乏等。尽管国家对农村教育的重视程度越来越高，与过去相比，农村教育有了一定发展，但进程仍然缓慢，并存在诸多问题。解决农村教育问题仍然刻不容缓。

（二）医疗卫生方面

为积极贯彻落实农村医疗卫生服务政策，保障农村基本医疗，自 2014 年以来，M 县政府组织了多次医生下乡义诊活动，免费给中老年人群做测血压、听心肺等常规检查，为农村妇女做妇科及身体检查等，并为农民普及一些健康保健小常识。Y 镇村民得到了免费体检和看病的机会，给予了这项惠民办法一致的肯定。但是就整个村镇公共医疗卫生供给状况而言，部分村民仍然持不满意的态度。据调查，Y 镇共有镇医院一所，床位 90 张，医务人员 30 人，乡间私人诊所多个。调查结果显示，69.32%的村民在生病时会选择村卫生室就医，20.57%的村民会选择镇医院就医，仅有 9.03%的村民会去市县的医院就医。这说明，村民就医主要集中在乡间私人诊所，看病难、看病贵的问题成为困扰村民的基本问题。

（三）社会保障方面

近年来，Y 镇农村社会保障建设不断完善，逐步形成了以农村社会养老保险、医疗保险为重点的社会保障体系和以最低生活保障为主的社会救助体系。

在医疗保险方面：尽管与过去相比，新型农村合作医疗保险制度经过进一步改革完善后，给广大农民带来了许多优惠。但是随着医疗检查和药品的价格不断创新高，合作保险费用也在升高，相对报销的比例却非常有限，这在一定程度上给 Y 镇农民带来了经济压力和负担。

在养老方面：Y 镇农村养老方式以家庭养老为主，老人的养老支出源于三个部分。第一，家庭和子女经济供给。赡养老人是子女必须承担的义务，无论是出于孝心和亲情还是顾及法定义务，子女对于养老支出所占比例都最大。第二，养老保险金。农村年满 60 岁的老人不需缴费就可以享受基础养老保险金，保险金的金额也在提高。但是基本的养老保险金每月不足 100 元，金额过少，对于贫困家庭来说，难以解决生活中遭遇的一些突发状况或疾病。第三，自主供给。部分老人有劳动能力，可以通过劳动换取低额的费用，支撑基本的生活支出，但看病难、药费高、经济困难等成为老人们最担心的问题。尽管国家一再调整农村养老保险政策，但效果依然不太理想。目前影响农户参与新型农村社会养老保险制度的因素较多，统计数据显示，在新型农村社会养老保险服务情况中，有 56.8% 的村民认为可得保险金太少，有 35.93% 的被调查者表示参保费太高，这两个问题是影响农民参保的主要因素。另外，还有 7.25% 的村民认为政府部门未尽到应尽的责任。

村镇养老供给内容比较单一，仅仅体现在养老经济的支出上。村镇缺乏养老院、老年健康管理中心以及老年娱乐公共设施。部分村庄购置了少量的运动设施，但缺乏安全指导人员，有的老人不懂应用，出现使用过程中摔倒受伤的情况。此外，由于子女忙于生计不能经常陪伴，与老人沟通交流很少，老人们更多的是聚集在村内街道旁聊天。生活不能自理、孤独寂寞、子女不孝也成为老人们普遍担忧的问题。由此可见，农村养老服务现状仍然不容乐观。

在低生活保障方面：Y 镇对接"五个一批"工程实施，建立形成了农村低保标准与扶贫标准同步提高的"两线合一"工作机制。但是仍有部分村民对低保制度实行情况不甚满意。首先，在各村低保覆盖范围上，各村低保户数量大有差距；其次，在低保户落户上，选取的标准也大相径庭，甚至有的不符合低保户程度和标准，由此村镇低保制度的实行颇受争议。

由此可以看出，在社会保障需求方面，Y 镇农村对医疗和养老的公共服务需求较大，低保及失业服务供给次之；在供给方面，医疗和养老服务供给比例较大，低保救济和失业服务供给次之。据对村民调查反馈了解到，在农村供给与需求关系方面，普遍认为供给量小于需求量。

（四）基础设施方面

乡村振兴战略实施要求，仍然要把农村基础设施放在重点建设位置，加大农村基础设施有效补给，加强城乡基础设施的互联互通，促进农村基础设施提档升级。在国家政策的指导和各级政府的带领下，Y镇农村基础设施建设取得了较大的成就。

在水利设施建设方面：Y镇农村当前有一条河流经过，治理方式主要是由各村党村干部以及分派巡河员定期巡视河道，雨期主要加强水资源与河岸线管理保护，统筹水上、岸上污染治理，旱期河道无水，主要严禁侵占河道，打击涉河违法行为，增强村镇防洪和抗旱能力。

（五）人居环境方面

随着全县农村面貌改造工作的深入推进，Y镇紧紧围绕"优环境、重举措、强治理"的方针，在做大做强特色主导产业的同时，坚持把村镇环境卫生整治工作摆上重要工作日程，全力打好农村环境面貌改造提升的"四场硬仗"，为科学务实地推进农村面貌改造提升工作提供了坚实保障[①]。

（六）其他方面

除了以上五个方面，Y镇农村公共服务供给还体现在就业服务、科技推广、公共安全和文化等方面的建设上。乡村振兴战略要求，农民职业技能培训计划应根据因地制宜的原则制定，更多地调动农民的学习积极性。Y镇针对当地的主副产业，分别开展了蔬菜种植技术和果树栽培技术培训、食用菌培育技术培训以及牲畜养殖技术培训，加强绿色技术供给，健全农业科技推广体系，并且进一步加强该镇黄瓜交易市场建设，保障农村主要产业发展和村民收入来源。Y镇政府还提供了面点制作学习培训服务，拓宽农民增收渠道，鼓励农民勤劳守法致富，将职业技术转化成生产效能。但根据各村村委反映，这种职业技能下乡培训流动性大、次数少，各村参加培训的人数和年龄也参差不齐。

为提升农村文化，Y镇共创建了5个图书室，通过政府发展村民教育资金投入和外部捐助途径建设并采购各种图书供村民学习和阅读。村民如需借阅书籍需按每本图书10元押金交付，还书当日图书未有损坏则全额退回押金。但经过实地调查，笔者了解到，这几个图书文化室的使用情况并不好。村民们反映，一是图书总量和专业化的图书数量有限，有的图书陈旧，长时间不更新，内容已经不合时宜。二是很多村民不识字而且文化程度较低，用不上图书室，使用的积极性自然也不高，甚至形同虚设。在农

---

① 杨招继. 乡村振兴背景下农村公共服务供给对策研究 [D]. 吉林：东北师范大学，2020.

村文化建设上，Y镇还在部分农村建设休闲娱乐广场，为村民提供一定的休闲场地。

基于该镇各个方面的调查数据，从全镇农村发展整体现状来看，农村公共服务的供给和使用效率并不高，在各村之间、村镇之间以及城乡之间，各项服务供给和设施建设上仍存在较大差距，村民对不同类别公共服务需求和供给满意度也不尽相同，农村公共服务水平还亟待提高。

三、乡村振兴背景下优化农村公共服务供给的对策思考

规范的程序和完善的机制是优化农村公共服务供给的关键，有效解决供给过程中的问题需要建立科学的参与程序和健全的责任及运行机制。以机制为保障，循序渐进地深化农村公共服务供给体制的变革，对农村公共服务供给具有重要推动作用。因此，应从完善农村公共服务供给决策机制，畅通农民需求传导机制，优化农村公共服务供给财政投入机制出发，使有限的资源充分发挥作用，提高对农村公共服务的供应效率，从而改善农村公共服务供给困境①。

(一) 完善农村公共服务供给决策机制

决策是一个需要进行复杂分析的政治过程，合理的决策是公共政策成功实施的重要基础。当前农村公共服务供给决策仍然是以政府"自上而下"的决策方式为主，农民不能真实有效地发挥在农村公共服务决策中应有的作用，也就无法避免这种单一决策带来的负面效应。为了降低决策偏差，提高决策运行的科学性和技术性，就需要建立把农民的需求和偏好转换为公共决策依据的民主机制。

政府应当依据农村公共服务供给的政策要求和农民的相关诉求，适当调整与农村实际发展状况不适宜的决策机制。积极了解农村之间和农民之间的不同需求层次，以便拓宽农民参与农村公共服务供给决策的渠道。首先，要加强农村基层民主建设，确保农民参与供给决策的权利和地位，培育农民的主体意识，使农民认识到可以通过合理有效的参与决策表达自身对农村公共服务的需求。同时，对农村公共服务供给的信息适当公开，提高决策的透明度与公正度，保障村民的知情权，这样有利于提高政府决策依据的可信度和决策结果的可靠性。其次，完善村民自治。健全农村民主

---

① 张志鹏，张伟. 社区治理理论与实务圉 [M]. 南京：南京大学出版社，2022：56-66.

选举、民主决策、民主管理和民主监督机制，增强村民参与和管理农村事务的能力。比如，促进村民会议、村民代表会议的程序化，赋予农民在农村公共服务决策中的发言权，为农民参与决策留有一定的空间，使政府决策内容更加具有群众基础，农村公共服务项目的实施更加有理有据、贴近现实。此外，还可以利用信息技术，推动政府电子政务平台的建设。村民通过多元化的网络载体和传播媒介，如微信、抖音等流媒体以及村务公示栏等来表达对农村公共服务的需求，突破时间和空间的局限，搭建起民众和政府的互动桥梁，为村民参与农村社会事务提供更为畅通和便捷的渠道，鼓励村民参加民主决策实践，增强村民参与公共服务的责任感。

大数据作为高科技时代的产物，具有独特的优势，能够对消费行为、产品销售量、补给信息进行精准的预测和判断，因此其被应用的领域也越来越广泛。将大数据应用于农村公共服务供给决策，建设公共服务信息化系统，是优化决策过程，发展科学合理的决策技术的主要方式和潮流。利用互联网技术和大数据技术，搭建农村公共服务网络互动平台，发挥其信息发布、需求传递、需求信息处理等功能，可以为政府决策收集更多的信息。政府通过农民意见表达模块，了解农民的真实想法，精准捕捉、科学辨识生活中不能有效解决的难点问题，通过专家的智慧和经验技术，进行可行性分析，并及时给予反馈。针对农民意见的表达还要进行清晰的划分，不仅筛选农民对农村公共服务的目标需求，还要掌握农村公共服务建设中和享受农村公共服务供给后的看法和建议，使农民能够实事求是地反映农村公共服务供给的问题。此外，以互联网技术丰富农村公共服务供给决策，还能够整合各类公共服务资源，解决传统农村公共服务决策方式存在的部门分割、资源限制、协作艰辛等问题，使农民需求和服务资源快速匹配和对接，精准补给农村公共服务，满足农民对于农村公共服务的真实需求。

（二）建立农村公共服务动态需求表达机制

农村公共服务供给活动得以有序进行和圆满完成，不只是政府单向的强制输出，还需要农民给予积极的回应。而现实中，缺失相应机制，致使信息沟通受阻，农民无法参与到农村公共服务供给中来，在农村公共服务供给中也就缺少了农民的声音。为了能使农民及时了解农村公共服务建设的相关政策信息，并有效表达自身对农村公共服务的需求，应重点建立农村公共服务需求传递机制。使农民意愿可以自下而上传输，促进农村公服务供给系统的动态运转和公共服务供给的高效实现。因此，需要保障机制内农民需求表达的畅通性。基层政府应建立专门的农民需求表达和传导部门，负责收集和听取当地农民对农村公共服务建设的意见，强化基层决策中以村民利益诉求为核心的导向。把维护村民权益作为基层干部选举的首要标准，同时要加强基层代表与村民间的沟通联系，使其能够具体准确地关注村民需求和意愿，在供给农村公共物品时能够发现问题，并及时找出解决对策，从而调动村民参与公共服务建设的积极性。

基于农村发展的差异性，现阶段我国农村公共服务设施供给主要采用"一事一议"的方式，村民主要以讨论、协商的形式参与到农村公共服务建设中。引入这种参与方式有利于增强农民的集体意识，提升农民的自我管理和自我服务能力。因此，应加强对农村"一事一议"制度建设，在农民之间做好充分的制度宣传，让农民了解政策带来的福利，并优化"一事一议"的程序，增加农民对政策的支持和参与，提高农村公共服务的供给效率。另外，还要保障农民平等地参与农村公共服务供给和公平地享受农村公共服务供给成果。目前农民在农村公共服务供给的各个阶段的参与度明显低下，切实保障农民在农村公共服务政策的制定、实施和维护环节的平等地位成为一项重要的任务。通过保证村民在供给全过程中的基本权益，能够调动其参与供给的积极性，营造一种积极的、活跃的、乐于表达的良好环境氛围。

作为弱势群体，农民在政治表达的领域内缺少真正可以代表自身利益的组织，而非政府组织的成立恰恰可以凝聚分散的农户，提高农民的组织化程度，在农村公共服务供给过程中能够代表农民表达需求意愿，维护农民的实际利益。因此，政府部门应主动为非政府组织的成立提供良好的环境，并从政策、资金、宣传等方面进行帮助与引导，同时加强对非政府组织管理和监督机制建设，使非政府组织合法规范地参与农村公共服务供给。基层政府、村委会也可以与社会中非营利组织合作，根据农村发展需要，通过聘请专家和技术人员的方式，定期开展一些知识讲座和技能培训，鼓励广大农民加强学习和锻炼，能够正确合理地表达自身的需求。

（三）健全农村公共服务供给财政投入机制

建立运转顺畅、高效、可持续供应的资金链是农村公共服务顺利开展的核心。由于农村公共服务产品和设施供给在数量和质量上不断提高，农村公共服务财政资金供应处于比较紧张的状态。为了使农村公共服务财政资金全部用好用足，充分发挥服务农业、农村和农民的作用，必须建立完善的农村公共服务财政资金监管机制。一方面，成立农村公共服务财政资金监管部门，负责监督和管理农村公共服务财政资金的使用情况，检查、核实、纠正各种使用不当或违法使用的行为；另一方面，要建立严格的农村公共服务资金审核制度，审核资金使用预算、资金使用流程、资金使用去向及资金使用结果，审核是否存在不必要的损失和浪费现象、是否存在挪用和非专款专用行为、是否有腐败行为等。同时，建立严格的惩罚制度，对没有按规定使用农村公共服务财政资金的行为，根据情节严重程度，及时追回或追究责任，对行使过程中造成的个人财产浪费与损失予以适当补偿，对挪用、浪费等违法违规行为，依照相关法律进行严厉处罚。通过完善的机制规制约束公共服务行为，保证农村公共服务财政资金透明使用，并真正投入农村公共服务建设中。

财政转移支付是社会再分配的一种措施，对弥补政府财政支出不足、均衡地区农村财政投入和促进社会公平具有十分重要的作用。在农村公共服务供给过程中，财政支付转移手段的良好应用需要明确政府转移支付的责任，调整财政各项支出的规模和比例，根据地区条件差异和农民需求度有所倾斜，增强财政的基础保障能力。并在协调供给的基础之上，适度加大财政转移支付的力度，保障农村公共服务的长效运行和维护，提升农村公共服务供给效率，推进农村公共服务均等化的实现。

此外，为了增加农村公共服务的总供给数额，还应充分吸纳社会资金，激活民间资本。在当前的农村公共服务需求状态下，政府无力承担超额的农村公共服务供给，需要多元的参与主体整合各自的资源和资金，发挥优势互补的作用，为农村公共服务的发展提供强大的合力支撑。因此，政府应该通过政策引导和道德倡导，为市场竞争机制、社会组织和私人志愿者参与农村公共服务供给创造良好的外部环境，鼓励更多供给主体加入农村公共服务建设，建立政府主导、农民参与和社会组织赞助的多元资金投入机制。

第六章　治理现代化背景下实现乡村有效治理路径研究

第一节　实现乡村有效治理的困境及原因

党和国家向来重视乡村建设，在党中央的领导下当前我国乡村治理工作取得了巨大的成效，但仍然面临一些问题，这些问题的存在一定程度上阻碍了乡村有效治理的进程。其具体表现为：村级党组织领导弱化、乡村治理主体能力薄弱、乡村治理体系不够健全、乡村治理机制不完善、治理资源匮乏等①。

一、村级党组织领导弱化的原因

乡村治理的主体，包括村级党组织、广大村民、乡镇政府、乡村社会组织等，其中，村级党组织在乡村治理中作用突出。党的十九大报告指出，党的基层组织是确保党的路线方针政策和决策部署贯彻落实的基础。农村基层党组织是党执政兴国的根基，是党的全部工作和战斗力的基础，是密切联系群众的桥梁和纽带，是各项路线方针政策的传达者，在推动乡村治理的进程中发挥领导核心作用。由此可见，村级党组织在乡村治理过程中的作用举足轻重，它领导和带领着其他乡村治理主体，共同致力于乡村治理的转型，乡村社会的良治。尽管村级党组织作用突出，然而在部分地区村级党组织仍然存在领导弱化的情况。

（一）村"两委"关系不协调

根据《村组法》的规定，农村党支部在乡村治理中发挥领导核心作

---

① 暴占杰. 改革开放以来中国共产党西藏扶贫工作研究 [D]. 长春：吉林大学，2021.

用。村委会负责村庄主要事务，但要接受村党支部的领导，同样，村党支部要保障支持村委会独立管理村庄事务。两者代表着村民的根本利益，本应各自履行自己的职责，共同管理村庄事务，但在具体治理过程中，村委会和村党支部之间尚缺乏明确的职责边界，导致他们在村庄人事权、财产权、决策权方面存在矛盾。村"两委"关系可分为包揽型和分庭型。在包揽型的村"两委"关系中，其中一方拥有民意基础、话语权和村庄事务的决定权，村民对其认可度高，另一方则形同虚设。而在分庭型的村"两委"关系中，村支书和村主任力量相当，两者表面一团和气，但是关系到自身利益时便会相互争执，碰到难以处理的事情就互相踢皮球，使得村庄时而混乱，时而一片沉寂，村务无人问津。无论哪种关系都影响了村级组织的正常运行，影响了党组织的领导核心地位。

（二）村级党员队伍整体素质不高

村级党员干部的综合素质，影响着村级党组织"领头羊""排头兵"作用的发挥。在我国很多农村地区都存在着党员年龄大、学历低、处理事情的方式不灵活和效率不高等问题。从某市所辖范围内 100 个帮扶村的党员统计情况来看，村级党员干部的平均年龄为 50 岁，村支部书记中 28%的人是中小学历，本科毕业的只占 5%。这样的年龄构成和知识结构虽然有办事稳重等优势，但也存在着思想守旧、学习领会能力不强、创新能力不足等劣势，会直接影响村级党组织的组织力。究其原因，主要是大批年轻人进城务工，导致年轻党员的储备力量不足，农村党员多是一些老同志。他们多数是 20 世纪五六十年代出生的一代人，受当时政治环境影响，很多人受教育水平不高。除此之外，个别村的宗族势力等也会干扰和影响党组织的工作，使党组织干部的工作开展很被动，难以实现村务管理常态化，党组织的形象和声望受到损害，党的执政根基被削弱。

二、乡村治理主体能力薄弱的原因

"多元"主体协同参与是乡村治理的一种理想状态，也是一个大的发展趋势。但是从我国乡村治理的主体发展程度来看，实现"多元"格局还需要经历一个漫长的过程。当前，我国乡村治理的主体能力仍然薄弱，具体表现在以下三个方面：

（一）村民自治水平偏低

乡村有效治理离不开村民主体作用的发挥。受城乡差异的影响，城市较农村收入高，医疗保障体系更健全，社会福利更优厚，现代化水平更高，吸引着乡村青壮年、乡村精英通过务工、求学等渠道离开乡村，他们不再依赖乡村的资源，也很少参与村庄事务。留守在乡村的村民则年纪大，文化素质不高，主体意识不强，对乡村事务漠不关心，加上长期受小农思想的影响，思想观念落后，因此很难在乡村治理的过程中发挥应有的作用。村委会是村民的代言人，但很多村干部的综合素质不高、服务意识不强、工作态度不严谨，并且受文化水平的限制，不能科学地制定出适合本地发展的有效措施，导致村民对村务治理的参与不足。

（二）乡镇政府偏离职责权限

在乡村治理中，乡镇政府是国家对乡村进行治理的直接有力的基层政权，它把守着国家对乡村社会管理的最后一道关口。它们为乡村提供教育、医疗、文化等公共服务，提供科学的规划和经济技术支持，搭建城乡融合发展的信息化服务平台，在乡村治理体系中发挥引导作用。但在现实中，乡镇政府经常"越位""缺位"，偏离自身职责权限。其中，"越位"表现在，由于乡村社会缺乏管理资源，有些乡镇政府为了更好地管理乡村事务，把村委会当作自己的下级机构或派出机构，延伸自己的工作范围，干预村庄事务，村委会与基层政府逐渐成了一个工作共同体，自身的独立性却被弱化。村干部既是村民的代言人，又是国家政策方针的实施者，这种双重代理人的身份难以回应村民的日常诉求。"缺位"表现在，乡镇政府不能满足村民对公共服务的需要，诸如乡镇政府对农业生产基础设施供给不足，导致农业对干旱洪涝等自然灾害的抵抗能力较弱，或者生活服务性基础设施滞后，农村缺乏应有的环卫设备，生活垃圾不能得到及时处理等。

（三）农村社会组织力量薄弱

随着社会的多元发展，广大农村地区出现了一批社会组织。社会组织是指那些从事公益事业的带有志愿性的、非营利性的、非政府的社会组织，包括农民自发组织的协会、社团等。它们独立于行政力量之外，参与制定相关政策，表达自己的观点、要求，维护自己的合法权益，在丰富农民精神生活、促进农民增收致富、参与乡村治理方面发挥着重要作用。农村社会组织的涌现不仅为农民提供需要的公共服务，而且必然要参与到乡村治理的进程中来，成为乡村治理的一支不可或缺的，甚至是最活跃的力量之一。但是，当前他们参与乡村治理的道路仍不是很顺畅。

首先是资金的缺乏。农村社会组织具有依赖性，多依赖于政府的扶持，依靠自身微薄的资金难以保证乡镇组织正常开展活动。其次是人才的缺乏。乡村精英和青壮年的流失，使乡村社会组织的整体素质偏低，不利于其可持续发展。此外，群众对乡村社会组织的认可度不高，具体表现在：乡村社会组织多依附乡镇政府存在，很多时候扮演着乡镇政府的派出机构的角色，乡镇政府的力量渗透在社会组织的人员聘用、资金使用、组织建设等方面，影响了其作为非政府性组织的形象；有些乡村社会组织成员，为了谋取个人利益而危害公共事务，损害了大多数村民利益，也降低了村民对组织的信任度；社会主流媒体对社会组织的作用宣传少之又少，在老百姓的惯性思维里，有事还是习惯寻求乡镇政府和村"两委"的帮助，不认为专业的社会组织能有效解决问题。

三、乡村治理体系不健全的原因

党的十九大报告明确指出，要建立自治、法治、德治相结合的乡村治理体系。目前学术界称自治、法治、德治相结合的治理方式为"三治结合"或"三治融合"。"三治融合"的治理体系既传承了我国传统治理文化又结合了乡村治理经验的结果，它弥补了以往单一的治理模式的弊端，丰富了治理内容，为创建和谐的乡村社会打牢了基础。当前我国的乡村治理体系仍然不够健全，具体表现在以下三个方面：

（一）自治规范性欠缺

在我国的乡村治理中，一直以来就有"三治"的传统。中国自古皇权不下县，传统乡村社会当中国家权力并不直接介入具体事务，而是依靠乡绅阶层开展乡村治理工作，传统的伦理道德、宗族规则、国家法律都需要在这一套自治的秩序当中共同发挥作用。经历了人民公社运动和改革开放的历史进程，乡村自治工作推进仍然需要与国家权力之间形成新的平衡，乡村自治的规范性仍然不足，诸如乡村自治上级政府对乡村自治的"管"与"放"之间的结合仍有不足，其中既有类似于"村章乡管"之类的"强管理"，也有诸多村内事务因未纳入上级部门的考核指标而没有得到乡镇政府的足够重视。对于村内的自治格局的构建而言，十分依赖于村委领导班子的建设。如果村委领导班子能力强、作风强势，对本村事务进行自我管理的意愿就强烈，更有甚者会仰仗宗族势力，对内强化自身权威，对外以加强乡村自治的名义对抗政府的管治工作，造成乡村与政府之间的冲突。如果村"两委"领导班子能力弱，就有可能出现对本村事务进行自我管理的意愿不足的情况，在村内各类事务工作的开展都等待上级政府部门的扶持和帮助，工作缺少主动性。

（二）法治保障不健全

乡村是法治建设的薄弱地区，法治建设的整体环境仍有待改善。一方面，就国家层面而言，与"三农"问题相关的立法工作仍不完善，特别是因为经济社会的发展和全面深化改革的实际推进，一些最新的改革举措，如农村承包地"三权分置"等，这些与农民权益密切相关的法律法规的制定仍有所欠缺。当村内出现具体事务性的矛盾，有时候会因为相关法律法规操作性不强，无法较好利用法治手段解决问题。另一方面，就村民的角度而言，对利用法律维护自身权益的意识仍然不足。许多村民有时候抱有功利主义的态度，更多去关心自身的目的能否实现，能不能解决自身的实际问题，而不在乎规则本身的要求，是否符合一定的法律程序。乡村社会作为一个熟人社会，村民对于人际关系的重视，使得村民对于利用法治手段处理村民之间、村民与村"两委"之间、村民与政府之间的纠纷，仍然抱有顾虑。这些情况的出现，对于乡村社会的法治建设而言都形成了障碍。

（三）德治约束软性化

千百年来，我国一直是传统的熟人社会。传统道德中的诚实守信、孝老敬亲、兄弟和睦、邻里团结等传统观念是村民们内心共同认同的基本行为准则，这些传统美德作为一种软实力在促进乡村有效治理的进程中发挥着举足轻重的作用。随着我国传统社会向现代社会的全面转型，在中外文化全面侵袭和市场经济浪潮的冲击下，多种思想观念、多元价值取向良莠不齐，文化冲突风云激荡。以利为上、自利为先的文化在市场经济的潮流中得到生长、发散，与家庭个体承包经营相适应，对乡村原有的主导文化表现出强大的解构力和侵蚀力。拜金主义、享乐主义、个人主义滋长，封建迷信、黄赌毒现象和宗族文化沉渣泛起，假冒伪劣、坑蒙拐骗成为农村公害，乡村精神文明事业受到冲击，乡村精神荒芜逐渐蔓延，传统的礼俗约束日益深入人心，乡村急需注入新时代的社会主义新文化。同时，在现代化的治理过程中，德治仍然没有被高度重视，没有作为一种重要的形式和手段去加以运用，德治缺乏良好的治理载体，呈现出软性约束的特点。

（四）"三治"之间缺乏融合度

"三治"融合的乡村治理体系要求自治、法治、德治三者有机结合、良性互动。自治载体中体现法治德治，法治载体中体现自治德治，德治载体中体现自治法治，形成你中有我、我中有你的实施载体，任何一种治理方式的制度机制的缺失都会影响乡村治理的整体效果。"三治融合"并不是三条独行大道，也不是三者简单地相加，而是经过深度融会贯通后找到一个平衡点达到乡村治理的最优状态。当前我国乡村社会，"三治融合"的乡村治理体系还不够健全，原因主要有以下两个：一是村民偏向依靠自治和一定的德治来解决矛盾，忽略了法治的作用。他们习惯向基层自治组织反映问题，希望能得到解决，或者有事私下解决。二是治理机构各自强调自己的治理形式，对"三治融合"的有效形式探索不够。诸如司法部门下乡普法，宣传部门下乡宣传德治的重要性，导致各个治理机构各自唱自己的戏，使"三治融合"变成了简单的"三治相加"。这些都直接影响了乡村治理水平和治理效果。

第二节　治理现代化背景下实现乡村有效治理的时代趋向

一、乡村治理目标的时代化

现代社会发展的一个基本特征就是社会系统越来越发趋于复杂化，社会当中的各类主体的需求越发趋于多元化，使得一个社会当中突显的矛盾点相比于传统社会有着惊人的增加。这就决定了现代政府开展社会治理不可能关注单一目标，其治理目标同样越发趋于多样化。同时在治理过程中需要做好多元目标之间的协调、统筹平衡，对多元目标都能给予足够的重视和投入，确保社会的发展避免明显短板的拖累。对于传统的政府而言，之所以突出"管理"的职能，就在于其管理目标相对单一，通过权力的行使对社会进行管制，即使某些方面出现一定的利益伤害和情绪压抑，只要能达到社会整体的稳定有序便可被接受，也易于实现。

然而在一个社会系统复杂化、主体需求多元化的情况下，管制思维已无法适应时代的需要，单一目标的实现已无法保证消除社会整体的各个方面的风险点，这些风险点随时可能成为社会发展的短板。目标的多样化必须要改变传统的管制思维，尽可能地以各种合法合理的方式、多样高效的手段和方法去实现目标。政府管理既是管制又是服务。只有通过全面深入的公共服务去满足社会不同层面的需求，实时恰当地舒缓社会矛盾，在国家与人民之间形成良好的互动，才会带来社会的可持续发展。因此，我们可以从国家历年提出的《国务院机构改革方案》中看出，"公共服务"作为一项政府基本职能越发受到重视。2005 年，《政府工作报告》提出了"建设服务型政府"的目标，并分别在党的十六大和党的十七大中对"服务型政府"的基本内容和建设要求做出了更为系统和全面的论述。党的十八大提出政府要不断改进公共服务方式，加强基层社会管理和服务，不断向社会提供优质公共服务。其体现的就是一种现代化的治理思维，就是要以高水平的公共服务实现多样的治理目标，让社会各方便始终保持足够的活力。

同样，过去上级政府通过行政命令、上传下达的手段履行社会职能、处理乡村事务。在这种"压力型"的关系下，上级政府对乡村内部的政治、经济、文化等方面的事务都是一口决定。自改革开放以来，农民的需求也呈现出多元化和复杂化的趋势。比如，步入老年的村民对养老有了新的需求，传统的家庭养老已经无法满足；返乡青年希望得到更多政府提供的创业优惠政策和配套支持；在家务农的村民希望政府改善农村生态环境，提高教育医疗，社会治安水平，等等。这就意味着，乡村治理的目标相应地呈现出多样的形态，乡村社会的方方面面都关系着乡村社会稳定和发展的大局。在这样的背景下，单一的"自上而下"的乡村治理模式已经不能满足人民的需求，村政府必须转变政府职能，为村民提供更多的公共服务。

二、乡村治理主体的多元化

从中华人民共和国成立到改革开放前的乡村治理模式是自上而下的单向运作。国家将离散的乡土社会高度整合到政权体系当中，并开始了人民公社运动。人民公社实行的是统一领导、分级管理的制度，人民公社的管理层级分为公社、生产大队、生产队三级，它既是三级经济组织，又是三级基层政府组织。生产大队，相当于现在的行政村，直接由政府进行行政管理。在这种模式下，村民缺乏开展自治的主动性。党的十一届三中全会之后，为了配合家庭联产承包责任制，国家将原来人民公社时代的"政社合一"体制进行政社分离，转而推进"乡政村治"的治理格局，将生产大队改造为村民委员会，在村民自治的制度设计下，村民成为乡村治理的主体。随着市场经济的发展，社会各个领域都发生了很大变化，乡土中国变成了城乡中国，乡村治理的主体也日益多元，乡贤、社会组织、社会团体等在乡村治理中的地位也越来越重要。从古至今，乡贤都在乡村治理中发挥着重要作用。古代声望高、受人尊敬的士绅贤人承担了古代修桥补路、捐资助学等公共事务。现代的乡贤多由德高望重、返乡走亲、多才多艺的村民构成，并在传承传统文化、强化民情沟通、调解矛盾纠纷等方面仍继续发挥着重要作用。他们既熟悉乡村社会的发展，又了解现代社会的进程，是连接乡土社会和现代社会之间的桥梁。同时，各种各样的社会组织和社会团体的出现也为乡村治理注入了活力，它们为农村提供了基础设施、教育、养老等服务，弥补了政府为农村提供公共服务时的缺位。此外，它们把乡镇政府的政策传递给村民，向乡镇政府反映村民的利益诉求，促进了村民和乡镇政府的良性互动。

事实上，乡村治理主体的多元化与乡村治理目标多样化是相适应的。正是因为目标的多样化，使得社会上不同主体有着迫切参与乡村公共事务的需要，以维护自身的切身利益。这些多元主体不仅是乡村社会治理的参与者，同样是最终的受益者。他们对乡村公共事务的直接参与，不仅激发了这些社会多元主体的活力，而且激发了社会长远发展的活力。与上级政府和村级自治组织一道，乡贤、社会组织、社会团体等多元主体通过自下而上参与乡村治理，为乡村治理的现代化输入了新生力量，在一定程度上促进了乡村治理的民主化进程，有利于乡村社会的长远发展和稳定。虽然在这些多元主体当中，上级政府和村级自治组织仍然是开展乡村社会治理最为重要的力量，但是上级政府和村级自治组织的工作开展也有着自身不可避免的一些限制，乡贤、社会组织、社会团体等多元主体的参与，有效地弥补了上级政府和村级自治组织的不足。

三、乡村治理模式的融合化

自 1982 年颁布的《中华人民共和国宪法》做出"村民委员会是基层群众自治性组织"的规定起，"村民自治"一词开始出现在人们的视野中。村民委员会是指在中国的乡、镇下面设置的由基层群众进行自我管理、自我教育、自我服务的自治组织。农村村民自治，是指在党的领导下，依照宪法和各法律法规的规定，通过各种途径和形式，由村民自主处理本村的公共事务、发展公益事业、调解民间纠纷、协助维护社会秩序、促进农村基层社会物质文明和精神文明的发展。在这一过程中，村民是基于对自身利益和村庄共同利益的综合考量下做出的理性决定，因而可以激发村庄内在动力，提升村民参与乡村治理的积极性。党的十五大明确提出了依法治国的基本方略；党的十八大提出法治是治国理政的基本方式；党的十八届三中全会进一步提出，坚持法治国家、法治政府、法治社会一体建设，实现法治中国的目标，建设法治乡村也有了根本依循，乡村社会治理必须要把治理的成效建立在法治的根基之上。随着市场化和城镇化的推进，乡村传统文化不断消融解体，乡村价值取向多元，乡村主流意识分散，在这种背景下，2013年浙江省桐乡市率先提出并进行了"三治融合"的乡村治理实践。之后，党的十九大报告把建立自治、法治、德治相结合的新型乡村治理体系推向全国实施。党的十九届四中全会通过的《中共中央关于坚持和完善中国特色社会主义制度推进国家治理体系和治理能力现代化若干重大问题的决定》明确指出，现代农村要"建构基层社会治理新格局，健全党组织领导的自治、法治、德治结合的城乡基层治理体系"。

自治、法治、德治相结合的乡村治理体系主要包含三个部分的重要内容。一是以自治为基础，通过引导自治组织、村民有序参与乡村事务来完善自治制度，进一步提升群众自我管理、自我服务的水平。二是以法治为保障，利用法治手段维护乡村社会的公平公正。依法治理是以法律为基础，用法律来约束权力的获取和运作、资源的配置，根据这个原则，村民的法治理念和法治意识将不断增强，乡村治理也将走向法治型进程。三是以德治为支撑，通过道德文化的力量推进乡风文明建设。德治在乡村治理中属于一种"软实力"，有着不容忽视的社会功能。它通过无形的道德舆论压力促使人的自我反省与改进，是一种温和且"治标"的方式。"三治融合"治理既符合新时代乡村建设的需求，又回应了现代乡村治理中存在的问题，是对乡村治理模式的一次面向时代任务的全新探索。这种新型乡村治理模式使乡村的单一治理不断向融合治理转变，不仅完善了乡村新型治理理论，也实现了乡村治理的创新性发展①。

---

① 冯留建，王宇凤. 健全自治、法治、德治相结合的乡村治理体系 [J]. 中国高校社会科学，2021（4）：64-72.

第三节　以治理现代化推动乡村有效治理的主要路径

一、提升村民自治意识和水平

村民是乡村有效治理的受益者，也是乡村有效治理的参与者和推动者。采用多种方式提高村民的综合素质，才能更好地发挥村民自治优势。首先，要通过培训教育，提高村民的公共文化素质、培育村民的现代公民精神。村民作为乡村治理的主要力量，其综合素质对乡村治理的成效具有一定的影响，因此只有提高农民的综合素质，才能为农村治理改革提供更好的建议和支持，使乡村社会充满生机和活力。一方面，以村民小组为单位，分配学习任务，村民小组组长定期汇报村民学习成果，在学习的过程中将村民的一些陈旧落后的思想改变过来；另一方面，开展"送法下乡""科技下乡""文化下乡"等活动，培养农民的民主和法治观念，培养村民的民主参与意识，激发村民的潜能和内在能动性，使其成为有文化、懂技术、会经营的新型农民。

其次，要弘扬社会主义核心价值观，培养村民的公共精神。乡镇政府、村"两委"和社会组织共同配合，采用村民喜闻乐见的方式，共同推进社会主义核心价值观在乡村的弘扬培育，在村庄内部形成共治共享的良好氛围。拓宽民意反映渠道，充分吸取民意、集中民智也很重要，如定期举办"茶话会""座谈会"，让村干部在与村民轻松愉快的交谈过程中，了解村民对村庄事务的看法和意见，倾听村民心声。村民也可以畅所欲言，表达自己对农村厕所改造、农村人居环境改善、扶贫政策等问题的诉求。只有这样，才能让村民在参与村庄事务时更有心灵归属、政治认同感，也更具积极性、主动性。

二、增强乡镇政府公共服务职能

政府行政管理与基层群众自治的良性互动有利于加强基层民主建设，也有利于促进乡村治理有效。乡镇政府是国家权力在基层社会的代表，在乡村治理中发挥着重要作用。当前，通过转变政府工作理念，树立"以人民为中心"的意识，转变工作方式，变"行政命令"为"指导"，转变政府工作职能，建立服务型政府，才能更好地发挥乡镇政府的主导作用①。

首先，转变"管理型"和"压力型"政府角色，建立服务型政府，转变"官本位"思想，树立为人民服务的思想，转变"全能政府"观念，履行"有限政府"的职能。主动适应新时代的发展潮流，做到"有所为，有所不为"。其次，转变乡镇政府的工作方式。乡镇政府代表着广大人民群众的根本利益，与人民群众联系紧密。但在治理的过程中，乡镇政府与村庄是一种指导与被指导的关系，不是指挥和管控，因此必须把过去命令、指挥的态度变为耐心指导的方式。最后，转变乡镇政府工作职能。由单一的行政管理转变为围绕农村经济和社会服务的管理。既要抓好农村经济建设，又要完善乡村的教育、卫生、医疗等基础服务建设。厘清权力清单，明确政府的权力和义务，明确基层政府和村"两委"的职责权限，对影响村庄自治的事绝不"越位"，对村民关心的农业技术、农村道路、农业水利、文化设施等职责范围内的事绝不"缺位"。

三、壮大乡村社会组织力量

乡村社会组织是乡村治理过程中不可忽视的补充力量。随着乡村社会的发展，村民的温饱问题已基本得到解决，对美好生活的需求变得更加突出和迫切。同时，各类农村社会组织应运而生：农业专业合作社为村民提供农业种植、加工、销售等技术帮扶；老年协会让老人的精神得到慰藉；手工协会让妇女学到各种手艺；艺术协会提倡文明乡风、和谐家风……社会组织弥补了政府社会公共服务的不足，帮助化解社会矛盾，促进乡村社会的和谐稳定。但新兴的社会组织也存在诸多问题。政府可以采取购买服务和专项扶持的方式对社会组织进行帮扶，出台一些低息贷款、财政贴息等优惠政策，鼓励乡村组织的发展。社会组织也可以感召村庄有经济实力的企业家或者慈善机构，进行爱心捐赠，支援乡村建设。

针对人才匮乏的问题，一方面要对社会组织人员定期培训，不同的组织类型开展不同的培训内容。让他们在参加培训后，充分了解组织的性质和定位，提升公共事务的管理能力以及专业技术能力和服务态度。另一方面要鼓励乡村精英加入社会组织。搭建乡村精英回流平台，为乡村精英提供合适的岗位。乡村精英了解家乡的发展状况，又有技术、知识，在村庄

---

① 王勇. 复合型法治：破解乡村治理难题的一种制度性框架 [J]. 法商研究，2022，39 (3)：99-113.

中有一定的声誉名望，乡贤和能人加入社会组织，势必能为乡村治理起到很好的示范作用。也可以聘任专家学者参与到社会组织中来，根据乡村的实际情况，因地制宜、科学施策，从而更好地发挥社会组织的治理作用。

对于乡村社会组织认可度不高的问题，应强化乡村社会组织的独立性，在人才聘用、管理等方面减少对政府的依赖，减少乡镇政府对干预社会组织的职能发挥的影响。健全社会组织的监督也很重要，定期公布社务、财务，让村民了解组织的运营状况，能减少村民对社会组织的误解。通过报纸、广播、互联网、"三微一端"等方式加大对社会组织的宣传力度，能让村民不断感受到社会组织在参与社会治理、增强村民对社会组织的认同感。

四、健全利益诉求机制

健全农民利益诉求机制。首先，完善村民自治制度，使村民选举的村民委员会成为村民表达利益诉求的主要场所，使其为村民利益代言，保障村民自治权利。一直以来，村民自治制度为维护农民合法权益提供了制度保障，为促进城乡一体化和社会和谐发展做出了重大贡献。但是随着我国农村地区的发展进步，村委会的职能不断发生变化，最突出的表现是：自治职能让位于行政职能、经济职能取代自治职能。面对村委会职能的异化，我们要鼓励和调动农民群众行使自治权，对农民进行政治法律方面的教育普及，培养他们的政治参与意识和利益表达意识，坚持农民的主体地位不动摇。对于政府和村民委员会等组织，要使其明确职责范围，各司其职，认真处理好村级事务，使村民自治制度更加制度化、规范化和合理化。

其次，对信访制度进行改革，畅通农民表达自身诉求和维护自身利益的渠道。进入新时代以来，信访制度作为一项富有中国特色的政治参与制度，也必须不断地加以改革和完善。一方面，要对当前信访机构的设置进行调整和整合，建立城乡一体、各个部门相互协调的信访机制。在实际生活中，各级人民政府、人大、法院、检察院等机构都设有信访部门，它们更多的是独立办公，没有形成实际意义的隶属关系，这就导致了权力较低的信访部门不作为，而上级的信访部门又因此而工作量增多，上下级无法协调一致，使上访群众的诉求得不到及时有效的解决，因此应改革完善信访机构的系统化设置。另一方面，要明确信访机构的职能。信访机构最大的职能是"上传下达"的"沟通"职能，信访机构并没有解决信访事务的实际权力，因此要将"沟通"功能作为信访机构的首要职能。同时，党和政府要不断创新，适应时代的变化，运用互联网等技术不断丰富上访形式，不断拓宽农民的诉求渠道，加强对农民利益表达的引导。当前我国已经进入改革的深水区，对农民群体利益诉求的科学解决关乎经济的发展和社会的稳定，因此加强对农民利益诉求的引导显得尤为重要。一方面，村"两委"和乡政府要主动联系群众，加强关于上访渠道和方式的宣传，帮助农民寻求更高效的解决途径。具体可以通过农民喜闻乐见的方式，如电视、广播、报纸、互联网等，宣传党和国家的法律法规，用通俗易懂的方式传播最新的惠民利民政策，使群众更加了解法律知识和国家政策，从而更好地进行利益诉求。另一方面，可以采用"民主恳谈会""村民说事"的方式汇集群众的利益诉求。如象山首创的"村民说事"，就已经成为群众广泛参与、民意疏导、利益诉求的公共平台，受到群众的拥护。

五、加大乡村治理人才培养力度

乡村社会治理的发展离不开优秀的人才。解决乡村治理过程中人才短缺的问题可以从以下两个方面入手：

一是引导乡村精英回流。在乡村社会治理的传统中，乡村精英是权威的代表，他们具有很强的号召力，更容易得到村民的信任。引导功成名就的企业家、退休的老干部、各行各业的精英回到农村，使他们认识到自身在乡村社会治理中的带动作用并积极地参与其中，这对于其他农民具有良好的榜样和推动作用，有利于乡村社会治理的顺利进行。引导乡村精英回流，要给乡村精英充足的发挥空间，很多乡村精英觉得在家乡发展没有前途，无法施展自己的本领，从而造成人才的流失。因此，在用人时要人尽其能，给予其充足的发展空间，让他们以更加饱满的热情投入乡村治理中，创造更多的价值。同时，要因地制宜地采取优惠政策，让离开家乡的精英看到乡村建设的美好前景，增强其参与家乡建设的主动性和责任感，发挥其带头作用使普通村民更加积极有序参与到乡村社会治理中。

二是从人才引进入手。可以通过政策优惠、资金扶持和奖励机制等从城镇引进一些具有较强社会治理才干的优秀人才，或者鼓励农村大学生回乡创业、完善"第一书记"政策、大学生村干部等人才培养计划来壮大乡村治理人才的规模，为乡村社会治理的队伍注入新鲜的血液。当然，吸引人才来农村发展的当务之急是要改善农村的各类基础设施，为人才回流创造条件。当今社会发展迅速，但是农村地区的交通、医疗、娱乐等相关设施条件与城市相比差距较大，因此，加大对农村地区的基础设施投入，进一步提高农村的生活质量，才能让人才留下来、留得住。

六、拓宽乡村治理资金来源

在拓宽乡村治理资金来源方面，首先，国家应加大对农村财政投入力度，结合乡村的实际需求，为乡村社会基础设施和公共服务设施建设提供必要的资金支持，或者加大支农资金整合力度，提高资金使用效率。金融机构要不断改善服务，加强对"三农"的支持，积极采用补助、贴息、奖励、风险补偿、物资援助、收费减免、购买服务等激励措施，落实国家有关"三农"税收优惠政策。

其次，乡村要不断发展壮大乡村集体经济，增强造血功能，为乡村治理提供资金支持。当前很多农村地区的集体经济自身造血功能还很薄弱，发展后劲不足，因此要根据各村的资源状况，因地制宜，发挥区域优势，如山区村可以发展农副产品加工业，革命老区可以利用红色文化资源发展旅游业，沿海村可以发展海产品养殖业，平原地区可以发展规模化、集约化经营的现代高效农业。近年来，云南省文山州文山市通过盘活集体资产资源、整合各类项目资金、鼓励创办集体经济实体，扶持种、养殖产业发展等措施，因地制宜地打造"一村一品"集体经济模式，实现村集体经济由"输血型"向"造血型"转变，壮大了乡村集体经济力量。

最后，乡贤对故乡的反哺也能为乡村治理带来资金支持，发挥乡贤反哺的作用。长期以来，乡音、乡愁、乡情维系着远离故乡的乡贤的情怀，无论走到哪里，乡村都是远离家乡的乡贤们永远的心灵家园。那些在城市中创立人生传奇的乡贤，一直在用他们的赤子之心回报家乡。他们修建文化礼堂、捐资助学、铺路修桥，或用自己的优势为乡村建设筹集资金争取项目，为家乡的发展贡献力量。

第七章 乡村振兴战略背景下数字化赋能乡村治理高质量发展路径研究

第一节 乡村振兴战略背景下数字技术赋能乡村治理的理论分析

一、加强农村数字基础设施建设，补齐数字化赋能新时代乡村治理短板

当前，乡村治理中数字技术得到不同程度运用，但农村数字基础设施建设相对薄弱的问题仍较突出，迫切需要补齐短板。

中央网信办、农业农村部等十部门印发的《数字乡村发展行动计划（2022—2025 年）》部署了八个方面的重点行动，其中要求，实施"数字基础设施升级行动"，推进乡村信息基础设施优化升级、推动乡村传统基础设施数字化改造升级。到 2023 年，数字乡村发展取得阶段性进展；到2025 年，数字乡村发展取得重要进展。

（一）推进均衡发展

正视发达地区与欠发达地区、城市近郊与远郊以及偏远乡村数字基础设施现状与建设差距，坚持统筹协调、城乡融合、分类分区，推进数字基础设施建设均衡发展。比如，城市近郊及数字建设基础较好的地方，主要做好巩固提高，分区、分阶段有序推进建设 4G 基站普及与 5G 基站建设；远郊及偏远乡村，着力建设和改善互联网设施条件，保证村民能上网和高

速上网。引导平台企业、物流企业、金融企业等各类主体布局乡村①。

（二）着力推进特色建设

擦亮既服务本地居民又彰显地方特色的治理品牌，主要是确保在本土本乡数字基础设施硬件建设到位的前提下，加强特色软件开发和推广运用。比如，在党建引领农村基层治理、平安创建、大疾病应急处置、农村社区管理等方面，开发信息终端、技术产品、移动互联网应用等软件，提供数字服务供给，提高治理特色和现代化水平。同时，注重数字资源和数字信息共享，实现党建网、政务服务网、平安建设网等"多网合一"，避免"数出多门、多门不一"和"数据孤岛"现象。

二、强化数字技术与乡村治理融合，丰富数字化赋能新时代乡村治理内涵

数字技术只有与农业发展、农村治理和农民生活深度融合，才能激发数字乡村发展的内生动力，丰富与拓展乡村治理内涵。

（一）与农业发展融合

引入数字化理念推进农业发展，当务之急是强化数字技术在新业态新模式及智慧农业中的运用。深入实施"互联网+"农产品出村进城工程和"数商兴农"行动，支持农业龙头企业、农民专业合作社以及种植养殖大户、家庭农场等新型农业经营主体通过网络销售区域特色产品。分类推进快递进村工程，打通快递进村"最后一百米"。引导社交电商、直播带货健康发展。探索实施农业生产"在线问诊"，加快农业生产数字化改造。

（二）与农村治理融合

数字治理能力提升直接影响乡村治理实效。加强农村智慧党建体系建设，综合运用互联网平台，推动党务、村务、财务等信息网上公开。完善全国一体化政务服务平台，推动"互联网+政务服务"省、市、县、乡、村五级联动和全覆盖。改善基层政务服务，推动和扩大"网上办、掌上办、一次办"。坚持线上和线下相融合，创新"互联网+网格治理"服务管理，推动社会综合治理精细化。

（三）与农民生活融合

以接续实施农村人居环境整治提升、农村公共服务效能提升、乡村文

---

① 魏后凯，崔凯，王瑜. 共同富裕视域下乡村振兴的目标演进与推进战略［J］. 中国经济学人，2022，17（4）：50-76.

化资源数字化为重点，推动数字技术与农民生活深度融合。建立农村人居环境问题在线受理机制，搭建农村供水工程数字管理平台。推进涉农事项在线办理，做实村级政务服务站（中心），下放下沉高频服务事项村级办理（代办）权限。加快推进农村学校数字校园建设，深化乡村"互联网+教育"。加强乡村医疗卫生机构信息化建设，推进"互联网+医疗健康"。实施移动支付便民工程，深化农村普惠金融服务。

三、提高乡村治理队伍数字素养，增强数字化赋能新时代乡村治理能力

（一）加强农民数字素养与技能培训

发挥驻村第一书记和工作队在网络、信息、技术等方面的数字知识与资源优势，引导、指导和培训村民提高数字素养和技能。依托高校、各级党校（行政学院），加强对县乡村党员干部数字经济、数字社会、数字治理方面的培训。鼓励农业龙头企业培养实用型农村信息技术人才，引导公益组织等参与农民数字技能提升工作。汇集整合新技术推广、电商销售、新媒体应用等优质培训资源，持续推进农民手机应用技能培训工作。

（二）强化数字乡村建设法治道德规范

按照全面建设数字法治政府的目标要求，增强网民法律意识和法治思维，加强网民自律，引导村民依法规范上网用网。加强网络诚信建设，督促数字技术和产品开发人员遵守职业道德和准则。健全个人信息和隐私保护监管机制，加大对侵犯个人信息和隐私等违法犯罪行为的打击力度。深入推进"互联网+"监管执法，探索适合乡村区域特点的远程监管、移动监管、预警防控等有效监管形式，推进乡村数字治理实现效率、公平和正义。

（三）拓展应用场景

以互联网为"新农具"，短视频直播为"新农活"，借助新媒介展示乡村图景。提高电子商务、移动支付、共享经济、智慧出行等新型数字生活服务体验。搭建集生产、供销、信用服务等多功能于一体的为民便民服务平台，做实做优数据进村入户。做好网络帮扶与数字乡村建设有效衔接。因地制宜地举办形式多样的数字技术进村入户活动，全方位、全链条利用互联网技术改造提升乡村传统治理方式，努力提高乡村治理现代化水平。

第二节　数字化技术在乡村治理中的应用现状

乡村治理是国家治理的基石，没有乡村的有效治理，就没有乡村的全面振兴。改革开放以来，中国农村社会经济发展取得了巨大成就，但同时由于城镇化和工业化的推进，大量农村人口，特别是农村精英向城镇地区的迁移，使得中国很多农村地区陷入萧条与萎缩。为此，党中央、国务院采取了一系列诸如脱贫攻坚、乡村振兴等国家战略改善乡村治理。但与乡村振兴战略不适应的是，我国乡村治理还面临着基层组织涣散、村民参与不足、服务效能不高、不良风气盛行、治理决策科学性有待提升等问题。而造成这一治理困境的关键在于缺乏有效的治理工具与手段。大数据等数字技术作为促进社会治理现代化和精细化的重要手段得到了社会各界的广泛关注，为乡村治理有效的目标实现提供了重要驱动力。2017 年，党的十九大报告明确提出"建设网络强国、数字中国、智慧社会"。2019 年颁布的《中国共产党农村基层组织工作条例》指出，要"注重运用现代信息技术，提升乡村治理智能化水平"；《关于加强和改进乡村治理的指导意见》提出，要"探索建立'互联网+网格管理'服务管理模式，提升乡村治理智能化、精细化、专业化水平"。之后又在《数字农业农村发展规划（2019—2025 年）》中，将"建设乡村数字治理体系"列为"推进管理服务数字化转型"的五大任务之一。以上政策意味着推进乡村治理数字化已进入实际操作阶段。

当前，数字技术日益成为社会治理创新的关键要素。2022 年 2 月 25 日，第 49 次《中国互联网络发展状况统计报告》显示，截至 2021 年 12 月底，我国网民规模已达 10.32 亿，互联网普及率达 73.0%，我国网民人均每周上网时间达到 28.5 小时。这意味着，互联网已成为城乡居民日常生活的基本设施，乡村治理的数字化转型也将成为乡村治理现代化的基本趋向。面对全球数字化治理的深刻变革，数字化与乡村治理问题业已引起学界关注，通过系统的文献梳理发现，相关研究视域主要集中在大数据与乡村治理、互联网与乡村治理网格化管理、乡村"互联网+政务服务"、数字乡村与公共服务、智慧乡村等方面。研究内容涵盖了从理论到实践、从基础到前沿、从现状到路径等类型。

然而，现有研究对于乡村治理数字化概念内涵、主要构成、现实表现尚未进行深入探讨，对乡村治理数字化实践的系统考察在国内文献中未曾发现，实践先于理论的特征较为明显。基于此，本书首先对乡村治理数字化的理论与现象进行分析，进一步基于全国村民的典型调查，剖析当前乡村治理数字化的现状、问题与需求，并为进一步推进乡村治理数字化提出相关对策建议①。

一、从数字治理到乡村治理数字化

　　随着数字化技术的发展，数字治理逐渐由政府管理向社会治理各领域渗透。乡村治理作为社会治理的重要组成部分，在数字乡村振兴战略的落实中呈现出新的治理形态。

　　（一）数字治理研究动态

　　伴随数字技术的变革创新，顺应国际研究趋势，国内数字治理或治理数字化的研究领域由最初的数字政府治理、城市管理数字化、校园数字化等，逐渐向城市治理数字化、基层治理数字化、城乡社区网格化管理等方向演变。颜佳华、王张华率先在国内对数字治理、数据治理、智能治理与智慧治理等多个概念进行了辨析，认为它们均是国家治理体系下重要的治理范式，是数字化技术在治理领域中的延伸应用，概念之间存在同构性关联、互嵌式发展以及螺旋式演进的内在联系，但同时在治理对象、治理活动的具体内容、治理目标上又有所不同。

　　总而言之，数字治理理论顺应了新公共管理理论的逻辑，是数字技术在新公共管理方面的理论与实践创新。其中，治理数字化是数字治理的实现形式，是数字治理理论体系的重要进展，是数字化技术与治理理论融合渗透的现代综合治理创新形态。其具体是指治理主体运用信息技术，简化政府行政和公共事务的处理程序，并建立民主化程度的治理模式（也指通过治理工具的"数字化"），推动各治理主体及单元精确、协调、高效、稳步和持续运作的治理体系与治理能力现代化的历史过程。

　　（二）数字时代的乡村治理新现象

　　伴随全球数字化进程的加快，尤其是世界各国开展数字政府建设以来，数字治理理论与实践逐渐由单纯的作用于政府管理创新向基层社会治

---

　　① 郝政，何刚，王新媛，等. 创业生态系统组态效应对乡村产业振兴质量的影响路径：基于模糊集定性比较分析 [J]. 科学学与科学技术管理，2022，43（1）：57-75.

理各领域渗透。特别是近年来，世界主要国家和地区正积极探索乡村数字治理体系的建设。

乡村治理是社会治理的基础，指运用公共权力对乡村社会的治理过程和绩效进行保障。乡村治理是治理主体为解决乡村社会中出现的问题而共同参与、合作，实现乡村社会进步和完善的过程。当前，我国乡村正处于信息化、数字化与现代化的历史交汇期，数字技术的发展为乡村治理现代化提供了重要工具。在"数字中国"与"数字乡村"建设推动下，农村地区的数字化基础条件不断完善，"互联网+社区""互联网+政务服务"不断向农村地区延伸，各地探索实践并形成了一批经典模式。运用数字手段开展乡村治理，是丰富治理手段、体现国家治理能力现代化的重要举措，对于促进数字农业农村发展提供了经验借鉴。

（三）乡村治理数字化：结构与表现

数字技术普惠效应的发挥，使乡村治理的内容与手段不断丰富。关于"乡村治理数字化"的概念，目前国内外尚未有明确的界定，结合"乡村治理""数字化"与"数字治理"相关概念与前沿理论，可将乡村治理数字化视作数字治理理论或数字化智能治理在乡村社会治理中的扩展与应用，主要指通过构建完备的数字化基础设施与技术规则，充分利用大数据、云计算、人工智能等数字化工具推动乡村治理主体、治理过程、治理内容等治理要素数字化的历史过程。它是以数字化技术为载体，推进乡村数字经济社会建设与实现数字化美好生活的新型智慧治理活动。

1. 乡村治理数字化的基本架构

乡村治理数字化是一个涵盖基础条件、实现形式与实现目标的有机整体。结合《关于加强和改进乡村治理的指导意见》提出的"到2035年，乡村公共服务、公共管理、公共安全保障水平显著提高"的目标任务，以及《数字农业农村发展规划（2019—2025年）》提出的"构建乡村数字治理新体系"的要求，乡村治理数字化的实现形式应聚焦公共服务治理、公共管理、公共安全治理三个方面，分别对应乡村公共服务治理数字化、乡村公共管理与公共事务治理数字化、乡村公共安全治理数字化。数字化基础设施与工具是推进乡村治理数字化的基础与条件，乡村治理精准高效是乡村治理数字化的最终目标。

明确乡村治理数字化的结构，对于进一步明确乡村治理的数字化进程、完善基层治理体系具有指导意义。首先，乡村治理数字化以互联网工具设施为基础与载体，主要包括网络平台、社交网络媒体、网络终端，通过数据的整合共享实现治理目标。其次，乡村数字治理体现数字化技术与乡村治理全要素、全领域、全过程融合而形成的治理创新过程，表现为三种形式，即乡村公共管理数字化、乡村公共服务治理数字化与乡村公共安全治理数字化。最后，乡村治理数字化以实现精准高效的智慧治理为目标，形成高效行动、精准服务、共建共享的治理现代化格局。

2. 乡村治理数字化的表现

从理论前沿与实践现象看，数字治理技术已在乡村治理领域得到扩展与应用，推动了乡村治理数字化。结合乡村治理数字化的概念以及实践，从自上而下的资源整合与自下而上的参与治理对乡村治理数字化的表现进行分析。

第一，自上而下的资源整合。长期以来，我国基层社会治理以自上而下的线性治理为主，其主要特征表现在制度外供给为主、自上而下的决策体制与供给主客体两者分离，这一治理模式导致了公共服务资源的供需错配与基层治理的无效。而乡村治理数字化通过数据整合、平台搭建、服务协同，打破了原有的治理主体内部的信息不对称。一方面，通过搭建政务服务共享的信息平台，推动公共服务与社会事业向农村延伸，构建全民覆盖、普惠共享、城乡一体的基层公共服务治理体系，实现政务服务精准对接，提高政府的行政效能；另一方面，通过嵌入大数据等治理工具，整合县乡行政资源，汇聚教育、医疗、就业、社保、文化、交通等公共服务资源，推进形成集综合治理、市场监管、综合执法、公共服务等于一体的统一平台，全面提升乡镇和村为农服务能力，推进城乡基本公共服务均等化。同时，依托互联网和数字化工具准确研判乡村舆情与公共安全态势，实现治安防范等公共事务的事前控制，推进治理精细化。

第二，自下而上地参与治理。健全党组织领导的自治、法治、德治相结合的乡村治理体系。构建共建、共治、共享的社会治理格局，是推进乡村治理体系与现代化的根本思想。乡村治理数字化的基础在于治理主体的数字化思维。一方面，通过向乡村普及推广数字化工具，推动乡村社会由信息封闭向信息开放转变，为村民提供畅通的需求表达渠道，有助于发挥村民主体作用。提升其公共事务参与和决策响应能力，推动村民自治由被动向主动转变。另一方面，村民将需求传递到乡村数字治理平台，政府结合舆情研判做出精准的决策响应。推动形成以村民需求诉求为导向、自下而上的"需求传递—响应—满足—反馈"乡村治理体系，有效提高治理需求和供给之间的匹配度。

此外，在整个乡村治理过程中，企业与社会组织还承担政府与村民沟通的桥梁作用。在乡村治理数字化过程中，社会组织通过深入乡村基层洞悉村民真实诉求，为政府提供辅助决策依据；而企业通过与政府以公私合作、政府购买服务等方式，一方面为村民提供技术服务工作，另一方面承担数字化治理平台运维工作，确保乡村治理数字化的可持续运营。

二、乡村治理数字化技术的现状

(一) 乡村基础设施数字化

自党的十八大以来，国家先后出台了宽带中国战略、信息化发展战略纲要、网络扶贫行动计划等战略，为夯实乡村治理数字化基础提供了重要保障。截至 2018 年年底，全国行政村通宽带比例达到 98%，行政村通 4G 的比例达到 95%，自然村宽带覆盖率达 95.7%，贫困村通宽带比例提升至 97%。调查数据显示，互联网已成为村民获取信息的重要渠道，93.95% 的家庭拥有智能手机，66.18% 的村庄建立了村民微信群，33.33% 的村庄建立了村庄微信公众号，41.12% 的村庄安装了电子显示屏。北京、上海等发达地区更是探索开展了乡村治理大数据平台建设，数字化基础设施设备的不断完善，拓宽了农户信息获取渠道，为乡村治理数字化奠定了基础。

(二) 乡村公共管理数字化

一般而言，乡村公共管理包括基层政务服务、农村党建、村级公共事务治理等方面。

第一，涉农电子政务管理。早在 1994 年原农业部就启动建设了涉农电子政务平台"金农工程"，截至 2018 年年底，本次调查涉及的 20 个省（自治区、直辖市）构建了省市县三级以上网上政务服务体系，其中浙江、广东、贵州等地建成省市县乡村五级网上政务服务体系。根据涉农管理单位调查结果，57.41% 的涉农管理部门建设有数据管理平台，农业电子政务总体数字化建设比例仅为 39.82%，仅 25.26% 的单位完成了"资源环境一张图"建设。除农业视频会议系统、农村土地确权登记颁证、农业行政审批、农产品质量安全监管等与农业产业相关的政务管理数字化建设有一定程度使用外，农村人居环境监管、农村公共安全县一乡一村联网、"三农"舆情监测、农民征信管理、农村社会事业统计监测等与乡村居民生活息息相关的数字化建设仍比较落后。

第二，乡村基层党建数字化。2003 年，为提高农村基层党组织的创造力、凝聚力和战斗力，在全国农村开展党员干部现代远程教育工作，至今初步建成"中央—基层"的远程党员教育体系。根据村民党员的调查数据，在党员了解党务的主要途径中，党务管理平台、党员微信群等分别占 69.23%、63.08%。与此同时，各地积极利用移动互联网与大数据技术，实践探索了宝山区"社区通"、汉阴县基层治理信息系统、北京"晓村务"等数据管理平台同步开展基层党建工作，有效地提升了基层党建工作效率。

第三，村级事务治理数字化。"阳光村务工程"推动村务、财务网上公开。2018 年，全国利用专用财务软件处理财会业务行政村占比 66%，实现村级财务网上审计和公开的乡镇占比分别达 12.7%和 51.4%。村民调查数据显示，53.96%的村民通过村民微信群获取村务公开信息。此外，在村事务参与方面，移动互联网的发展促进了村民参与治理的积极性，有 37.68%的村民通过互联网参与村公共事务决策的讨论或投票。

（三）乡村公共安全治理数字化

第一，社会治安数字化。为抓好平安乡村建设，各地积极推动乡村"雪亮工程"，涌现了四川成都、浙江衢州、广东云浮等多个典型，如四川省创新"雪亮工程+网格化治理"新模式。截至 2018 年年底全省已有 3 成以上的村完成了"雪亮工程"，极大地降低了村聚众斗殴、入户盗窃等违法犯罪活动。村民调查数据显示，目前安装有治安监控摄像头的行政村占比为 59.37%，有 65.19%的农户表示所在村近一年未发生过打架斗殴事件，55.23%的村民表示未发生过财物丢失事件。但调查反映，仍有近一半市级单位尚未完成"雪亮工程"，真正下沉至乡、镇的省份较少。许多村级"雪亮工程"建设仍聚焦前端摄像头安置，后端支撑平台建设不足，尚未真正达到实时、共享、智能可控的目标。因此，总体来看，公共治安建设仍需加强。

第二，公共卫生治理数字化。2020 年年初，新型冠状病毒感染等重大突发公共卫生事件对全国经济社会正常运行造成较大冲击，但移动互联网的发展为公共卫生防疫提供了重要支撑。村民调查数据显示，78.99%的村民表示是通过微博、微信、今日头条、支付宝等互联网渠道获取疫情信息，分别有 41.20%、42.36%的村民认为新型冠状病毒感染的信息公开

"比较及时"和"非常及时"。这表明，随着数字化传播渠道的拓展，尤其是社交网络媒体的发展为农村公共卫生防控提供了重要渠道。

（四）乡村公共服务治理数字化

为提升乡镇和村为农服务的能力，我国积极开展信息进村入户、农村现代远程教育、公共数字文化等信息惠农工程，打通了农村公共服务的"最后一公里"。让基本公共服务资源"飞入寻常农户家"。截至 2018 年年底，乡村中小学多媒体教室占比达 50% 以上，共建成 2 843 个数字文化服务县级支中心、32 179 个乡镇基层服务点、32 719 个乡镇公共电子阅览室、14 136 个数字文化驿站、"全国农业科教云平台"、农民手机应用技能培训平台等为农民提供更加精准的科技服务、技能服务等。村民调查数据显示，分别有 64.21%、47.37%、37.96%、26.18%、21.61% 的村民享受或获得过网上便民缴费、网上教育、网上预约就诊、网上就业培训与数字图书馆等数字化公共服务，有 48.57% 的村民获得了科技科普信息服务。

第三节　乡村振兴战略助推乡村治理高质量发展路径及对策

一、数字化技术赋能乡村治理现代化的核心路径

数字化技术对乡村治理体系现代化建设的赋能是多方位的：数字化平台整合各类治理力量能促成多主体共治局面，一体化治理界面提供决策支持有利于乡村治理决策的智能化转型，农业数字化促进农村经济发展有利于夯实乡村治理物质基础，教育资源数字化能加快乡风文明建设进而为乡村治理创造良好的人文环境[①]。

（一）数字化平台整合治理力量，形成多主体共治局面

乡村最缺乏的并不是治理力量，而是能够把不同主体的治理潜能有效聚合在一起并转化为治理力量的平台。基于数据库，信息和通信等技术的立体协同治理的数字化平台，在参数、脚本、算法等的协助下，能将多层次甚至跨界的治理主体有效协调，集结成虚拟群体，参与共同的治理事

---

① 江维国，胡敏，李立清.数字化技术促进乡村治理体系现代化建设研究 [J].电子政务，2021（7）：72-79.

项。在乡村治理体系中，数字化平台能实现"政府主导"与"公民主体"的结合，能达成"自上而下"的政府治理思维与"自下而上"的社会治理需求有效对接。具体来说，地方政府可借助数字化治理平台，更好地履行政府在乡村治理体系中的主导职责，精准提供乡村公共治理所需产品、服务等治理资源。村民、新型农业经营主体经营者，村"两委"干部和非政府组织等主体，则是通过数字化平台献策与监督，并在治理实践中献力。也就是说，数字化治理平台通过数字技术消除了多主体参与乡村治理存在的跨部门、跨界协作障碍，既有利于地方政府主导性作用的发挥，也激发了其他主体的参与积极性，进而形成多元主体共同参与乡村治理体系现代化建设的良好局面。

（二）一体化治理界面提供决策支持，促进乡村治理决策智能化转型

乡村治理决策通常是指地方政府为达成乡村治理活动的预期目标，以具体治理问题的解决为抓手，在对诸多可行性方案作对比选择的基础上，确定最优方案的过程。传统的乡村治理决策往往是"经验型"或者"感知型"的非精准化决策，决策失误较多和治理资源分配欠合理、利用效率低下是其常见的后果。造成这些后果的技术性原因，就在于现有专业化分工和分层体制下，缺少面向决策参与者的一体化治理界面，进而导致决策信息不充分。决策者沟通渠道与协调平台缺失。以海量数据分析为工作中心的一体化数字治理界面，通过数据统计分析、模式识别、专家在线评估以及全景监测，使得可行性方案的选择更具理性。一体化数字治理界面在乡村治理决策中的应用，意味着地方政府能获取充足信息并整合信息资源，以及地方政府能通过沟通渠道与协调平台聚合跨部门、跨层级和跨界主体间的决策诉求。可见，利用大数据、人工智能等数字化技术的一体化数字治理界面，能提升乡村治理决策的科学化、精细化以及智能化水平，进而促进乡村治理决策智能化转型。

（三）农业数字化促进乡村经济发展，夯实乡村治理物质基础

乡村治理体系现代化建设，不仅要有人管事、有章理事，还要有资金购买设备、有软硬件技术保证效率。可见，作为上层建筑范畴的乡村治理现代化建设，离不开经济发展所创造的坚实物质基础。从产业整合来看，农业数字化有助于将农田，作物检测、包装、仓储以及再加工等环节的数据进行全面采集与深度挖掘，并通过卫星、航空以及地面无线传感器等"天空地"一体化的数据采集系统的聚合与分析，进而实现农业资源配置

的帕累托改进，促进农产品高质高产、集中调运、精准配送，为农业的降低成本增效增收赋予"乘数效应"。从农业与第二、第三产业的融合来看，包括云计算、大数据、物联网以及人工智能等新一代信息技术在农业生产、管理各环节广泛运用的农业数字化，将促进信息智能嵌入种植业、畜牧业、渔业等的发展中，并由此催生出融合第一、第二、第三产业的新型业态，为乡村全产业链的增效增值赋予"倍数效应"。无论是农业数字化下的农业产业还是乡村全产业的降本增收与增效增值，都将促进乡村内生经济发展能力的增强，进而夯实乡村治理体系现代化建设的物质基础。

（四）教育资源数字化加快乡风文明建设，为乡村治理创造良好人文环境

乡村治理体系现代化建设不仅要以坚实的物质为基础，也要以良好人文环境为支撑。换言之，培育良好人文环境同样是乡村治理体系现代化建设的重要环节，而良好人文环境的形成需要村民综合素养的不断提升。以数字视频、数字音频、在线学习系统等为载体的数字化学习资源，可以冲破乡村地理条件相对闭塞的束缚以及突围乡村教育设施建设滞后的局限。为村民的终身学习提供丰富素材和最大便利性。在移动或宽带网络已经基本覆盖我国乡村地区的背景下，一方面，地方政府相关部门、村"两委"等可以利用数字化学习资源，定期组织村民开展专题性的社区教育，提升村民综合素养；另一方面，村民也可以利用数字化学习资源以及"农事通""农事宝"等各类潜在的教育资源学习生产生活以及人类文明等各类知识，并了解国内外要闻大事，开阔视野，通过"自我教育"提升综合素养。由此可见，数字化技术创造的数字化教育资源，开创了村民综合素养提升的新渠道、新路径，消除了所谓的数字鸿沟，进而助推乡风文明建设，为乡村治理现代化建设创造良好的人文环境。

二、数字化技术促进乡村治理体系现代化面临的主要挑战

相对高维的政府数字化转型而言，低维的乡村治理对数字化技术的嵌入，具有某些先天不适应性。数据低质复杂、传统决策偏好、数字化基础设施欠完善等都是阻碍数字化技术促进乡村治理体系现代化建设的因素，且其构成原因较为复杂。

（一）数据低质复杂导致数字化平台整合效应难发挥

数字化平台对多主体参与乡村治理整合效应的发挥，需要无障碍的数

据共享与信息交流。然而，治理诉求数据碎片化、地方政府数据传递单向化以及数据定密界限模糊化等原因导致的数据低质、构成过度复杂，制约了数字平台整合效应的发挥，导致乡村治理合力难形成。首先，随着数字技术的广泛应用，乡村各类主体治理诉求数据呈现出海量、碎片、低质冗余等特征，这些庞杂的治理诉求数据兼容性很低，既导致了决策者认知资源的无谓消耗，也加大了数字化平台的整合难度。其次，尽管地方政府早已搭建了门户网站、政务微博等数字化信息发布平台，但这类平台数据信息的流动与传递通常是单向度的，与数字化治理平台的数据信息整合具有天渊之别，导致了"自上而下"的治理思维与"自下而上"的治理诉求无法通过平台进行交融、聚合。截至 2019 年年底，全国县域政务服务在线办事率仅为 25.49%，便说明了这一点。最后，地方政府乡村公共服务与乡村治理的数据内容具有自身特殊性，导致数据脱敏、清洗与传输等重要共享环节的成本难以降低，特别是因数据定密界限的模糊化，部分地方涉密部门为确保数据安全和可控，增强了"矫枉过正"式的数据交换验证程序，管理或政策壁垒导致通过数字化治理平台实现数据整合难上加难。

（二）传统决策偏好弱化了数字化支撑作用

根据路径依赖理论可知，过去的决策模式会成为一种惯性，并对当前的决策提供产生无形的刺激，在数字化时代的乡村治理决策实践中，传统决策偏好依然具有无形但重要的影响。乡村治理决策依然受到地方政府"一把手"的领导方式、能力与风格的干扰，无论是拍胸脯式的地方领导，抑或"一言堂"式的基层干部，均深受传统决策偏好的影响，喜欢"亲力亲为"而漠视数字化智能决策。在单纯依赖因果推理的传统决策偏好下，以往的乡村治理经验、模式都将深刻地影响现在的决策行为，决策者既对流量巨大的数据信息缺乏足够耐心，也对数据信息的深刻内涵与现实价值缺少应有的敬畏和充分的认识。即使是需要处理一定数据信息的乡村治理决策，其最关键的工作也仅仅是基于有限信息样本且集中于一维数据的存储、统计、制图及分析。而通过一体化治理界面进行决策时，就必须面对新兴领域的二维图像、多维模型等不同的数据类型，被传统决策偏好控制的决策者可能会出现无从下手的情形，导致一体化治理界面的沟通、整合等功能失灵。无论是传统决策偏好导致的对数字化智能决策的漠视、对数据信息缺乏足够耐心与深刻认识，还是治理界面部分功能失灵，都将弱化乡村治理决策中的数字化技术的支撑作用，减弱一体化治理界面支撑乡治理智能决策的功能。

（三）数字化基础设施尚不能有效支撑农业数字化建设

尽管我国各地十分重视农业数字化建设，并不断促进乡村经济全面发展的有关工作，但农业数字化建设是一项复杂的系统工程，需要信息科学、信息技术与农业发展的彼此融合与相互补充，具有系统性、综合性、长周期性等特征。当前，我国大部分地区农业数字化的基础设施建设尚比较滞后，新一代信息技术在农业产业链中的嵌入不深。2019年，我国县域农业农村信息化建设的财政总投入为182.1亿元，县均投入仅约为640万元，农业生产数字化水平仅为23.8%。信息技术没有深度嵌入，导致农业与开放型市场难以有效对接，乡村各产业间的信息流通、交互缓慢，各产业协同、整合不足，乡村新型业态发育迟缓。此外，各地信息化基础设施建设存在不平衡现象，影响了农业数字化建设的整体发展速度与水平，降低了信息服务的有效性，导致跨区域的集中调运与精准配送等无法实现。尤其值得注意的是，支撑农业数字化的信息采集、处理等软环境建设不足，导致农业数据分散存储、标准不一、非结构化或半结构化的数据形态制约了"天空地"等一体化系统对农业数据的聚合与分析。因而，从总体上看，因基础设施条件对农业数字化建设的支撑有限，数字化技术对农业以及乡村经济发展的"乘数效应"尚未充分体现，乡村治理现代化建设的物质基础仍有待进一步夯实。

附录　我国乡村治理实践及典型案例分析

改革开放后，我国乡村发生了历史性的飞跃，乡村治理也踏上了现代化的新征程，国内各地在乡村治理实践探索中也涌现出一批各具特色的经典案例和模式。

一、浙江省绍兴市祝温村：构建"三治合一"的现代乡村治理体系

祝温村，2006 年由祝马、温泾、后桑三个村合并而成。当时，该村经济落后、社会治安差、村容村貌差、村民纠纷矛盾多等问题突出。为了改变这一落后面貌，村党委围绕"生态花园、文化公园、创业乐园、人和家园"建设，探索构建德治、法治、自治"三治合一"的现代乡村治理体系，推进美丽乡村建设，使祝温村成为生产发展、生活宽裕、乡风文明、村容整洁、管理民主的样板村，并先后荣获全国文明村、全国民主法治示范村、全国先进基层党组织称号等荣誉。

祝温村"三治合一"乡村治理模式的具体做法：

以德治村：一是打造共同信仰。村党委总结提炼了八字祝温精神——风正、气顺、心齐、仁和，并自创村歌——《祝愿温馨》。二是共树文明新风。村党委大力推进虞舜学堂、文化礼堂、虞舜会堂等各类文化场所的新改建，创新实施"墙头开花"（墙绘）工程，让传统美德、文明新风通俗易懂、寓教于乐。三是培育评选载体。祝温村多次开展十佳爱心人士、十佳和谐家庭等评选，以及创新"乡风评议"活动，营造文明、修身、自律的良好氛围。

依法治村：一是坚持民主决策。如健全村委会民主决策、民主管理、民主监督等制度，严格执行村级重大事项提交村民代表大会讨论决定。二是严格规范管理。如制定《祝温村民主理财制度》《祝温村村务、财务

公开制度》《村民自治章程》《村规民约》及环境卫生、土地征用、便民利民服务流程等，让村务活动有法可依、有章可循。三是加强民主监督。如全过程监督村财务活动，定期向村民汇报村党总支和村委会工作，并接受民主评议。实行村班子事项公开制，并全过程接受村民监督。

村民自治：一是坚持村"两委"带头。如完善村干部联网保护制度，以每个网络 3~5 户划分，要求每个村干部联系 1~2 个网络，解决群众困难。二是引导乡贤反哺。引导鼓励企业家、能人等乡贤出资、出钱、出力，并已形成"乡贤捐资—做好村庄建设—乡贤再捐资"的良性循环。三是提升公众参与。如坚持民主讨论、民主决策，祝温村的村庄规划、道路修建、公共设施修建、绿化种植、河道整治及公共事务均离不开群众的广泛参与。

二、江苏省张家港市永联村：建立"五位一体，共融分治"乡村治理模式

改革开放后，永联村立足"以工兴村，以钢强村"，探索出了一条工业化、城镇化、农业现代化全面发展的道路，成为中国九大"土豪村"之一，并连续五次荣获"全国文明村"，两次被评为"先进基层党组织"。在推动经济发展的同时，永联村在农村社会治理方面也进行了探索创新，通过对村镇、村社、村企等利益关系的梳理，构建起以永联景区领导小组、永合社区、村经济合作社、永钢集团、社会组织等治理主体为依托的权责明确的现代乡村治理体系，真正做到了"镇归镇、村归村、厂归厂、资产归资产、管理归管理"。此外，为了更好地加强各治理主体之间的工作联动和利益协调，2015 年永联村又将"五位一体，共融分治"的治理格局具体化为"党建引领，五位一体，区域协同，依法办事"的工作机制，并成立永联社会文明建设联合会，为推进永联社会文明建设发挥了积极作用。

永联景区管理领导小组于 2009 年挂牌成立，隶属于南丰镇政府，由公安、交通、卫生、城管、工商、消防等执法机构和人员组成。该小组承担永联村内的学校、医院等公共管理和公共服务职能，形成了"镇归镇、村归村"的治理格局，维护了永联村的公共秩序稳定。

永合社区隶属于南丰镇政府，于 2011 年成立。该社区承担社区民事调解、计划生育、征兵服役等社会管理和服务职能，下辖永联小镇、永联小区两个集中居住区，分设永泰、永顺、永兴、永和共等 12 个园区。自成立

起，社区始终坚持"以人为本、真诚服务"的宗旨，探索创新社会管理方式，建立"网格化管理"机制，打造组团式服务体系，实行"三社联动"的工作机制，构建全方位服务体系，实现了农民社会的城镇化管理。

永联村经济合作社于 1982 年成立，与永联村民委员会是两块牌子、一套班子，是典型的"政经（村企）合一"管理体制。1997 年，永钢集团股份改制，村委会（经济合作社）不再承担管理企业的职能。村委会又将公共管理和公共服务等行政职能逐步转移到南丰镇社会管理服务中心永联分中心和永合社区。2013 年，永联村申请村委会不再进行换届选举，只保留村经济合作社作为管理村集体资产的最高权力机构，主要职能是确保集体土地、集体资产、集体资本的保值增值，实现所属成员利益的最大化。

永钢集团创办于 1984 年，创办之初是纯集体企业，村集体拥有 100% 的企业所有权。1997 年后，永钢集团经过三次改制，形成了"企业 75% + 村集体 25%"的股权结构，实现了集体经济从"村企合一"向村企合作、合伙转变。永钢集团成为独立经营、自负盈亏的民营企业、股份制企业，真正做到了"村归村、厂归厂"。

永联村还培育了惠民服务中心、永联为民基金会、社会文明建设联合会、志愿者联合会等群众性、社会性、公益性、服务性社会组织，协同推进社会治理，通过向社会组织购买专业服务，为村民提供居家养老、扶贫济困、文明建设、公益奉献等社会公共服务，形成乡村治理体系的有益补充。

三、福建省福清市：建立"村'两委'+乡贤促进会"的基层治理模式

福清市下辖 7 个街道、17 个镇，是中国著名的侨乡，素有"文献名邦"之称。近年来，福清市按照"党建引领多维治理"的思路，积极创新乡村治理模式，组建乡贤促进会，探索建立起"村'两委'+乡贤促进会"基层治理模式，引导乡贤参与经济、文化和美丽乡村建设，既搭建起了"福清乡贤"参与乡村振兴的平台，又引导原有的以"老人会"方式参与乡村治理的模式步入了法治、文明的轨道，有效提高了乡村治理能力。目前，福清市 494 个村（社区）均已成立乡贤促进会。其中，35 个村（社区）已依法完成登记，432 个村（社区）完成临时账户申请。

促进乡贤回归：以动员党员、干部乡贤回原籍地村（社区）发挥作用为主要内容的"争当乡贤、助推发展"活动为契机，大力开展乡贤"雁归

工程"，科学界定乡贤甄选范围，创建乡贤档案，建立乡贤人才库，并选派干部与乡贤建立常态化挂钩联系。

搭建聚贤平台：在村"两委"的领导下，以村为单位依法组建乡贤促进会，制定了《乡贤促进会章程》，以确保乡贤促进会健康有序运行，会员履职"有章可循"。同时，成立了专门基金会，由乡贤促进会管理运作，资金主要用于新农村建设、困难群众帮扶、公共设施修缮等领域。

引导乡贤参与乡村治理：以村为单位建立"乡贤议事微信群"，开展"我们的节日"主题活动，加强与乡贤的沟通联系，增进感情，增加乡土认同感，引导乡贤关注家乡、参与治理。探索乡贤参与"和谐建村、以德育村、智力助村、民主议村、依法治村、产业富村、发展强村、帮扶在村"八种服务路径，为乡贤提供更加符合村情民意的服务选择，让乡贤有力出力、有钱出钱，更好地宣传家乡。

四、贵州省思南县：推行"1+1"乡村治理体系改革，构建融合基层治理新格局

贵州省思南县位于武陵山腹地、乌江中下游，因水而建、因水而生、因水而兴，辖 28 个乡镇（街道）、529 个村（社区），总人口约 70 万，历史悠久、人杰地灵，古有田秋、李渭，近有旷继勋、肖次瞻，素有"黔中首郡·乌江明珠"美誉。近年来，思南县深入学习贯彻习近平总书记视察贵州重要讲话精神，按照"多员合一、减轻压力、提高效率、激发动力"工作原则，全面推行"1+1"乡村治理体系改革，实现了村级工作力量、效率、保障"1+1>2"叠加效应，构建形成自治法治德治"三治"融合基层治理新格局，助推全县基层党建工作提质增效。

（一）思南县的主要做法

（1）同心协力，推动"各自为战"向"集成作战"转变。坚持党建引领，构建上下贯通、执行有力的组织体系，着力解决单兵作战、力量分散的问题。一是强化党的领导。实行县、乡领导班子成员联系党支部制度，明确村级各类组织每年向村党组织报告 1 次工作，实现党有号召、全员行动。二是细化职能职责。明确村党组织全面领导自治组织、经济组织和群团组织等，全面落实"四议两公开"制度。三是优化组织设置。不断健全"行政村党支部—网格（村民小组）党小组—党员联系户"的党组织体系，按照"五个便于"标准合理设置党小组，实行"双备案"管理。

（2）落实责任压舱石，推动"各管一摊"向"同挑一担"转变。坚持厘清职责，构建分工明确、协作密切的工作体系，着力解决各自为政、九龙治水的问题。一是做好岗位减法文章。分别划分网格，设置网格员，着力破除岗位多、层级多的问题，实现管理瘦身、轻装上阵。二是做好职责加法文章。创新"1+1"治理方式，明确支委委员（宣传委员、支部副书记）+综治委员，支委委员（纪检委员、村务监督委员会主任）+监督委员，村委委员（村委副主任）+民生委员，村委委员+生态委员，村民小组长（党小组长）+网格员（春晖人士、寨老），做到处处有人管、事事有人抓。三是做好管理乘法文章。思南县出台了《思南县村（社区）干部管理办法（试行）》《思南县村（社区）干部考核管理指导意见》等管理制度，严格实施管理措施，树牢奖优罚劣鲜明导向。

（3）紧扎制度铁笼子，推动"被动执行"向"主动作为"转变。坚持严管厚爱，构建资源整合、要素保障的制度体系，着力解决事多责重、保障不够的问题。一是建立村级资金整合制度。鼓励村干部发展村集体经济创收奖励，整合各级各部门到村资金1 092万元/年，主要用于提高村干部报酬，充分激发干事创业热情。二是建立村级事务准入制度。全面推行村级事务准入制度，科学设置村级准入事项和程序，建立健全评议、督导、退出等准入监管制度。三是建立村干部激励制度。建立乡村振兴一线干部"1+5"关怀激励机制，增强广大村干部的荣誉感、归属感和使命感，充分调动村干部的积极性、主动性和创造性，激励全县村干部在推进思南高质量发展中开拓进取、担当作为。

（二）思南县取得的成效

思南县党建引领基层治理取得显著成效，进一步健全了务实管用、分工明确、管理规范、运行高效的村级组织运行机制，深化了基层自治实践，推进了法治乡村建设，提升了乡村德治水平，真正实现了"1+1>2"叠加效应，得到广大基层干部群众积极响应和点赞。第一，筑牢基层组织战斗堡垒。农村基层党组织是党在农村全部工作和战斗力的基础，是贯彻落实乡村振兴战略部署的战斗堡垒。第二，健全完善乡村治理制度。党的十九大报告明确提出要"加强农村基层基础工作，健全自治、法治、德治相结合的乡村治理体系"。推行"1+1"乡村治理体系改革，通过在现有村级组织和干部体系基础上，重新构建责任体系和工作体系，有效地解决了过往村干部力量分散、村级工作搞大呼隆的问题，既实现了村级工作力量的有机整合，又保证了自治、法治、德治各个领域工作在党组织领导下统筹推进。第三，激发干部干事创业热情。推行"1+1"乡村治理体系改革，前所未有地提高了村干部的政治待遇。特别是统筹整合各级各部门到村补贴补助资金，主要用于提高村务监督委员会成员待遇，有效地解决了长期以来村务监督委员会成员待遇低的问题。第四，推动资源有效整合利用。推行"1+1"乡村治理体系改革，在工作推进上整合行政资源，在资金保障上整合各级各部门到村补贴补助资金，聚零为整，变"漫灌"为"滴灌"，既提高了财政资金的使用效率，又夯实了村级组织运转经费保障，提高了村干部的积极性。整个工作，很好发挥了党的组织优势，通过推动资源向基层集聚，为农村高质量发展注入了强劲动力。

五、贵州省黔西市化屋村：用"数"赋能打造数字乡村新样板

2021年2月，习近平总书记在贵州考察时提出，希望贵州在新时代西部大开发上闯新路，在乡村振兴上开新局，在实施数字经济战略上抢新机，在生态文明建设上出新绩。殷殷关怀暖心田，谆谆嘱托新定位。数字乡村建设，既是乡村振兴的战略方向，也是建设数字中国的重要内容。2022年，《国务院关于支持贵州在新时代西部大开发上闯新路的意见》明确指出，支持贵州在新时代西部大开发上闯新路，在乡村振兴上开新局。凝心聚力闯新路，笃行不怠书新篇。在实施数字经济战略上抢新机，贵州的四个国家级数字乡村发挥各自的优势正在乘势而上："数字大脑"进化屋村，努力绘就乡村振兴的壮美画卷；金沙"智慧农业"振翅欲飞，丰富了消费者的"菜篮子"，鼓足了农户的"钱袋子"；息烽的大数据"跑腿"忙，"数字赋农"撑起农业"智"富梦。作为国家级数字乡村试点之一的黔西市化屋村积极探索着这条数字技术的发展之路。

化屋村隶属于贵州省黔西市新仁苗族乡，位于百里乌江画廊鸭池河大峡谷、东风湖北岸，属二水（鸭甸河、六圭河）交汇、三县连界的河谷地带，海拔为870～1 360米，素有"鸡鸣三县"之称，景观壮丽，清代成寨。全村总面积为8.2平方千米，辖197户、1 035人，居住着苗、彝、汉三个民族，其中苗族人口占98%，是新仁乡乃至黔西县最具代表的苗族聚居村落。近年来，在各级政府和社会各界的鼎力帮扶下，化屋村的雄奇险峻的峡谷风光得到了很好的保护和挖掘，将大自然赐予化屋苗胞丰富的自然资源转化为经济优势。同时，化屋苗胞独特的刺绣和蜡染工艺，精美绝

伦的苗族服饰、原汁原味的多声部民歌、多姿多彩的民族舞蹈必将为经济发展带来巨大的推动作用。

黔西市化屋村的具体做法：

（1）数字赋能乡村基础服务建设。在黔西市化屋村，看得见的是乌江画廊秀丽风光，看不见的是化屋发展背后的"数字大脑"。2020 年，黔西市化屋村开始启用"5G+数字乡村统一信息平台"，依托大数据分析，服务全村。数字服务，智慧旅游，宣传展示，智慧教育，智慧医疗，智慧经济，文明实践和信息设施八个板块，构成了化屋村"5G+数字乡村统一信息平台"。该信息平台是化屋村的其中一只千里眼，通过它可以详尽了解化屋村的人员组织、医疗、教育等基本信息。小到村民可支配收入，大到农产品年产量、化屋的发展动态。化屋村的另一只千里眼，长在户外，通过"5G+VR"的技术，化屋村的美丽风景被推向了世界，无论你在全球任何一个角落，都可以云游化屋。当然有了千里眼，化屋村还有属于自己的顺风耳——云喇叭广播设备。云喇叭的视频监控平台，能够让工作人员足不出户对全村进行实时监测和通知，有效制止违法、违规事件的发生，为乡村文明建设提供了技术保障。

（2）数字赋能地方经济增效益。数字技术进村入户，不仅推进了化屋村的基础服务建设，还带来了经济效益。绣娘们搭上网络快车，摇身一变成了网络主播，架起灯光，摆好镜头，她们正畅游"云端"忙着致富。据了解，当地苗绣扶贫车间。2020 年线上产品的销售额达 50 万。5G 网络、人工智能、云计算，一系列信息化技术手段，不仅便利了化屋村村民的日常生活，同时还扩大了传统民间技艺的销路，更成为了当地提升乡村治理，旅游管理和文明实践质量的助推器。黔西市新仁乡化屋村支部书记说：2021 年化屋景区累计接待游客 65 万人次，实现旅游的综合收入 3.1 亿元。

为了让数字化更好地赋能乡村振兴，贵州省四个国家级数字乡村的试点县村，积极利用大数据、云计算、人工智能等数字化手段，聚焦治理服务、产业发展、文化建设等重点工作，创新性地打造用"数"赋能数字乡村样板工程。

参考文献

[1] 暴占杰. 改革开放以来中国共产党西藏扶贫工作研究 [D]. 长春：吉林大学, 2021.

[2] 陈晓琴, 王钊. "互联网"背景下农村电商扶贫实施路径探讨 [J]. 理论导刊, 2017 (5)：94-96.

[3] 陈振明. 政府治理变革的技术基础：大数据与智能化时代的政府改革述评 [J]. 行政论坛, 2015 (6)：1-8.

[4] 陈宗胜, 朱琳. 论完善传统基础设施与乡村振兴的关系 [J]. 兰州大学学报（社会科学版）, 2021, 49 (5)：28-39.

[5] 方埜, 李帆, 金铭. 基于整体性治理的数字乡村公共服务体系研究 [J]. 电子政务, 2019 (11)：72-81.

[6] 费孝通. 乡土中国 [M]. 北京：北京大学出版社, 2016.

[7] 费孝通. 乡土中国生育制度 [M]. 北京：北京大学出版社, 1998.

[8] 冯留建, 王宇凤. 健全自治、法治、德治相结合的乡村治理体系 [J]. 中国高校社会科学, 2021 (4)：64-72.

[9] 郝政, 何刚, 王新媛, 等. 创业生态系统组态效应对乡村产业振兴质量的影响路径：基于模糊集定性比较分析 [J]. 科学学与科学技术管理, 2022, 43 (1)：57-75.

[10] 黄建伟, 陈玲玲. 国内数字治理研究进展与未来展望 [J]. 理论与改革, 2019 (1)：86-95.

[11] 黄清燕, 白凯. 陕西袁家村跨地方的乡村性生产与呈现 [J]. 地理研究, 2020 (4)：922-938.

[12] 江维国, 胡敏, 李立清. 数字化技术促进乡村治理体系现代化建设研究 [J]. 电子政务, 2021 (7)：72-79.

[13] 李红波, 张小林. 乡村性研究综述与展望 [J]. 人文地理, 2015

（1）：46-49.

[14] 李翔，宗祖盼. 数字文化产业：一种乡村经济振兴的产业模式与路径 [J]. 深圳大学学报（人文社会科学版），2020（2）：74-81.

[15] 李玉婷. 雨洪韧性视角下的乡村规划研究 [D]. 北京：北京交通大学，2021.

[16] 梁漱溟. 中国文化要义 [M]. 上海：学林出版社，1987.

[17] 吕普生. 数字乡村与信息赋能 [J]. 中国高校社会科学，2020（2）：69-79.

[18] 马正立. 关于四川省绵阳市党建引领乡村治理创新的调研报告 [J]. 中国井冈山干部学院学报，2022，15（3）：106-115.

[19] 毛薇，王贤. 数字乡村建设背景下的农村信息服务模式及策略研究 [J]. 情报科学，2019（11）：116-120.

[20] 牛昆仑. 农村公共人力资源开发中的问题、成因及对策 [J]. 理论探索，2007（2）：100-102.

[21] 彭超. 数字乡村战略推进的逻辑 [J]. 人民论坛，2019（33）：72-73.

[22] 沈费伟，刘祖云. 村庄重建的实践逻辑与运作模式：以湖州市获港村为例 [J]. 南京农业大学学报（社会科学版），2017（2）：19-29.

[23] 沈费伟，刘祖云. 海外"乡村复兴"研究：脉络走向与理论反思 [J]. 人文地理，2018（1）：16-23.

[24] 沈费伟，叶温馨. 基层政府数字治理的运作逻辑、现实困境与优化策略：基于"农事通""社区通""龙游通"数字治理平台的考察 [J]. 管理学刊，2020（6）：26-35.

[25] 沈费伟，袁欢. 大数据时代的数字乡村治理：实践逻辑与优化策略 [J]. 农业经济问题，2020（10）：77-85.

[26] 沈费伟. 传统乡村文化重构：实现乡村文化振兴的路径选择 [J]. 人文杂志，2020（4）：121-128.

[27] 沈费伟. 卡尔·曼海姆视野中的社会技术思想研究 [J]. 公共管理评论，2017（1）：154-163.

[28] 苏华宇. 三重视角下农村人居环境整治研究 [D]. 济南：山东大学，2020.

[29] 孙育红，张志勇. 生态技术创新：概念界定及路径选择 [J]. 社

会科学战线, 2011 (8): 245-247.

[30] 田春燕. 乡村振兴背景下衡水市 T 区农村人居环境治理研究 [D]. 石家庄: 河北师范大学, 2021.

[31] 王华彪, 白明宇. 人才服务乡村振兴战略存在的问题及调适路径 [J]. 广州广播电视大学学报, 2022, 22 (4): 7-14, 107.

[32] 王勇. 复合型法治: 破解乡村治理难题的一种制度性框架 [J]. 法商研究, 2022, 39 (3): 99-113.

[33] 王柱慧, 单春艳. 高校依托信息技术促进乡村振兴的有效路径研究 [J]. 黑龙江高教研究, 2022, 40 (9): 100-105.

[34] 王震, 姜福斌. 人力资源管理计划、实施与感知的差异研究: 一个整合模型 [J]. 经济管理, 2021, 43 (10): 83-98.

[35] 魏后凯, 崔凯, 王瑜. 共同富裕视域下乡村振兴的目标演进与推进战略 [J]. 中国经济学人, 2022, 17 (4): 50-76.

[36] 吴淼. 乡村振兴背景下小城镇差异化发展模式分析 [J]. 国家治理, 2022 (8): 42-47.

[37] 吴业苗. 乡村业态演变与共享新业态建构 [J]. 天府新论, 2019 (3): 98-105.

[38] 徐晓林, 刘勇. 数字治理对城市政府善治的影响研究 [J]. 公共管理学报, 2006 (1): 13-20.

[39] 许晓, 季乃礼. 党的群众路线历史演进与经验启示: 乡村治理的视角 [J]. 西南民族大学学报 (人文社会科学版), 2022, 43 (7): 187-194.

[40] 颜佳华, 王张华. 数字治理、数据治理、智能治理与智慧治理概念及其关系辨析 [J]. 湘潭大学学报 (哲学社会科学版), 2019 (5): 25-30.

[41] 杨招继. 乡村振兴背景下农村公共服务供给对策研究 [D]. 长春: 东北师范大学, 2020.

[42] 叶四方. 陕南巴山地区县城城边村空间布局优化研究 [D]. 西安: 西安建筑科技大学, 2021.

[43] 余侃华, 龚健, 蔡辉, 等. "互联网" 引领的传统村落复兴路径探究: 以陕西省礼泉县官厅村为例 [J]. 规划师, 2017 (4): 54-59.

[44] 张进财. 坚持人民至上全面推进乡村振兴 [J]. 乡村振兴, 2021 (8): 8-9.

[45] 张清. 习近平 "法治国家、法治政府、法治社会一体建设" 法

治思想论要［J］. 法学，2022（8）：3-15.

　　［46］张再生，李希. 科技工作者薪酬设计体系与政策支持系统研究［J］. 山西财经大学学报，2010，32（81）：108-141.

　　［47］张志鹏，张伟. 社区治理理论与实务［M］. 南京：南京大学出版社，2022.

　　［48］赵霞. 乡村文化的秩序转型与价值重建［M］. 石家庄：河北人民出版社，2013：16-17.

　　［49］赵秀玲. 乡村互联网治理的兴起与制度变迁［J］. 河南大学学报（社会科学版），2019，59（2）：33-40.

　　［50］赵早. 乡村治理模式转型与数字乡村治理体系构建［J］. 领导科学，2020（14）：45-48.